“十二五”高职高专金融类专业工学结合规划教材

证券投资实务

主　编　王　妍　和　慧
副主编　王晓斌　邓　强

中国财富出版社
（原中国物资出版社）

图书在版编目（CIP）数据

证券投资实务/王妍，和慧主编．—北京：中国财富出版社，2012.8

（“十二五”高职高专金融类专业工学结合规划教材）

ISBN 978－7－5047－4330－5

Ⅰ.①证…　Ⅱ.①王…②和…　Ⅲ.①证券投资—高等职业教育—教材　Ⅳ.①F830.91

中国版本图书馆CIP数据核字（2012）第126423号

策划编辑　王淑珍　　　　**责任印制**　何崇杭　王　洁

责任编辑　王淑珍　　　　**责任校对**　孙会香　饶莉莉

出版发行　中国财富出版社（原中国物资出版社）

社　　址　北京市丰台区南四环西路188号5区20楼　　**邮政编码**　100070

电　　话　010－52227568（发行部）　　010－52227588转307（总编室）

010－68589540（读者服务部）　　010－52227588转305（质检部）

网　　址　http://www.clph.cn

经　　销　新华书店

印　　刷　中国农业出版社印刷厂

书　　号　ISBN 978－7－5047－4330－5/F·1801

开　　本　787mm×1092mm　1/16

印　　张　17.5　　　　**版　　次**　2012年8月第1版

字　　数　426千字　　　　**印　　次**　2012年8月第1次印刷

印　　数　0001—3000册　　　　**定　　价**　35.00元

“十二五”高职高专金融类专业工学结合规划教材编审委员会

出版说明

金融行业是经营金融商品的特殊行业，它包括银行业、保险业、信托业、证券业、租赁业以及其他。金融行业一直是就业的热点行业。随着我国经济环境的发展变化，金融行业有了新的发展趋势和职业亮点。国家经济发展与企业发展的需求，催生了对大量新生力量以及优质专业教材的需求。在此背景下，我们组织人员，编写了本套"'十二五'高职高专金融类专业工学结合规划教材"系列丛书。

本套丛书具有如下特点：

1. 体现了最新的高职高专教育理念。按照"工学结合"人才培养模式的要求，采用"基于工作过程导向"的设计方法，以工作过程为导向，以项目和工作任务为载体进行应知应会内容的整合，符合教学规律。

2. 定位准确。准确体现金融类专业培养方案及课程大纲的要求，内容紧贴金融类专业的教学、就业实际，以"必需、够用"为标准进行取舍；充分考虑高职高专院校学生认知特点，语言简练、形式新颖、整体风格活泼，符合现代教学授受规律。

3. 内容新颖。根据中国银行业监督管理委员会、中国证券监督管理委员会、中国保险监督管理委员会、国务院国有资产监督管理委员会办公厅等单位颁布的最新法规编写，内容上突出了金融业的新变化。

4. 校企合作开发教材。本套丛书由企业人员与学校一线教师共同开发完成。教师和企业相关人员共同研究教材内容，企业人员提供一线工作资料，教师执笔写作，编写完成后由企业专家审定，保证了教材内容更贴近金融工作实际。

5. 配有电子教学资料包。教师可以登录中国财富出版社网站（http：//www.clph.cn)"下载中心"下载教学资料包，该资料包包括教学指南、电子教案、习题答案，为教师教学提供完整支持。

本套丛书在编写过程中，得到了众多教师、企业人员的大力支持和帮助，他们对教、学、研一体化教学进行了艰辛而有益的探索，为本套丛书的完成奉献了大量的精力和宝贵的时间，在此表示衷心感谢！并恳请各位专家、读者对本套丛书存在的不足之处给予批评和指正。

前 言

近年来，随着我国经济的稳步发展，金融业在国民经济中的核心地位日益凸显。被誉为金融业“皇冠”的证券业自然也备受瞩目，我国证券市场的飞速发展使之成为社会各界关注的焦点，同时证券行业已连续多年领跑人才就业市场的“榜单”。

为了适应证券市场的发展对证券从业人员的素质要求，满足高职高专院校证券投资课程教学的需要，我们结合在教学实践中的“项目驱动、任务教学”改革尝试，按照中国财富出版社的编写要求，编写了《证券投资实务》这本书。证券投资是一门操作性很强的课程，因此，本书在内容的选取和组织安排上打破了传统学科型课程体系的束缚，按照证券投资工作的流程来设计本书的内容，力求体现以下几个特点：

(1) 职业性，即表现为根据证券投资工作的流程来安排教材内容，循序渐进地开展教学活动。

(2) 实践性，即表现为教材中每一情境设置是以一名投资者参与证券投资活动为主线，将课程内容与证券投资活动有机结合起来，以完成特定的证券投资任务。

(3) 应用性，即表现为以当前的经济因素和市场行情作为教学内容，让学生具备证券投资分析的应用和应变能力，有效提高学生的投资操作能力和分析水平。

本书从编写体例上力求创新，每个项目任务下的学习情境都由一个以李先生为投资者身份的“情境设置”引入，并引出相应的知识内容；每个项目根据内容安排设有“知识链接”、“小贴士”、“想一想”、“举例应用”、“项目检测”和“实训任务”等栏目。其中“知识链接”栏目是对知识体系的拓展与补充，有利于扩展学生的知识面；“小贴士”栏目是对学生应掌握的重要知识点的有关提示、投资建议或技巧，有利于激发学生学习的积极性和创造性，更好地培养学生的实际应用能力；“想一想”栏目通过设置一些紧扣市场的简单问题，促使学生产生强烈的求知欲和学习兴趣；“举例应用”栏目列举我国证券市场上的现实案例，以帮助学生理解和掌握那些具有特殊性和复杂性的知识点，使学生掌握投资基本知识和分析方法；“项目检测”栏目是对学生自身知识掌握情况的简单测试；“实训任务”栏目是根据课堂教学实际和高职学生特点而设置的训练项目，有利于提高学生动手能力，体现理论和实践教学一体化的教学要求。

本书由王妍、和慧担任主编，编写分工为：王妍编写项目二、项目三，和慧编写项目一，邓强编写项目四、项目五和项目六，王晓斌编写项目七和项目八，由王妍起草大纲，同时负责总纂和定稿。

本书在编写过程中，借鉴和参考了许多相关教材、著作、论文和网络资料，在此向参考文献的编著者表示感谢！

由于编者水平有限，书中难免存在疏漏和不足，敬请专家和读者批评指正。

编　者

2012 年 3 月

目　录

项目一　证券投资基础知识

任务一　多层次的证券市场

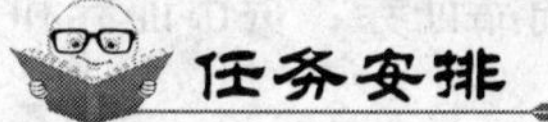

※　掌握证券的含义和类型；

※　理解并掌握证券市场的内涵、特点和构成；

※　理解并掌握证券市场的功能和参与者；

※　了解证券市场的产生与发展；

※　熟悉我国证券市场的产生、发展和现状。

学习情境一　证券与证券市场

李先生身边的朋友和同事很多都在谈论和投资证券，赚取工资以外的收入。李先生也想进入证券市场，进行投资，可是相关的专业知识他一无所知。于是他找来了各种书籍、资料开始了最初的学习，想了解什么是证券、证券有哪些种类、什么是证券市场，证券市场有哪些功能。

一、证券的含义

证券是各类经济权益凭证的统称，是用来证明证券持有人有权按照证券所规定的内容取得相应权益的书面凭证。证券必须具备两个最基本的特征，即法律特征和书面特征。法律特征是指证券本身必须具有合法性，它所包含的特定内容必须具有法律效力；书面特征即必须采取书面形式或与书面形式有同等效力的形式，并且必须按照特定的格式进行书写或制作，载明有关法律规定的全部必要事项。

二、证券的类型

证券可以分为无价证券和有价证券两大类。

(一) 无价证券

无价证券包括证据证券和所有权证券。证据证券也称凭证证券，指单纯证明事实的凭证，如借据、收据和票证等，一般不具有市场流通性。所有权证券是认定持证人是某种财产权的合法权利者，证明持证人所履行的义务是有效的凭证，如土地所有权证书等。

(二) 有价证券

有价证券是具有票面金额、证明持有人对某种有价物拥有财产权或债权的一种书面凭证。有价证券与无价证券最大的区别是它的流通性。有价证券能够在证券市场上不断地进行转让和变现。有价证券有广义与狭义之分：广义的有价证券包括商品证券、货币证券和资本证券三种，狭义的有价证券仅指资本证券。

我们一般所说的证券，指的就是狭义的有价证券——资本证券。

1. 按证券是否在证券交易所挂牌上市，资本证券可分为上市证券和非上市证券

上市证券是指经证券主管机关批准，并向证券交易所注册登记，获得在证券交易所内公开买卖资格的证券，又称挂牌证券。证券上市可以扩大发行公司的社会影响，有利于筹集资金，增强经济实力。

非上市证券是指未申请上市或暂不符合上市条件的证券，又称场外证券。

2. 按证券收益是否固定，资本证券可分为固定收益证券和变动收益证券

固定收益证券是指持券人可以在特定的时间内取得固定收益的证券。如固定利率债券、优先股股票等。

变动收益证券是指因客观条件的变化使其证券收益也随之变化的证券。如浮动利率证券、普通股股票等。一般来说，变动收益证券比固定收益证券的收益要高一些，风险也相对大一些。

3. 按发行对象不同，资本证券可分为公募证券与私募证券

公募证券是指向广泛的不特定的投资者发行的证券。其审批条件较为严格，并必须通过公示制度以维护投资者的利益。

私募证券是指仅向少数特定投资者发行的证券。私募证券的范围较小，其审批条件也相对宽松，不需要采取公示制度，转让也受一定的限制。

三、证券市场的特征

证券市场是有价证券发行与交易以及与此相适应的组织与管理体系的总和。证券市场作为股票、债券和基金等有价证券发行与交易的场所，连接了资金的供给者和资金的需求者，使得有价证券的发行和流通能够顺利进行。不同于一般商品市场和借贷市场，证券市场具有以下特征：

1. 证券市场是直接融资市场

在借贷市场上，投资者和筹资者是通过银行间接联系的，为间接融资。而证券市场能

够最大可能地吸引社会游资，投资者以购买证券的方式直接投资于企业的生产经营之中，投资者与筹资者是直接联系的。

2. 证券市场是变短期资金为长期资金的场所

在证券市场上注入的资金大多数是短期资金，这些短期资金通过证券市场的运作转化为长期资金。

3. 证券市场的交易主体具有不确定性

在证券市场上，由于证券是可以转让的，投资人可以出让债券或股票而脱离债权人或出资人的地位，而另一些人则成为新的投资人，但原有的债权债务关系或出资关系并不因此而消失。

4. 证券市场的投资者需要承担一定的风险

证券市场是一个高风险的市场。证券，尤其是股票投资，受各种因素的影响，价格波动极大，投资者要承担极大的风险。证券通过交易，在收益权转让的同时，投资风险也随之转让。

四、证券市场的分类

按照市场职能，证券市场分为证券发行市场和证券交易市场，其内部结构如图 1－1 所示。

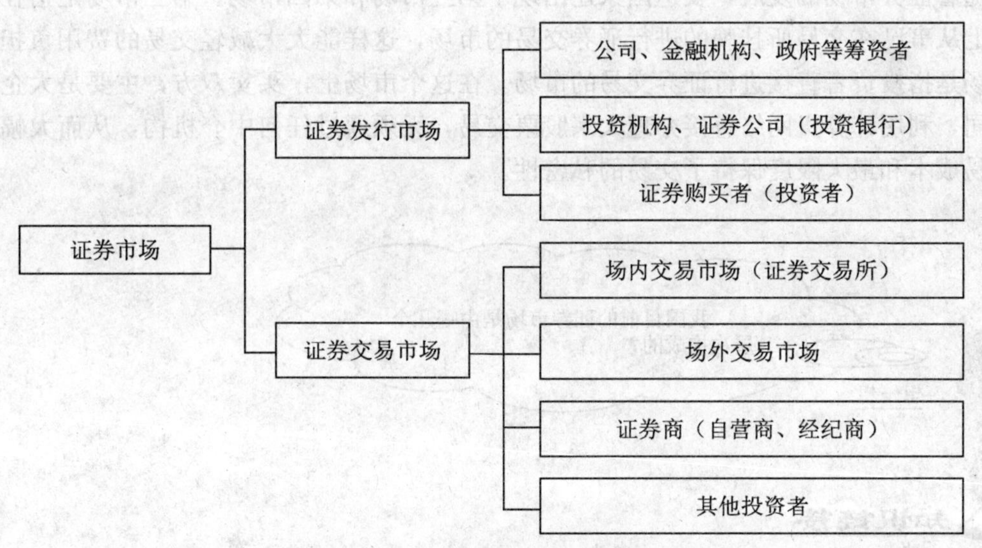

图 1－1　证券市场结构图

（一）证券发行市场

证券发行市场是指将新证券出售给投资者的市场，是新证券从规划到推销和购买的全部活动过程。这是发行者与初始投资者交易的市场，因此又称为初级市场或一级市场。证券发行市场一般是无形的，即证券发行市场没有一个固定的场所。公司、金融机构和政府

（机构）通过出售新证券，筹得自身需要的资金。

（二）证券交易市场

证券交易市场亦称证券流通市场，是已发行证券转让交易的市场，也被称为次级市场或二级市场。交易市场又可分为证券交易所市场和场外交易市场。

1. 证券交易所

证券交易所是证券买卖双方公开交易的场所，是一个有组织、有固定地点、集中进行证券交易的市场，是整个证券流通市场的核心。证券交易所有固定的交易场所和交易时间；参加的交易者为具备交易所会员资格的证券经营机构；证券交易所通过公开竞价的方式决定证券的交易价格；证券交易所本身不买卖证券，也不决定证券买卖价格，而是为证券交易提供一定的场所和设施，配备必要的管理和服务人员，并对证券交易进行周密的组织和严格的管理，为保证证券交易顺利进行提供一个稳定、公开、高效的市场。

2. 场外交易市场

场外交易市场是在证券交易所以外进行证券交易的市场，包括柜台市场（店头市场）、第三市场和第四市场。柜台市场是指在交易所以外，由买卖双方在券商的柜台上进行交易的市场。柜台市场也是一个拥有众多证券品种和“做市商”的市场，以未能或无须在证券交易所挂牌上市的股票和债券的交易为主，其价格决定的方式是一对一的议价。柜台市场的管理比证券交易所相对要宽松。

随着证券市场的发展，发达国家还出现了第三市场和第四市场。第三市场是指在柜台市场上从事已在交易所挂牌的进行证券交易的市场，这样能大大减轻交易的费用负担。第四市场是指投资者直接进行证券交易的市场。在这个市场上，买卖双方，主要是大企业和大公司，利用计算机网络直接办理大宗股票交易，无须通过任何中介机构，从而大幅度降低交易成本和最大限度保持了交易的私密性。

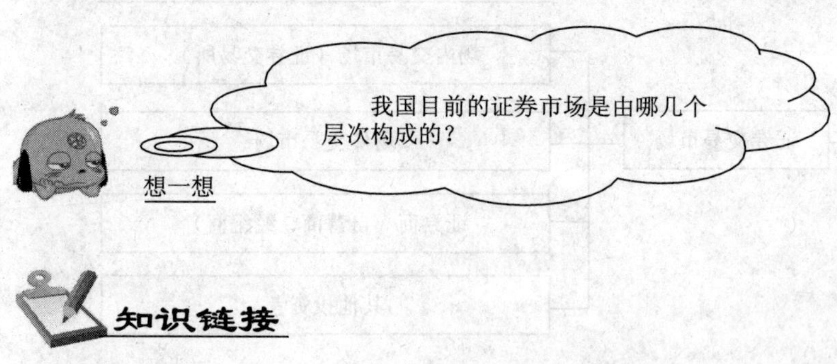

知识链接

NASDAQ 市场

纳斯达克市场是英文缩写“NASDAQ”的音译名，全称是美国“全国证券交易商协会自动报价系统”。它建于1971年，是世界上第一个电子化证券市场。它利用现代电子计算机技术，将美国6000多个证券商网点连接在一起，形成一个全美统一的场外二级市场，由其全国市场和小型资本市场构成。

全国市场是NASDAQ市场的主要组成部分，占其总市值的95%以上，在这一市场上市交易的公司都是成交活跃、市场形象好并符合严格的财务标准和公司治理标准的公司，如微软、英特尔等。小型资本市场是为一些有发展潜力的小型公司准备的，其财务要求较低，但公司治理标准与全国市场一样，在这一市场上市的公司规模小、股价低，但发展壮大后可以转移到全国市场上市。

五、证券市场的功能

(一) 融 (投) 资的功能

证券市场是筹集资金的重要渠道。证券市场将资金的供给者和资金的需求者紧紧地联系在一起，为资金的供求双方提供良好的机制和场所。在证券市场上，资金的需求方通过发行证券，可以在很短的时间内筹集到巨额的资金并满足经济和政治方面的需求。投资者也可以选择多样化的证券，进行有效的投资使资金增值。

(二) 优化资源配置的功能

证券市场是资源合理配置的有效场所。证券市场通过引导社会资金的流向，使资金在各部门各企业之间进行分配，流向效益好的部门和企业。在证券市场上，证券价格的高低是由该证券所能提供的预期报酬率决定的。一般来说，那些经营管理科学、发展潜力大的企业所发行的证券能提供较高的报酬率，从而吸引投资者对其进行投资。而那些没有发展潜力、经营效益差的企业很难吸引投资者的资金，会不断缩减规模直至破产。

(三) 评定证券价格的功能

证券的发行价格和交易价格是在证券市场上通过证券的需求者和供给者的竞争形成的。证券的发行价格通常是由证券发行者和证券承销商在对该证券的市场供求状况进行调查和预测的基础上，通过协商、投标或在证券交易网络由投资者竞价产生的价格。同样，证券的交易价格是证券买卖双方在同一市场上公开竞价，直到形成双方都满意的价格，买卖才成交。所以说，证券市场有评定证券价格的功能。

学习情境二　证券市场参与者

李先生在学习的同时，经常会听到很多财经报道，于是他听到了很多和证券相关的名称，比如说证券公司、证券登记结算公司、证监会、证券业协会等。李先生有些困惑，这些机构在证券市场上到底发挥着怎样的作用？证券市场上主要有哪些参与者呢？

知识准备

一般来说，证券市场上有五大参与者，如图1-2所示。

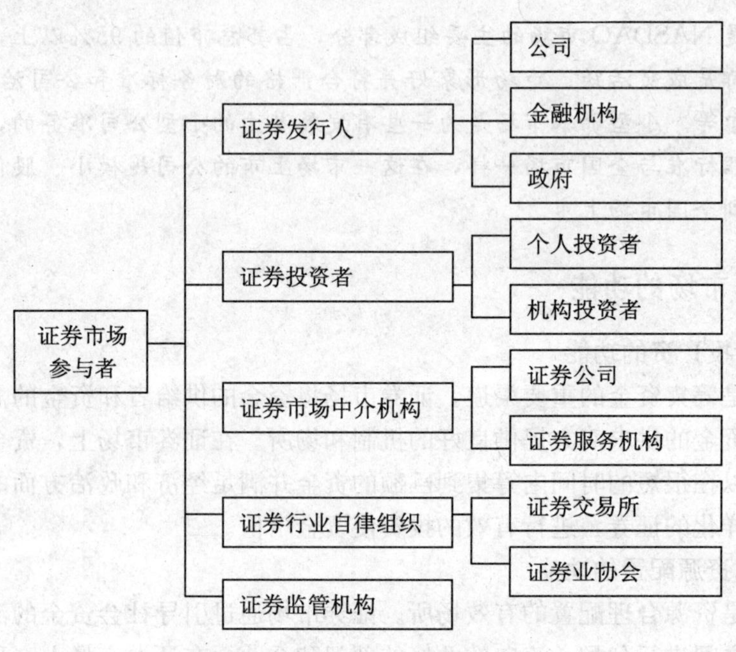

图 1－2 证券市场主要参与者

一、证券发行人

证券发行人即资金筹集者，是指为筹措资金而发行债券、股票等证券的政府及其机构、金融机构、公司和企业。

二、证券投资者

证券投资者指向证券市场投入资金，购买股票、债券、基金等证券品种，以获得预期收益的个人和法人。他和其他投资主体一样，需要有可供投资的资金，能够自主地进行投资决策，可以享受证券的收益权，并相应地承担投资的风险。证券投资主体可以分为个人投资者和机构投资者。

个人投资者主要是指从事证券投资的境内外居民个人，他们是证券市场最广泛的投资者，在我国俗称“散户”或“个体大户”。在证券市场出现之前，个人只能进行间接投资，把闲置的货币存入银行或其他金融机构，通过金融机构，间接投资于社会经济活动中。证券市场出现后，个人就可以在证券市场上直接购买各种有价证券，参与企业生产经营活动。

机构投资者包括金融机构、基金机构、企业投资者和政府部门。

QFII 和 QDII

QFII（Qualified Foreign Institutional Investors）指合格境外机构投资者，QFII 在规定的额度内汇入一定外汇并兑换为当地货币，通过严格监管的专门账户投资证券市场，其资本利得、股息等兑换成外汇汇出的一种市场开放模式，其实质是一种有限度地引进外资，在人民币没有完全可自由兑换的情况下，开放证券市场的过渡性制度。2002 年 12 月 1 日，中国证监会颁发了《合格境外机构投资者境内证券投资管理暂行办法》，标志着我国正式实行 QFII 制度。从 2003 年 7 月瑞银华宝第一个拿到 QFII 资格，完成买入第一单后，到 2011 年 11 月，我国共批准 QFII 122 家。国际投资者注重行业和公司的基本面分析，注重选择蓝筹股、大盘股，对培育市场长期投资、价值投资的理念，推进市场健康发展起到了积极的作用。

QDII（Qualified Domestic Institutional Investors）指合格境内机构投资者，QDII 是在目前人民币资本项下不可自由兑换条件下，允许经认可的境内合格机构参与境外资本市场投资的一项制度安排。2007 年 6 月 20 日，中国证监会颁布了《合格境内机构投资者境外证券投资管理试行办法》。

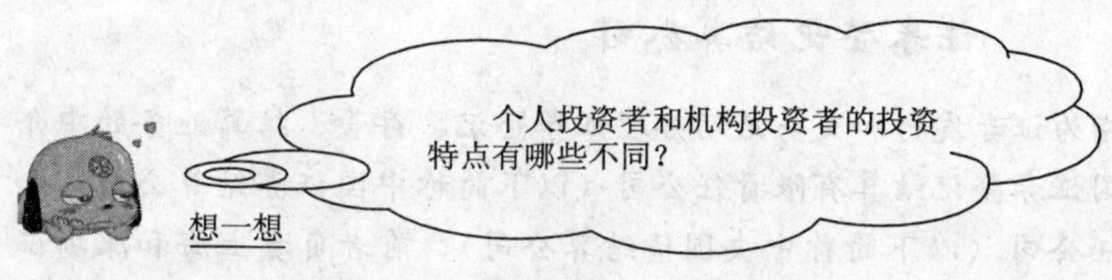

三、证券市场中介机构

证券市场中介机构是指为证券的发行与交易提供各种服务的专职机构。按提供服务的内容不同，证券市场中介机构可以分为证券公司和证券服务机构两大类。

（一）证券公司

在我国，《中华人民共和国公司法》中规定证券公司又称券商，是指经国务院证券监督管理机构批准从事证券经营业务的有限责任公司和股份有限公司，其主要业务包括证券承销、经纪、自营、投资咨询及并购、受托资产管理和基金管理等。

我国对证券公司实行分类管理，分为综合类证券公司和经纪类证券公司，并确定其相应的业务范围。综合类的证券公司可以从事证券经纪、自营、承销和证券监管机构核定的其他证券业务，经纪类的证券公司只允许专门从事证券经纪业务。

知识链接

证券经纪业务

证券经纪业务是证券公司的传统业务。但随着网络技术与计算机技术的发展，证券经纪这一古老业务的表现形式已经发生了深刻的变化。网上交易这种新兴的证券交易形式在各国的证券市场悄然兴起，它改变了传统的证券经纪结构，使经纪商能够通过技术的手段降低成本，并具备了传统经纪商无法比拟的价格优势。由于网上交易具有及时性和良好的互动性，因而经纪商有可能满足客户更多和更高的服务要求，从而使经纪商的服务竞争产生质的变化，而不仅仅是一种交易渠道的改进。

(二) 证券服务机构

证券服务机构是指依法设立的从事证券服务业务的法人机构，主要包括证券登记结算公司、证券投资咨询公司、会计师事务所、资产评估机构、律师事务所、证券信用评级机构等。

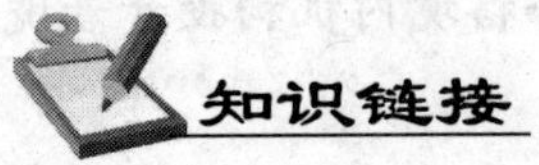

知识链接

证券登记结算公司

证券登记结算机构是指为证券发行和交易活动办理证券登记、存管、结算业务的中介服务机构。目前我国有中国证券登记结算有限责任公司（以下简称中国证券结算公司）和中央国债登记结算有限责任公司（以下简称中央国债结算公司），前者负责上海和深圳证券交易所以及开放式基金的登记结算业务，后者负责全国银行间债券市场（场外市场）的登记结算业务。

四、证券行业自律组织

证券行业自律组织包括证券交易所和证券业协会。目前，我国内地有上海证券交易所和深圳证券交易所两家证券交易所。根据《中华人民共和国证券法》规定，这两家证券交易所是为证券集中交易提供场所和设施，组织和监督证券交易，实行自律管理的法人，负有监管在交易所上市的证券和会员交易行为的合规性、合法性，以及确保市场的公开、公平、公正的职责。

证券业协会是证券行业的自律组织。根据《中华人民共和国证券法》规定，证券公司应当加入证券行业协会，证券行业协会应当履行协助证券监督管理机构组织会员执行有关法律、维护会员的合法权益等相关职责。

五、证券监管机构

证券监管机构是指依法设置的对证券发行与交易实施监督管理的机构。在我国，证券监管机构是指中国证券监督管理委员会（以下简称中国证监会）及其派出机构。中国证监会是国务院直属的证券监督管理机构，按照国务院授权和依照相关法律法规对证券市场进行集中、统一监管。其主要职责是：依法制定有关证券市场监督管理的规章、规则，负责监督有关法律法规的执行，负责保护投资者的合法权益，对全国的证券发行、交易、中介机构的行为等依法实施全面监管，维持公平而有序的证券市场。

学习情境三　证券市场的产生与发展

李先生是个认真的人，现在他对证券和证券市场产生了浓厚的兴趣。他知道以史为鉴的道理，他正在思考证券市场是什么时候、在哪产生的，我国证券市场是什么时间诞生的，证券市场的现状如何。

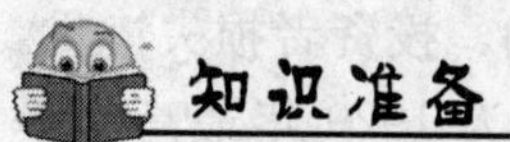

一、证券市场的产生和发展

证券的产生已有很久的历史，但证券的出现并不标志着证券市场同时产生，只有当证券的发行与转让公开通过市场的时候，证券市场才随之出现。证券市场形成于自由资本主义时期，股份公司的产生和信用制度的深化，是证券市场形成的基础。

（一）证券市场的形成阶段（17 世纪初—18 世纪末）

17 世纪初，随着资本主义经济的发展，所有权与经营权相分离的生产经营方式出现了，即股份公司形成和发展起来。在 18 世纪资本主义产业革命的影响下，包括铁路、运输、矿山、银行等行业中股份公司成为普遍的企业组织形式，其股票以及各类债券都在证券市场上流通，这一切标志着证券市场已基本形成。

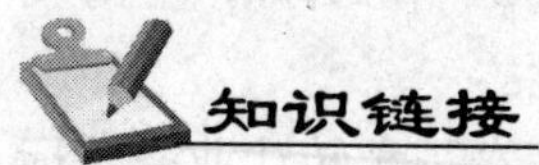

欧美早期的证券交易市场

1602 年，在荷兰阿姆斯特丹成立了世界上第一家股票交易所。

1773 年，英国第一家证券交易所在“乔纳森咖啡馆”成立，1802 年获得英国政府的正式批准。这家证券交易所即为现在伦敦证券交易所的前身。

1790 年，美国第一家证券交易所——费城证券交易所宣布成立，从事政府债券等有价证券的交易活动。

1792 年 5 月 17 日，24 名经纪人在华尔街的一棵梧桐树下聚会，商订了一项名为“梧桐树协定”的协议，约定每日在梧桐树下聚会，从事证券交易。1817 年，这些经纪人共同组成了“纽约证券交易会”。1863 年改名为“纽约证券交易所”。

（二）证券市场的发展阶段（19 世纪初—20 世纪 20 年代）

从 18 世纪 70 年代开始的工业革命，到 19 世纪中叶已在各主要的资本主义国家相继完成，工业革命推动了机器制造业的迅速发展，并使股份公司在机器制造业中普遍建立起来。从 19 世纪 70 年代到 80 年代，股份公司有了极大的发展，使有价证券发行量不断扩大。

与此同时，一些国家开始加强证券管理，引导证券市场规范化运行，如英国 1862 年颁布的股份公司条例，德国 1892 年通过的有限责任公司法，法国 1867 年制定的公司法，日本 1894 年制定的证券交易法等。另外，证券交易市场得到了发展，如日本东京证券交易市场形成于 1878 年，苏黎世证券交易所创建于 1877 年，香港股票经纪协会成立于 1891 年，1914 年易名为香港证券交易所。

（三）证券市场的完善阶段（20 世纪 30 年代以来）

1929—1933 年的经济危机严重地影响了证券市场，价格剧烈波动，投资者损失惨重。到 1932 年 7 月 8 日，道・琼斯工业股票价格平均数只有 41 点，仅为 1929 年最高水平的 11%。

第二次世界大战结束后，证券市场开始缓慢恢复和发展。到了 20 世纪 70 年代以后，证券市场出现了高度繁荣的局面，证券市场的规模不断扩大，证券交易也日益活跃起来。

二、我国证券市场的产生与发展

我国证券市场的建立是以 1981 年发行国库券为标志的，大致可分为三个阶段：

（一）起步阶段（1981—1990 年）

1981 年，国务院通过《中华人民共和国国库券条例》，确定从 1981 年首次发行国库券，当年即发行了 48.06 亿元国库券。1983 年 7 月，中国出现了第 1 只股票，即深圳宝安县联合投资公司作为第一家股份制企业在深圳首次发行的股金证；1984 年 11 月，上海飞乐音响公司成立并发行股票，这是我国最早的比较规范的股份制企业之一。

1986 年 8 月 5 日，沈阳信托投资公司率先面向社会开办了有价证券买卖转让业务，标志着我国证券二级市场的诞生。

（二）迅速发展阶段（1991—1998 年）

以 1990 年 12 月 19 日上海证券交易所正式营业为标志，中国证券市场由场外分散交易进入场内集中交易阶段。随后全国证券交易自动报价系统（STAQ）开启，深圳证券交易所也于 1991 年 7 月 3 日正式营业，中国证券市场由此进入了逐步完善阶段。

1. 证券市场规模迅速扩大

从股票市场来看，上市公司从 1992 年的 53 家发展到 1998 年的 851 家，累计股票发行量达到 703.7 亿股，累计筹资额达到 3512.08 亿元人民币（如图 1－3 所示）；从债券市场来看，1991—1996 年，我国共发行国债 6023.83 亿元、金融债券 2168.87 亿元、企业债券 1900.98 亿元、国际债券 66.60 亿美元；从基金市场来看，1992—1997 年，我国先后共发行封闭式基金 79 只、基金受益凭证 47 只，总规模约为 76 亿份，总资产达到 90 亿元。截至 1998 年年底，沪深两市开户投资者突破 4000 万户。

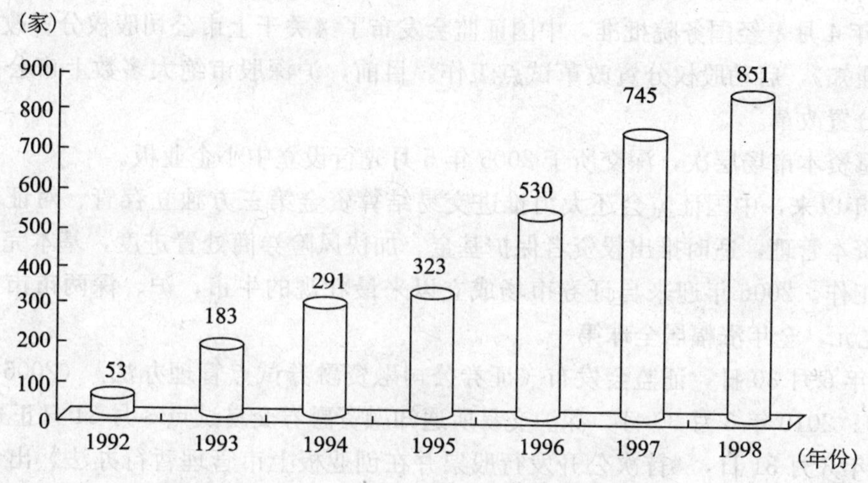

图 1－3　1992—1998 年我国上市公司数量增长

2. 法制建设逐步完善

1993 年 4 月，国务院颁布《股票发行和交易管理暂行条例》，这是新中国第一部用于规范股票发行和交易行为的基本法规。1993 年 8 月，国务院颁布《企业债券管理条例》。1994 年 7 月 1 日，《中华人民共和国公司法》正式实施。1998 年 12 月 29 日，第九届全国人民代表大会常务委员会第六次会议通过《中华人民共和国证券法》，这是我国证券发展史上的重要里程碑，它对规范我国证券市场的发行和交易行为，保护投资者的合法权益，维护社会经济秩序和社会公共利益，促进市场经济的发展，都有着重要而深远的历史意义。"九五"规划以来，我国还先后颁布了《禁止证券欺诈行为暂行办法》、《证券市场禁入暂行规定》、《证券从业人员资格管理暂行规定》、《公开发行股票公司信息披露实施细则》等法律法规，逐步规范了证券市场的运作程序。

3. 形成了全国集中统一的证券监管体系

1992 年 10 月，国务院成立证券委员会及其执行机构——中国证监会，作为对全国证券市场进行统一监督管理的专门机构。1998 年 4 月，国务院证券委员会和中国证监会合并为中国证监会，通过接受各地证管办以及新设等形式，形成了上海、深圳等 9 个稽查局和各省、自治区、直辖市设立的 36 个监管局，分批授予这些派出监管部门证券监管职能，逐步建立了全国集中统一的证券监管体系。

（三）规范发展阶段（1999 年至今）

1999 年 7 月 1 日证券市场的根本大法《中华人民共和国证券法》的正式实施，标志着集中统一的监管体制建立，我国证券市场进入了规范发展的新阶段。随后，有关部门对相关法规、规章和规范性文件进行了梳理和修订。2000 年 10 月 12 日，中国证监会正式发布并实施《开放式证券投资基金试点办法》。

2004 年 10 月 25 日，中国保监会和中国证监会联合发布《保险机构投资者股票投资管理暂行办法》，保险机构可直接投资股票市场，参与一级市场和二级市场交易，买卖人民币普通股票、可转换公司债券及保监会规定的其他投资品种。

2005 年 4 月，经国务院批准，中国证监会发布了《关于上市公司股权分置改革试点有关问题的通知》，启动股权分置改革试点工作。目前，沪深股市绝大多数上市公司都已完成了股权分置改革。

为丰富资本市场层次，深交所于 2005 年 5 月先行设立中小企业板。

2005 年以来，中国证监会还大力推进交易结算资金第三方独立存管、对证券公司全面实行净资本管理，适时推出投资者保护基金、加快风险券商处置进度，基本完成高风险券商处置工作。2006 年迎来自证券市场成立以来最壮观的牛市，沪、深两市市价总值为 89403.9 亿元，全年涨幅居全球第一。

2006 年 6 月 30 日，证监会发布《证券公司融资融券试点管理办法》（2006 年 8 月 1 日起施行）；2010 年 3 月 30 日，深沪交易所通知融资融券交易试点 3 月 31 日正式启动。

2009 年 3 月 31 日，《首次公开发行股票并在创业板上市管理暂行办法》出台，10 月 30 日首批 28 家企业在创业板上市。截至 2011 年 10 月底，通过发行会审核的企业达 291 家，其中 271 家在深圳证券交易所挂牌上市，筹资超过 1915 亿元。

2010 年 4 月 8 日，股指期货正式启动。4 月 16 日，首批四个沪深 300 股票指数期货合约在中国金融期货交易所正式挂牌交易。

我国证券市场的构成

目前，我国证券市场由上海、深圳证券交易所市场（场内市场）和全国银行间债券市场、金融机构柜台市场、股份报价转让系统（场外市场）等共同构成，具体构成情况详见表 1－1。

表 1－1　我国证券市场构成

市场名称	发行（交易）品种	主管机构	备注
上海证券交易所	股票、债券、基金、权证等	中国证监会	场内市场
深圳证券交易所	股票、债券、基金、权证等	中国证监会	场内市场

续 表

市场名称	发行（交易）品种	主管机构	备注
中小企业板、创业板	股票	中国证监会	场内市场（深圳证券交易所）
中国人民银行债券发行系统（全国银行间债券市场）	债券（政府债券、央行债券、金融债券）	中国人民银行	场外市场
代办股份转让系统	原STAQ与NET系统挂牌公司、退市公司、非上市股份公司报价转让试点公司股票	中国证券业协会	场外市场、无发行功能
金融机构柜台市场	凭证式国债、开放式基金	中国人民银行、中国证监会等	场外市场

任务二　证券交易品种

任务安排

※　掌握股票的含义、特点和种类及我国现行的股票类型；

※　掌握债券的含义、特点和种类及债券与股票的区别；

※　掌握证券投资基金的含义、特点和种类及基金与股票、债券的区别；

※　掌握权证和股指期货的含义、特点。

学习情境一　股　　票

学习了一定的基础知识，李先生拿着闲置的8万元积蓄，准备投资到证券市场上。可是面对证券市场上这么多有价证券品种，想投资又不知道该如何支配。朋友对他说："投股票好，赚钱多。隔壁的小王一天赚了好几万元呢！"炒股真的那么容易赚钱吗？股票有什么特点，我国的股票有哪些种类？

知识准备

一、股票的含义

股票是有价证券的一种主要形式。它是一种由股份有限公司签发的用以证明股东所持股份的凭证，表明股东对股份公司的部分资本拥有所有权。股票具有经济利益，可以上市流通转让。

股票的含义有三点：其一，股票的发行主体只能是股份有限公司；其二，股票的持有者可凭借股票来证明自己的股东身份，享有相应的权利与义务；其三，股票是一种法律凭证，它的发行与交易必须符合国家法律的规定。

二、股票的特点

由于股东凭借所持有的股票可获得一定的经济利益并享有相应的权利，因而股票是一种有价证券，并具有以下一些特点。

1. 收益性

能获取收益是股票购买者向股份有限公司投资的基本目的，也是股份有限公司发行股票的必备条件。股票的收益主要来自三个方面：一是股息和红利，二是资本利得，三是资本增值。

2. 风险性

任何一项投资都伴随着风险存在，股票投资也不例外。股票的风险主要表现在以下三点：一是股份公司经营业绩都不确定，而股票的股息和红利是根据公司具体盈利水平确定的；二是由于公司破产清算造成投资者的本金无法收回；三是由于股价波动使投资者遭受因股票的贬值而蒙受的损失。

3. 流通性

股票的持有者可将股票按照相应的市场价格自由买卖和转让，股票所代表的股东身份及各种权益也出让给受让者。

4. 参与性

股票的持有者作为股份有限公司的股东，有权出席股东大会、参加公司董事机构的选举及公司的经营决策。股东参与公司决策的权利大小，取决于其所持有的股份的多少。

5. 稳定性

股票是一种无期限的法律凭证，它反映的是股东与股份公司之间比较稳定的经济关系。在向股份公司参股投资而取得股票后，任何股东都不能退股，股票的有效存在是与股份有限公司的存续相联系的。对于股票持有者来说，在市场出售股票获取资金，对公司而言，股本总额没有发生变化。

三、股票的种类

由于股票包含的权益不同，股票的形式也就多种多样。一般来说，股票可分为普通股股票和优先股股票。由于我国的股份制改造起步较晚，股票的分类尚不规范，其类型具有一些特殊性。

（一）按股东权益分，可分为普通股股票和优先股股票

1. 普通股股票

所谓普通股股票，就是持有这种股票的股东都享有同等的权利，他们都能参加公司的经营决策，其所分取的股息红利是随着股份公司经营利润的多寡而变化。而其他类型的股票，其股东的权益或多或少都要受到一定条件的限制。

普通股股票的主要特点如下：

（1）普通股股票是股票中最普通、最重要的股票种类。股份公司在最初发行的股票一般都是普通股股票。

（2）普通股股票是风险最大的股票。普通股股东获取的经济利益是不稳定的，它不但要随公司的经营水平而波动，且其收益顺序比较靠后，也就是股份公司必须在偿付完公司的债务和所发行的债券利息以及优先股股东的股息以后才能给普通股股东分红。

一般来讲，普通股股东享有以下权利：

（1）经营决策参与权。一般来说，股份公司每一年度都至少要召开一次股东大会，在遇到重大事件时还要召开临时股东大会。在股东大会上，股东除了听取公司董事会的业务和财务报告外，还可对公司的经营管理发表意见，参加公司董事会和监事会的选举。如果认为公司的账目不清时，股东还有权查阅公司的有关账册。如果发现董事违法失职或违反公司章程而损害公司利益时，普通股股东有权将之诉诸于法庭。

（2）具有分配公司盈余和剩余资产的权利。在经董事会决定之后，普通股股东有权按顺序从公司经营的净利润中分取股息和红利。在股份有限公司解散清算时，有权按顺序和比例分配公司的剩余资产。

（3）优先认股权。当股份公司为增加公司资本而决定增加发行新股票时，原有普通股股东都有权按持股比例优先认购新股，以保证普通股股东在股份有限公司中的控股比例不变。

2. 优先股股票

所谓优先股股票是指持有该种股票的股东在某些方面比普通股享有优先权，同时权益要受到一定的限制。优先股股票的发行一般是股份公司出于某种特定的目的和需要，且在票面上要注明“优先股”字样。优先股股东的特别权利就是可优先于普通股股东以固定的股息分取公司收益并在公司破产清算时优先分取剩余资产，但一般不能参与公司的经营活动，其具体的优先条件必须由公司章程加以明确。一般来说，优先股的优先权有以下几点：

（1）在分配公司利润时可先于普通股且以约定的比率进行分配。

（2）当股份有限公司因解散、破产等原因进行清算时，优先股股东可先于普通股股东分取公司的剩余资产。

（3）优先股股东一般不享有公司经营参与权，即优先股股票不包含表决权，优先股股东无权过问公司的经营管理，但在涉及优先股股票所保障的股东权益时，优先股股东可发

表意见并享有相应的表决权。

（4）无优先认股权。

（5）优先股股票可由公司赎回。由于股份有限公司需向优先股股东支付固定的股息，优先股股票实际上是股份有限公司的一种举债集资的形式。但优先股股票又不同于公司债券和银行贷款，优先股股东不能要求退股，却可以依照优先股股票上所附的赎回条款，由股份有限公司予以赎回。大多数优先股股票都附有赎回条款。

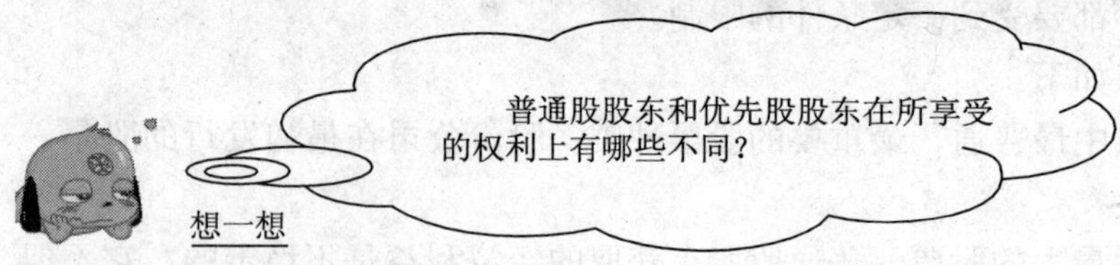

（二）其他类型股票

除了普通股股票和优先股股票外，根据股票的票面是否记载有票面价值，股票又可分为有面额股票和无面额股票。目前世界各国除美国外，都禁止发行无面额股票；根据股票的票面是否记载有股东姓名，股票可分为记名股票和不记名股票。

（三）我国现行股票的种类

由于我国股市正经历着先发展、后规范的历程，我国股票的通俗分类和国外有所不同。

1. 按持有人的不同划分

（1）国家股。国家股是指以国有资产向股份有限公司投资形成的股权，一般是指国家投资或国有资产经过评估并经国有资产管理部门确认的国有资产折成的股份。国家股的股权所有者是国家。国家股的股权由国有资产管理机构或其授权单位主管部门行使国有资产的所有权职能。国家股股权，也包含国有企业向股份有限公司形式改制变更时，现有国有资产折成的股份。

（2）法人股。法人股是指企业法人或具有法人资格的事业单位和社会团体，以其依法可经营的资产向公司非上市流通股权部分投资所形成的股份。法人股是国有法人股和社会法人股的总称。如果该法人是国有企业、事业及其他单位，那么该法人股为国有法人股；如果是非国有法人资产投资于上市公司形成的股份则为社会法人股。

（3）社会公众股。社会公众股是指社会公众依法以其拥有的财产投入公司时形成的可以上市流通的股份。在公募方式下，股份公司发行的股份，除了由发起人认购一部分外，其余部分应该向社会公众公开发行。《中华人民共和国公司法》规定，社会募集公司向社会公众发行的股份，不得少于公司股份总数的25%；公司股本超过人民币4亿元的，向社会公开发行股份的比例应在15%以上。

我国为什么要进行股权分置的改革

由于历史原因，我国证券市场存在股权分置现象。股权分置是指我国A股市场的上市公司内部普遍形成了流通的社会公众股和非流通的国家股和法人股“两种不同性质的股票”，这两类股票形成了“不同股不同价不同权”的市场制度与结构。股权分置不能适应证券市场改革开放和稳定发展的要求，必须通过股权分置改革，消除非流通股和流通股的流通制度差异。

流通股股东获得股票的成本高，但可以流通；非流通股股东获得股票的成本低，但不可以流通。股权分置改革就是要使非流通股可以流通，代价是非流通股股东向流通股股东支付一定的利益（如按一定比例向流通股股东无偿赠送股票，并承诺所持股票在一定期限内不上市交易等）作为交换。

2005年4月29日，经国务院批准，中国证监会启动股权分置改革试点工作。目前，沪深股市绝大多数上市公司都已完成了股权分置改革。

2. 按交易场所的不同划分

（1）A股。A股，即人民币普通股票，是由我国境内公司发行，供境内机构、组织或个人（不含台、港、澳投资者）以人民币认购和交易的普通股股票。A股不是实物股票，以无纸化电子记账，实行“T＋1”交割制度，有涨跌幅（10%）限制，参与投资者为中国内地机构或个人。

（2）B股。B股，即人民币特种股票，是以人民币标明面值，以外币认购和买卖，在境内（上海、深圳）证券交易所上市交易的外资股。B股公司的注册地和上市地都在境内（深、沪证券交易所），只不过投资者在境外或在中国香港、澳门及台湾。2001年我国开放境内个人居民可以投资B股。沪市挂牌B股以美元计价，而深市B股以港元计价，故两市股价差异较大；如果将美元、港元以人民币进行换算，便知两地股价大体一致。

（3）H股。H股也称国企股，是经证监会批准，注册地在内地、上市地在香港的股票（因香港英文——Hong Kong首字母，而得名H股）。H股为实物股票，实行“T＋0”交割制度，无涨跌幅限制。中国地区机构投资者可以投资于H股，内地地区个人目前尚不能直接投资于H股。国际资本投资者可以投资H股。

（4）S股。S股是指那些主要生产或者经营等核心业务在中国内地、企业的注册地在内地，但是在新加坡交易所上市挂牌的企业股票。

（5）N股。N股是指那些在中国内地注册、在纽约交易所（New York）上市的中国企业发行的股票。

学习情境二　债　　券

有的朋友却对李先生说："用这些钱买债券吧，既安全又赚钱。"可是李先生对债券的含义、种类和特点也不是很了解，究竟债券是否适合自己呢？

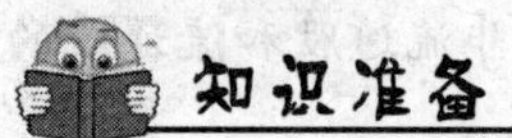

一、债券的含义

（一）债券的概念

债券是发行者依照法定程序发行，并约定在一定期限内还本付息的，表明投资者与筹资者之间债权债务关系的债务凭证。债券属于确定请求权的有价证券。债券购买者与发行者之间是一种债权债务关系，债券发行人即债务人，投资者（或债券持有人）即债权人。

（二）构成债券的基本要素

债券虽有不同种类，但基本要素却是相同的，债券的基本要素主要由以下几个方面构成：

1. 债券的票面价值

债券面值包括两个基本内容：一是币种，二是票面金额。面值的币种可用本国货币，也可用外币，这取决于发行者的需要和债券的种类。债券的票面金额是计算利息和到期偿还本金的基本依据。

2. 债券价格

债券价格是指债券发行时的价格。理论上，债券的面值就是它的价格。但实际上，由于发行者的种种考虑或资金市场上供求关系、利息率的变化，债券的市场价格常常脱离它的面值，有时高于面值，有时低于面值。发行者计息还本，是以债券的面值为依据，而不是以其价格为依据。

3. 债券利率

债券利率是债券利息与债券面值的比率。债券利率分为固定利率和浮动利率两种。债券利率一般为年利率，面值与利率相乘可得出年利息。债券利率直接关系到债券的收益。影响债券利率的因素主要有银行利率水平、发行者的资信状况、债券的偿还期限和资金市场的供求情况等。

4. 债券还本期限与方式

债券还本期限是指从债券发行到归还本金之间的时间。债券还本期限长短不一，有的只有几个月，有的长达十几年。还本期限应在债券票面上注明。债券发行者必须在债券到期日偿还本金。债券还本期限的长短，主要取决于发行者对资金需求的时限、未来市场利率的变化趋势和证券交易市场的发达程度等因素。债券还本方式是指一次还本还是分期还本等，还本方式也应在债券票面上注明。

债券除了具备上述四个基本要素之外，还应包括发行单位的名称和地址、发行日期和编号、发行单位印记及法人代表的签章、审批机关批准发行的文号和日期、是否记名、记名债券的挂失办法和受理机构、是否可转让以及发行者认为应说明的其他事项。

二、债券的特征

1. 偿还性

债券一般都规定有偿还期限，发行人必须按约定条件偿还本金并支付利息。

2. 流动性

它是指债券持有人可按自己的需要和市场的实际状况，转让债券收回本息的灵活性特征。债券持有人可在债券到期前在流通市场上自由转让，也可到银行等金融机构进行质押贷款。

3. 安全性

与股票相比，债券通常规定有固定的利率。不随发行者经营收益的变动而变动，收益比较稳定，风险较小。此外，在企业破产时，债券持有者享有优先于股票持有者对企业剩余资产的索取权。

4. 收益性

债券的收益性主要表现在两个方面，一是投资债券可以给投资者定期或不定期地带来利息收入；二是投资者可以利用债券价格的变动，买卖债券赚取差额。

三、债券的种类

（一）按发行主体不同，债券可划分为政府债券、金融债券、企业债券

1. 政府债券

政府债券是政府为筹集资金而发行的债券。主要包括国债、地方政府债券等。中央政府发行的债券又称国债，主要是为了满足政府先支后收而产生的临时性需要，或是为了弥补财政赤字和重要建设项目资金的不足。国债因其信誉好、利率优、风险小而又被称为“金边债券”。地方政府发行的债券叫做地方政府债券。其发行筹集的资金主要用于公共设施建设、住房建设和教育文化等方面的建设需要。地方政府债券安全性和流动性低于国债，但收益性一般高于国债。

2. 金融债券

金融债券是由银行和非银行金融机构发行的债券。金融机构一般有雄厚的资金实力，信用度较高，因此，金融债券也有良好的信誉。根据 2005 年中国人民银行制定并颁布实施的《全国银行间债券市场金融债券发行管理办法》的规定，目前包括政策性银行、商业银行、企业集团财务公司及其他金融机构符合条件的均可以发行金融债券。

3. 公司（企业）债券

公司债券，广义上是指一般企业和股份公司为筹集资金而发行的债券，又称公司（企

业）债券；狭义的公司债券仅指股份公司发行的债券。由于从事经营的公司和企业的信誉差别较大，因此相对于政府债券和金融债券而言，公司债券有较大的风险性。

（二）按计息方式上的差异，债券可划分为单利债券、复利债券、贴现债券和累进利率债券等

1. 单利债券

单利债券是指在计算债券利息时，不论期限长短，仅按本金计息，所产生利息不再加入本金计算下期利息的债券。

2. 复利债券

复利债券是指计算利息时，按一定期限将所产生利息加入本金再计算利息，逐期滚算的债券。

3. 贴现债券

贴现债券是指在票面上不规定利率，发行时按规定的某一折扣率，以低于票面金额的价格发行，到期时按票面金额偿还本金的债券。

4. 累进利率债券

累进利率债券是指以利率逐年累进方法计息的债券，即债券的利率随着时间的推移，后期利率比前期利率来得高，呈累进状态，期限越长，利率越高，这种债券的期限往往是浮动的，但一般会规定最短持有期和最长持有期。

（三）按利率是否变动，债券可划分为固定利率债券、浮动利率债券

1. 固定利率债券

固定利率债券是指在发行时规定利率在整个偿还期内不变的债券。固定利率债券不考虑市场变化因素，因而其筹资成本和投资收益可以事先预计，不确定性较小，但债券发行人和投资者仍然必须承担市场利率波动的风险。

2. 浮动利率债券

浮动利率债券是指发行时规定债券利率随市场利率定期浮动的债券。浮动利率债券往往是中长期债券。浮动利率债券的利率通常根据市场基准利率加上一定的利差来确定。

（四）按偿还期限长短，债券可划分为长期债券、中期债券、短期债券

1. 长期债券

一般说来，偿还期在10年以上的为长期债券。发行长期债券的目的是为了获得长期稳定的资金。长期债券由于期限较长，利率风险较大，可能带来利率浮动，有的附有可赎回的条款，也可采取分次支付利率的方式。一般情况下，期限越长的债券，其利率水平越高。长期债券也属于资本市场工具。

2. 中期债券

期限在1年或1年以上、10年以下（包括10年）的为中期债券。中期债券的发行者主要是政府、金融机构和企业。我国政府发行的债券主要是中期债券。中期债券属于资本市场工具。

3. 短期债券

偿还期限在1年以下（含1年）的为短期债券。企业发行短期债券大多是为了筹集临

时性周转资金。在我国，此种短期债券的期限分为3个月、6个月和9个月。政府发行短期债券多是为了平衡预算开支，我国政府发行的短期债券较少。短期债券属于货币市场工具。

我国企业债券和国债的期限划分有所不同

我国国债的期限划分与上述期限标准相同，但企业债券的期限划分与上述标准有所不同。我国短期企业债券的偿还期限在1年（含1年）以内，偿还期限在1年以上5年以下（含5年）的为中期企业债券，偿还期限在5年以上的为长期企业债券。

四、我国国债的种类

我国国债的种类可以按照券面形式分为三大品种，即无记名式、凭证式和记账式。其中前者已不多见，而后两者则为目前的主要形式。

（一）无记名式国债

无记名式国债是一种票面上不记载债权人姓名或单位名称的债券，通常以实物券形式出现，又称实物券或国库券。券面上印有“中华人民共和国国库券”字样，通常面额有100元、500元、1000元等券种，背面印有“中华人民共和国财政部”印章，并印有防伪识别符号。我国发行的无记名国债一般属于零息国债。我国20世纪50年代发行的国债和从1981年起发行的国债主要是无记名式国库券。

无记名式国库券的一般特点是：不记名、不挂失，可以上市流通。由于不记名、不挂失，其特有的安全性不如凭证式和记账式国库券，但购买手续简便。由于可上市转让，其流通性较强。上市转让价格随二级市场的供求状况而定，当市场因素发生变动时，其价格会产生较大波动，因此具有获取较大利润的机会，同时也伴随着一定的风险。一般来说，无记名式国库券更适合金融机构和投资意识较强的购买者。

（二）凭证式国债

凭证式国债是指国家采取不印刷实物券，而用填制“国库券收款凭证”的方式发行的国债。我国从1994年开始发行凭证式国债。凭证式国债具有类似储蓄又优于储蓄的特点，通常被称为“储蓄式国债”，是以储蓄为目的的个人投资者理想的投资方式。凭证式债券自投资者购买之日起计息，可以记名，可以挂失，但不能上市流通。投资者如需变现，可以随时到原购买点兑取现金，还可以按持有期限长短，按相应档次利率计息。

（三）记账式国债

记账式国债又称无纸化国债，它是指将投资者持有的国债登记于证券账户中，投资者仅取得收据或对账单以证实其所有权的一种国债。我国从1994年推出记账式国债这一品种。记账式债券采用无纸化发行，在证券交易所开户的投资者可以购买并在交易所交易系统内交易，可以记名、挂失。记账式国债具有成本低、收益好、安全性好、流通性强的特点。表 1－2 列出了 2009 年、2010 年我国各类国债发行的情况。

表 1－2　　2009 年、2010 年我国各类国债发行的情况　　单位：亿元

债券品种＼年份	2009	2010
记账式国债	12718.10	14581.90
储蓄国债（凭证式）	0.00	0.00
储蓄国债（电子式）	1495.48	1296.28
合　计	14213.58	15878.18

五、债券与股票的区别与联系

股票和债券都是有价证券，它们既存在共同之处，又有本质上的区别。

（一）债券与股票的相同点

股票和债券的作用是相同的，它们一方面可为投资者带来收益，另一方面又能够使发行者筹集到所需的资金。

股票和债券都属于有价证券。尽管他们都是虚拟资本，本身没有价值，但又都是真实资本的代表。经过有关部门审批核准后，两者都可在证券市场进行买卖和转让，其流通价格均要受到银行利率等多重因素的影响。

（二）债券与股票的不同点

1. 两者权利不同

债券是债权凭证，出资者成为发行者的债权人，与发行人之间产生的是借贷性质的债权债务关系。债券持有人可向发行人行使债权，要求收取利息，但无权参与企业的经营决策。股票是所有者凭证，投资者成为发行公司的股东，公司的经营状况与股东的利益息息相关，因而股东有权从公司经营中获取收益，有权参与公司的经营决策。

2. 两者发行的目的不同

发行债券所筹集的资金是发行人所需追加的资金，属于负债的范畴。股份公司发行股票筹措的资金，构成公司的自有资金。

3. 两者发行的主体不同

发行债券的经济主体很多，中央政府、地方政府、金融机构、公司组织等一般都可以发行债券，但股票只能由股份有限公司来发行。

4. 两者的收益不同

债券的持有人依法获取的收益是利息，其数额事先固定，并在企业的经营成本中支付，其支付顺序要优先于股票的红利。持有股票的股东依法获取的收益是股息和红利。由于它是从公司利润中支出，故其数额事先难以确定，完全依赖于股份有限公司的经营状况。

5. 两者期限不同

债券作为有期限的债权凭证，可以定期收取本金，因此，债券是一种有期投资；而股票是一种没有期限的永久性投资，一旦投资入股，股东不能要求退股，收回本金，只能通过市场转让股票收回投资。

6. 两者风险不同

债券则是一种风险很小的保守性投资。原因是：

(1) 认购公司债券是有期限的借贷关系，公司债券持有人到期既可收取固定的利息，又可收回本金。

(2) 在收益分配上，公司债券持有人的地位优先于公司股东，特别是在公司经营亏损或破产时，要先偿还公司债权人的本息，然后才能在股东之间分配盈余或剩余财产。

(3) 债券的市场价格也较稳定。而股票无固定的期限和利益，其交易价格受供求关系的影响而有较大幅度的变化，股东在转让股票时收回的金额与股票市场的波动直接相关。

学习情境三　证券投资基金

随着近期股市震荡加剧，李先生摸不准要选择什么品种的证券去投资，于是他来到银行理财中心征求意见。理财经理了解了他的资金配置计划和投资回报需求后，向他推荐了几只基金。但李先生不理解，到底什么是基金，基金适合什么样的投资者，基金有哪些种类，基金投资和股票、债券投资有什么区别。

知识准备

一、证券投资基金的含义

证券投资基金是指一种利益共享、风险共担的集合证券投资方式，即通过发行基金单位，集中投资者的资金，由基金托管人托管，由基金管理人管理和运用资金，从事股票、债券等金融工具投资。

各个国家投资基金的形式不尽相同，称谓也有所不同，美国称“共同基金”，英国与中国香港称“单位信托”，日本称“证券投资信托”等。

二、证券投资基金的特征

作为一种现代化的投资工具，基金主要具有以下四个特征：

(一) 集合投资

基金将零散的资金集中起来，交给专业机构投资于各种金融工具，以谋取资产的增值。基金可以最广泛地吸收社会闲散资金，发挥资金的规模优势，降低投资成本，使中小

投资者享受到规模效益。

（二）专业管理

基金有专业的基金管理人进行投资管理和运作。他们都拥有专业的投资研究人员和强大的信息网络，具有丰富的证券投资和其他项目投资经验，运用先进的技术手段分析各种信息资料，能对金融市场上各种品种的价格变动趋势作出比较正确的预测，最大限度地避免投资决策的失误，提高投资成功率。

（三）分散风险

以科学的投资组合降低风险、分散风险、提高收益是基金的另一大特点。基金可以凭借其雄厚的资金，在法律规定的投资范围内进行科学的组合，分散投资于多种证券，借助于资金庞大和投资者众多的公有制使每个投资者面临的投资风险变小。另外又利用不同的投资对象之间的互补性，达到分散投资风险的目的。

（四）利益共享，风险共担

证券投资基金实行"利益共享，风险共担"的原则。为基金提供服务的基金管理人和托管人只能按规定收取一定的管理费和托管费，基金投资收益在扣除基金承担的费用后，全部归基金投资者所有，并根据投资者所持有的基金份额比例进行分配。

三、证券投资基金的种类

证券投资基金的种类繁多，可按不同的方式进行分类。

（一）根据基金单位是否可增加或赎回，证券投资基金可分为封闭式基金和开放式基金

封闭式基金是指事先确定发行总额，在封闭期内基金单位总数不变，基金上市后投资者可以通过证券市场转让、买卖基金单位，但不得申请赎回的一种基金。

开放式基金是指基金发行总额不固定，基金单位总数随时增减，投资者可以按基金的报价在国家规定的营业场所申购或者赎回基金单位的一种基金。

封闭式基金和开放式基金有以下主要区别：

1. 期限不同

封闭式基金通常有固定的封闭期，根据《证券投资基金法》规定，封闭式基金的存续期限应在5年以上，经受益人大会通过并经主管机关同意可以适当延长期限。目前我国封闭式基金的存续期大多在15年左右。而开放式基金没有固定期限，投资者可随时向基金管理人赎回基金单位。

2. 发行规模限制不同

封闭式基金在招募说明书中列明其基金规模，在封闭期限内未经法定程序认可不能再增加发行。开放式基金没有发行规模限制，投资者可随时提出认购或赎回申请，基金规模就随之增加或减少。

3. 基金单位交易方式不同

封闭式基金的基金单位在封闭期限内不能赎回，持有人只能在证券交易场所交易。开放式基金的投资者则可以在首次发行结束一段时间（多为3个月）后，随时向基金管理人

或其销售代理人提出购买或赎回申请，买卖方式灵活，除极少数开放式基金在交易所作名义上市外，通常不上市交易。

4. 基金单位的交易计价方式不同

封闭式基金与开放式基金的基金单位除了首次发行价都是按面值加一定百分比的购买费计算外，以后的交易计价方式不同。封闭式基金的买卖价格受市场供求关系的影响，常出现溢价或折价现象，并不必然反映基金的净资产值。开放式基金的交易价格则取决于基金每单位净资产值的大小，其申购价一般是基金单位资产值加一定的购买费，赎回价是基金单位净资产值减去一定的赎回费，不直接受市场供求影响。

5. 投资策略不同

封闭式基金的基金单位数不变，资本不会减少，因此基金可进行长期投资，基金资产的投资组合能有效在预定计划内进行。开放式基金因基金单位可随时赎回，为应付投资者随时赎回兑现，基金资产不能全部用来投资，更不能把全部资本用来进行长线投资，必须保持基金资产的流动性，在投资组合上需保留一部分现金和高流动性的金融商品。

6. 基金份额资产净值公布的时间不同

封闭式基金一般每周或更长时间公布一次，开放式基金一般在每个交易日连续公布。

从发达国家金融市场来看，开放式基金已成为世界投资基金的主流。世界基金发展史从某种意义上说就是从封闭式基金走向开放式基金的历史。

（二）根据组织形态的不同，证券投资基金可分为契约型基金和公司型基金

契约型基金又称为单位信托基金，是指投资者、管理人、托管人三者作为基金的当事人，通过签订基金契约的形式，发行受益凭证而设立的一种基金。它是基于契约原理而组织起来的代理投资行为，没有基金章程，也没有公司董事会，而是通过基金契约来规范三方当事人的行为。

公司型基金是指基金本身为一家股份有限公司，公司通过发行股票或受益凭证的方式来筹集资金，并由公司委托一家基金管理公司进行有价证券等项目的投资。契约型基金与公司型基金的区别是：

1. 法律依据不同

契约型基金是依照基金契约组建，信托法是其设立的依据，基金本身不具有法律资格。公司型基金是按照公司法组建的，具有法人资格。

2. 资金的性质不同

契约型基金的资金是通过发行基金份额筹集起来的信托财产，公司型基金的资金是通过发行普通股票筹集的公司法人的资本。

3. 投资者的地位不同

契约型基金的投资者既是基金的委托人，又是基金的受益人；公司型基金的投资者购买基金的股票后成为该公司的股东。因此，契约型基金的投资者没有管理基金资产的权力，而公司型基金的股东通过股东大会享有管理基金公司的权力。

4. 基金的营运依据不同

契约型基金依据基金契约营运基金，公司型基金依据基金公司章程营运基金。

从世界基金业的发展趋势看，公司型基金除了比契约型基金多了一层基金公司组织外，其他各方面都与契约型基金有趋同化的倾向。

（三）其他基金的种类

1. 股票型基金、债券型基金、货币市场型基金和混合型基金

（1）股票型基金是指主要投资于股票市场的基金。根据中国证监会对基金类别的分类标准，60%以上的基金资产投资于股票的，为股票型基金。国内所有上市交易的封闭式基金及大部分的开放式基金都是股票型基金。

（2）债券型基金是指全部或大部分投资于债券市场的基金。根据中国证监会对基金类别的分类标准，80%以上的基金资产投资于债券的，为债券型基金。

（3）货币市场型基金是投资于银行定期存款、商业本票、承兑汇票等风险低、流通性高的短期投资工具的基金品种，因此具有流通性好、低风险与收益较低的特性。

（4）混合型基金是同时以股票、债券为投资对象，以期通过在不同资产类别上的投资，实现收益与风险之间的平衡。

截至2010年年底，我国各类型基金资产分布情况如表1-3所示。

表1-3　　2010年年底我国各类型基金资产分布情况

基金类型	基金数量（只）	规模（亿元）
股票型	236	9546.16
混合型	161	7072.24
债券型	95	1265.10
指数型	70	2962.13
保本型	5	228.47
货币型	46	1532.77
封闭式	26	790.71
QDII	28	729.20
其他	21	716.99
总计	688	24843.77

资料来源：中国证券业协会网站

2. 成长型基金、收入型基金和平衡型基金

（1）成长型基金是指以追求资本增值为基本目标，较少考虑当期收入的基金。为了达到这一目标，基金管理人通常将基金资产投资于具有良好增长潜力的股票。

（2）收入型基金是指以追求稳定的经常性收入为基本目标的基金。主要投资于大盘蓝筹股、公司债券、政府债券等高收益证券。

（3）平衡型基金是既注重获得当期收入，又要追求长期增值，通常是把资金分散投在

股票和债券，以保证资金的安全性和盈利性。

3. 公募基金和私募基金

（1）公募基金是指受我国政府主管部门监管的，向社会大众公开发行受益凭证的证券投资基金。目前国内证券市场上的封闭式基金属于公募基金。

（2）私募基金是指非公开宣传的，私下向特定投资者募集资金进行的一种基金。

4. 特殊类型基金

（1）伞型基金是指基金发起人根据一份总的基金招募书，设立多只相互之间可以根据规定的程序及费率水平进行转换的基金，这些基金称为“子基金”或“成分基金”；而由这些子基金共同构成的这一基金体系被称为“伞形基金”。

（2）保本基金是通过采用投资组合保险技术，在一定的投资期（如3年或5年）内为投资者提供一定固定比例（如100%、102%或更高）的本金回报保证，除此之外还通过其他的一些高收益金融工具（股票、衍生证券等）的投资保持了为投资者提供额外回报的潜力。

（3）交易型开放式指数基金（Exchange-Traded Funds，ETFs）是指一种可以在交易所上市交易的、基金份额可变的基金运作方式。ETFs结合了封闭式基金与开放式基金的运作特点，投资者一方面可以像封闭式基金一样在交易所二级市场进行买卖，另一方面又可以像开放式基金一样申购、赎回。ETFs通常不准许现金申购及赎回，而是以一篮子股票组合来创设和赎回基金单位，这一组合中的股票种类与某一特定指数（如上证50指数）包含的成分股相同，每只股票的数量与该指数的成分股构成比例一致。

（4）LOF（Listed Open-end Fund）是指在交易所上市交易的开放式证券投资基金，也称为“上市型开放式基金”。LOF的投资者既可以通过基金管理人或其委托的销售机构以基金净值进行基金的申购、赎回，也可以通过交易所市场以交易系统撮合成交价进行基金的买入、卖出。

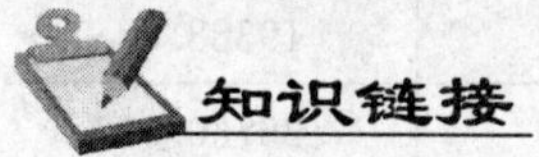

我国证券投资基金的起源

我国证券投资基金开始于1998年3月，在较短的时间内就成功地实现了从封闭式基金到开放式基金、从资本市场到货币市场、从内资基金管理公司到合资基金管理公司、从境内投资到境外理财的几大历史性的跨越。证券投资基金目前已经具有了相当规模，成为我国证券市场的最重要机构投资力量和广大投资者的最重要投资工具之一。

1999年年底，中国基金业的资产规模只有577亿元人民币，到2008年年底，基金资产已达到19381亿元的规模。截至2008年12月31日，包括32只封闭式基金在内，我国已有61家基金管理公司旗下的439只基金可供投资者选择。开放式基金自2001年推出以来，取得了飞速的发展，截至2008年年底，开放式基金已达439只，占全部基金数量的93%。从基金品种看，我国推出了股票基金、债券基金、货币市场基金，还迅速发展了

ETF、LOF 等品种，并且在尝试 QFII、QDII 方面也迈出了很大的步伐。

四、证券投资基金的当事人

（一）基金管理人

基金管理人是指具有专业的投资知识与经验，根据法律、法规及基金章程或基金契约的规定，经营管理基金资产，谋求基金资产的不断增值，以使基金持有人收益最大化的机构。在我国，按照《证券投资基金法》的规定，基金管理人由基金管理公司担任。基金管理公司通常由证券公司、信托投资公司发起成立，具有独立法人地位。我国基金管理公司数量和规模增长情况如表 1-4 所示。

表 1-4　　我国基金管理公司数量和规模增长情况

年份	基金管理公司（家）	封闭式（只）	开放式（只）	基金总数（只）	基金净值（亿元）
1998	6	5	0	5	107
1999	10	23	0	23	577
2000	10	41	0	41	870
2001	15	49	3	52	821
2002	21	54	17	71	1186
2003	34	54	56	110	1699
2004	45	54	107	161	3246
2005	53	54	164	218	4695
2006	58	53	255	308	8571
2007	59	36	328	364	32755.92
2008	61	33	441	474	19388.67
2009	60	33	590	623	26760.92
2010	62	42	739	781	25194.49
2011	66	55	964	1019	21918.4

资料来源：中国证券业协会网站

（二）基金托管人

基金托管人是投资人权益的代表，是基金资产的名义持有人或管理机构。为了保证基金资产的安全，按照资产管理和资产保管分开的原则运作基金，基金设有专门的基金托管人保管基金资产。我国《证券投资基金法》规定，基金托管人由依法设立并取得基金托管资格的商业银行担任。

（三）基金持有人

基金持有人也叫基金投资人，是指持有基金单位或基金股份的自然人和法人，他们享有基金信息的知情权、表决权和收益权。

五、基金费用和基金收益分配

（一）基金费用

基金费用一般包括两大类：

一类是在基金销售过程中发生的由基金投资人自己承担的费用，主要包括认购费、申购费、赎回费和基金转换费。这些费用一般直接在投资人认购、申购、赎回或转换时收取。其中申购费可在投资人购买基金时收取，即前端申购费；也可在投资人卖出基金时收取，即后端申购费，其费率一般按持有期限递减。

另一类是在基金管理过程中发生的费用，主要包括基金管理费、基金托管费、信息披露费等，这些费用由基金资产承担。对于不收取申购、赎回费的货币市场基金和部分债券基金，还可按不高于2.5‰的比例从基金资产中计提一定的费用，专门用于本基金的销售和对基金持有人的服务。

（二）基金收益与基金净收益

基金收益是指基金资产在运作过程中所产生的超过自身价值的部分。具体地说，基金收益包括基金投资所得红利、股息、债券利息、买卖证券价差、存款利息和其他收入。

基金净收益是指基金收益减去按照国家有关规定可以在基金收益中扣除的费用后的余额。

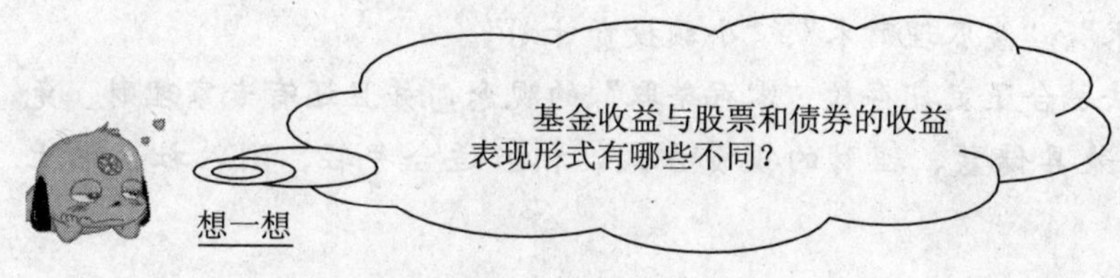

六、基金与股票、债券的差异

从不同的角度来比较证券投资基金、股票和债券的区别，如表1－5所示。

表1－5　证券投资基金与股票、债券的比较

比较项目	证券投资基金	股票	债券
反映的经济关系不同	反映的是一种信托关系，是一种受益凭证	反映的是一种所有权关系，是所有权凭证	反映的是债权债务关系，是债权凭证
所筹资金的投向不同	间接投资工具，投向有价证券等金融工具	直接投资工具，投向实业领域	直接投资工具，投向实业领域

续　表

比较项目	证券投资基金	股票	债券
投资收益与风险大小不同	通常情况下，证券投资基金的收益要高于债券。股票投资的风险大于基金，基金投资的风险大于债券	通常情况下，股票的收益是不确定的，投资风险最大	债券的收益是确定的，投资风险最小

基金投资小建议——定期定额投资计划

投资证券投资基金可以一次单笔购买，也可以每月固定投资一笔钱。“定期定额”就是每隔一段固定时间（一个月或两个月）以固定的金额投资于同一只共同基金。办理定期定额手续非常简单，只要投资人与基金公司或基金代销机构约定每个月（或两个月）固定的时间从其账户中划出固定的金额来投资基金即可。

定期定额这种小额投资方式适合无大笔资金投资但具长期理财需求的人。对于大多数没有时间研究经济景气变化和市场多空的基金投资人而言，“定期定额投资策略”可以说是相当省时省力的投资方法，并且还可以避免不小心买在高点的风险，因此定期定额投资基金常被称为“懒人理财术”、“傻瓜理财术”、“小额投资计划”。

定期定额投资基金方法融合了定期存款“零存整取”的观念，并且还有专家理财、免除自己选股的烦恼。这种兼具储蓄、理财的投资方式，相当适合年轻、刚入社会的上班族。

学习情境四　权　　证

在一次朋友聚会上，李先生的朋友王先生向他讲述了自己购买机场权证15万元全部化为废纸的遭遇。2006年12月15日下午开市后不久，王先生以0.50元左右的价格买入部分机场JTP1（580998）权证，但是其后该权证一路走跌，在距离收盘前15分钟时，已经跌至0.30元左右，王先生就采取了低位补仓策略，准备在下一周再抢反弹，前后共投入资金15万元。可是，12月18日开市后，当王先生再次来到证券营业部开始交易时，才发现自己买入的机场JTP1权证已经停牌了。经过仔细查找，才在行情软件的信息内容中找到“机场权证在12月15日为最后交易日，12月18日起开始停止交易”的字样。这意味着自己的15万元差不多将全部化作废纸。王先生越想越窝火，埋怨12月15日为什么不见提示公告提醒投资者要停止交易了。早知道要停止交易，自己也不会全仓杀入。

那什么是权证呢？权证有什么特点？权证如何交易呢？李先生又开始了学习。

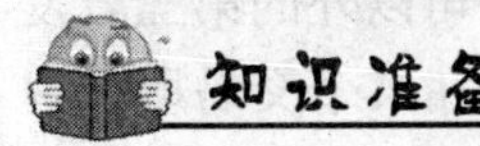

一、权证的含义

权证是一种可上市交易的新的证券品种，它是发行人赋予权证持有者可于特定的到期日，以特定的价格，购入或卖出相关资产的一种权利的凭证。在国外的权证市场中，权证的标的包括有价证券、指数，如股价指数、外币、利率、商品、期权、期货等。以上各种标的所衍生出的权证种类，通常被冠以该标的的名称，比如股票权证、债券权证、外币权证以及指数权证等，其中以股票权证占大多数。虽然由于其标的物的不同，以及特殊的交易方式和交易场所，以上各类权证在产品的特性等方面会有所差异，但它们都具有权证产品的共同特性。下面将以股票权证为例来介绍权证的有关定义及特性。

二、权证的种类

(一) 按照交易方式，权证可分为认购权证和认沽权证

1. 认购权证

认购权证赋予持有人在约定时间内，以约定价格，买入约定数量标的股票的权利。

2. 认沽权证

认沽权证赋予持有人在约定时间内，以约定价格，卖出约定数量标的股票的权利。

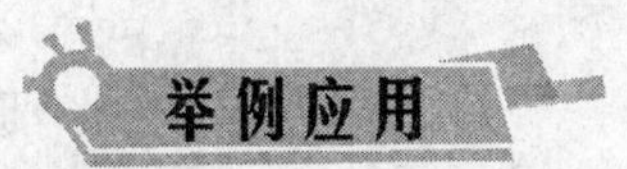

认购权证和认沽权证

1. 宝钢股份（600019）在股权分置改革方案中，提出的给流通股每 10 股 1 份认股权证，规定在股权登记日获得认股权证的股东，在权证第 378 天到期日，可以 4.50 元的价格购买宝钢股份股票。这就是认购权证（也叫买权权证）。

2. 在宝钢股份的前期方案中，曾提出给流通股东每 10 股 5 份认沽权证，规定在股权登记日获得认沽权证的股东，在权证第 365 天到期日，可以以 5.12 元的价格卖出宝钢股份股票。这就是认沽权证（也叫卖权权证）。

(二) 按照行权时间，权证可分为美式认股权证和欧式认股权证

美式权证持有人有权在最后到期日前任一交易日要求履约执行；而欧式权证持有人则仅能于最后到期日当天要求履约执行。

(三) 按照发行人的不同，权证可以分为认股权证与备兑权证

备兑权证属于广义的认股权证，它给予持有者按某一特定价格购买某种股票或几种股

票组合的权利，投资者以一定的代价（备兑权证发行价）获得这一权利，在到期日可根据股价情况选择行使或不行使该权利。

一般认股权证由上市公司发行，备兑权证由有关股票相应的上市公司以外的第三者发行，通常是由资信良好的证券公司等金融机构发行。发行后，可以申请在某个交易所挂牌上市。

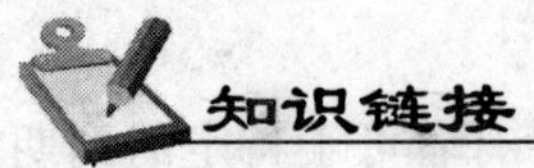
知识链接

权证产生和发展的历史

全球最早的权证可追溯到1911年的美国。当时，一家名叫美国电灯和能源公司(American Light & Power)发行权证进行了融资。

权证出现虽早，但受重视较晚。20世纪60年代，许多美国公司利用股票权证从事并购其他企业的融资，由于权证相对廉价，因此部分权证甚至被当成了推销手段。当时的美国，在债券发售出现困难时，常常以赠送股票权证加以“利诱”。权证在控制风险、进行投机等方面的快速发展，则是20世纪70年代以后的事。

沪深股市中最早的权证出现在1992—1996年，当时的转配股认股权证即所谓A2权证，就是一例。而1992年产生大批暴发户的认购证，从广义上讲也是一种权证。该权证价格为30元，后被炒至几百元，由于当时股票市场有暴利，几乎无人放弃行使权。

1993年第二批认购证引来大量买家，甚至引发长龙排队和混乱。但事后证明，这次投入者几乎全赔，从此认购证消失。2005年8月22日，权证交易在我国重新启动。

三、权证的特性

权证属于衍生性金融商品的一种，除具备衍生性金融商品之高杠杆特性外，还可提供投资人一个新的投资理财管道及避险工具。此外，权证与一般股票不同，其具有时效性，权证到期后即丧失其价值。另外权证可以有限的权利金赚取标的物无限上涨的利润。

(一) 避险性

投资人如已持有或即将持有现货部位，可以购买权证作为避险工具，例如投资人预测股票价格即将上涨，却又担心预测错误或者为了规避系统性风险，即可用少许的金额买进一个认沽权证，当股票下跌时，其权证获利的部分可用来弥补买入股票标的物的机会成本。当股票价格上涨时，其买入股票已经获利，而损失的只是少许的权证金。反之，如该投资人预测标的物价格即将下跌，则可实行相反之避险操作策略。

(二) 高杠杆性

权证属于衍生性金融商品之一，交易时仅须支付少数权利金，具有高杠杆作用。

(三) 时效性

投资人买卖权证不像股票可以长期持有，权证具有存续期间，海外通行惯例为两年以下，权证到期后即丧失其效力。权证到期时如不具履约价值，投资人将损失其当初购买权证的价金。

（四）风险有限，获利无穷

权证到期前如不具履约价值或投资人未申请履约者，其最大损失仅为当初购买权证所支付的权利金，故风险有限。而在到期前，如标的物价格上涨，则权证价格将随之上涨，因标的物价格可能无限上涨，故权证的获利是无穷的。

（五）权益有限

权证无法分享其标的物的权益，股票权证持有人遇标的证券除权时，不可参与标的证券的除权交易，亦不可参与标的证券发行公司股东大会的投票权等。同理，债券权证持有人亦不可参与债券的配息交易。为确保权证持有人的权益，如遇股票除权或债券除息时，权证发行人必须调整履约价格及行使比例。

四、权证的基本要素

从权证的设计来看，其包括七个要素：

（一）发行人

股本权证的发行人为标的上市公司，而衍生权证的发行人为标的公司以外的第三方，一般为大股东或券商。在后一种情况下，发行人往往需要将标的证券存放于独立保管人处，作为其履行责任的担保。

（二）看涨和看跌权证

当权证持有人拥有从发行人处购买标的证券的权利时，该权证为看涨权证，即认购权证。反之，当权证持有人拥有向发行人出售标的证券的权利时，该权证为看跌权证，即认沽权证。认沽权证实质上是一种股票的长期看涨期权。

（三）存续期间

这是指权证的有效期，超过有效期，权证自动失效。目前，上海和深圳证券交易所均规定，权证自上市之日起存续时间为 6 个月以上、24 个月以下。

（四）执行方式

在美式执行方式下，持有人在到期日以前的任何时间内均可行使认购权；而在欧式执行方式下，持有人只有在到期日当天才可行使认购权。

（五）交割方式

交割方式包括实物交割和现金交割两种形式，其中，实物交割指投资者行使认股权利时从发行人处购入标的证券，而现金交割指投资者在行使权利时，由发行人向投资者支付市价高于执行价的差额。

（六）认股价（执行价）

认股价是发行人在发行权证时所订下的价格，持证人在行使权利时以此价格向发行人认购或出售标的股票。

（七）认购比率

认购比率是每张权证可认购正股的股数，如认购比率为 0.1，就表示每十张权证可认购一股标的股票。

举例应用

宝钢权证要素解读

宝钢股份（600019）的权证发行：

1. 发行人：宝钢公司
2. 发行日期：2005 年 8 月 16 日
3. 存续期间：6 个月
4. 权证的类型：欧式认购权证
5. 发行数量：100000000 份
6. 发行价格：0.62 元
7. 行权价格：4.50 元
8. 到期日：2006 年 2 月 16 日
9. 行权结算方式：证券给付结算
10. 行权比例：1∶1

以上信息告诉投资人：（1）宝钢股份在 2005 年 8 月 16 日发行为期 6 个月的权证；（2）权证的类型是认股权证，履约方式是欧式权证，到期日为履约日；（3）标的股票是宝钢股份；（4）到期日是 2006 年 2 月 16 日；（5）行权（履约）价格为 4.50 元；（6）权证的发行价格也叫权利金是每份 0.62 元；（7）权证持有人行权时是持有 1 份权证购买 1 股宝钢股份。持有人将 4.50 元/股认购款支付给发行人，发行人将相应股票过户给行权人。

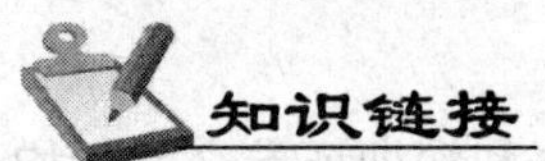
知识链接

我国证券市场的权证交易

在我国拥有上海证券交易所和深圳证券交易所 A 股股东账户卡并在具备代理权证交易资格的证券公司营业部办理完毕开户手续的客户，均可进行权证交易。交易指令的下达与买卖相关交易所的股票手续相同。权证实行的是 T＋0 交易，当天买入的权证在当天就可以卖出。当天买入的美式认购权证（在到期日前的任何一天，均可申请执行履约价格）可以在当天按照履约价格认购标的证券，但是不能在当天卖出。当天买入的欧式认购权证，只能在到期日申请执行履约价格。

权证价格申报和最小变动单位为 0.001 元，单笔买卖权证的申报数量不得超过 100 万份，买入申报的数量为 100 份的整倍数。

深圳认购权证代码区间是 030000～032999，认沽权证代码区间是 038000～039999。权证的简称是六位“XYBbKs”。其中：“XY”表示标的股票的两汉字简称；“Bb”是发行人编码；“K”是权证类别：C 表示认购权证、P 表示认沽权证；“s”是同意发行人对同意标的证券发行权证的发行批次，范围是 0 至 9、A 至 Z、a 至 z。例如：国信证券发行标的证券是万科A的认购权证一期，简称是“万科GXC1”。

. 权证有涨跌幅限制。权证涨跌幅是标的证券涨跌金额的1.25倍。例如：宝钢权证某日的收盘价是0.62元，宝钢股份某日的收盘价是5.20元，次日，该股票最多可以涨跌±10%，即0.52元，则权证次日的涨跌幅就是（5.72—5.2）×125%=0.65（元），换算成宝钢权证涨跌幅比例达到104.80%。

特别注意：权证的到期日不是最后交易日。按照两个交易所发出的《权证管理暂行办法》第十四条规定：“权证存续期满前5个交易日，权证终止交易，但可以行权。”

学习情境五　股指期货

李先生的朋友王老板是一家模具店的私营老板，自2008年以来，受美国次贷危机引发的全球金融风暴影响，他的小店生意很不理想。面对家里积攒的30万元钱，王老板一时犹豫不决，他不知道该投资哪些领域，整日过得很不开心。这一天，恰好老王遇到李先生，他得知李先生正在研究证券品种，2010年，又恰逢我国股指期货启动，于是开始向他请教股票指数的事。那么，什么是股指期货呢？

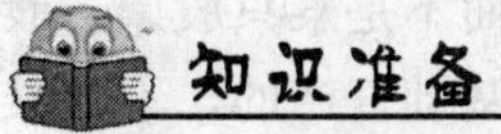

一、股指期货的含义

期货合约是由期货交易所统一制定的、规定在将来某一特定的时间和地点交割一定数量标的物的标准化合约。合约的标的物，又叫基础资产或者标的资产，可以是某种商品，如铜或原油，也可以是某种金融资产，如外汇、债券、股票价格指数。

股票价格指数期货，简称股指期货，是指期货交易所同期货买卖者签订买卖股票价格指数合约，并在将来指定日期用现金办理交割的一种期货交易方式。在具体交易时，股票指数期货合约的价值是用指数的点数乘以事先规定的单位金额来加以计算的，如标准·普尔指数规定每点代表500美元，香港恒生指数每点为50港元等。

股指期货的产生与发展

股指期货最早出现于美国市场。

1982年2月，美国商品期货交易委员会（CFTC）批准推出股指期货。同年2月24日，美国堪萨斯期货交易所（KCBT）推出了全球第一只股指期货合约——价值线综合指数期货合约；4月21日，芝加哥商业交易所（CME）推出了S&P 500指数期货合约。股指期货一经诞生就受到了市场的广泛关注，价值线综合指数期货推出的当年就成交了35万张，S&P 500指数期货的成交量更达到了150万张。

目前，全部成熟市场以及绝大多数的新兴市场都有股指期货交易，股指期货成为股票市场最为常见、应用最为广泛的风险管理工具。按照世界交易所联合会的统计，2009年全球股指期货的交易量高达18.18亿手。其中，美国的小型S&P 500指数期货、欧洲的道·琼斯欧元Stoxx 50指数期货、印度的S&P CNX Nifty指数期货、俄罗斯的RTS指数期货、韩国的Kospi 200指数期货和日本的小型日经225指数期货等成交活跃，居全球股指期货合约交易量前六位。

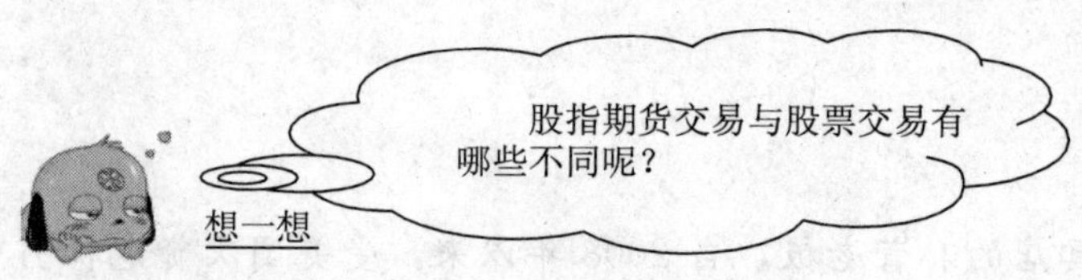

二、股指期货的特点和功能

（一）股指期货的特点

（1）股指期货合约的基础资产是经过统计处理的股票综合指数，而不是某只股票。股指期货的交易对象是标准化的期货合约。而合约是以股票价格指数为基础资产的，不是某只股票。投资者从事这样一笔交易便可达到参与整个股市的目的，而不必考虑选择哪一种股票。

（2）股票指数期货合约是现金交割的期货合约。股票指数期货合约之所以采用现金交割，主要有两个方面的原因：第一，股票指数是一种特殊的金融虚拟资产，其变化非常频繁，而且是众多股票价格的平均值的相对指标；第二，股指期货合约的交易者不愿意交收该股指所代表的实际股票，他们的目的在于保值和投机，而采用现金交割和最终结算，既简单快捷，又节省费用。

（3）股指期货的一项重要特点就是提供做空机制。当看空市场时，可卖出期货合约进行避险，没有任何限制条件，到指数下降时，再买进期货合约对冲。而股票卖空交易必须先从他人手中借到一定数量的股票，各国对此有不同的限制，很难满足资金有效规避系统风险的要求。

我国沪深300股指期货合约

沪深300股指期货合约是以中证指数公司编制发布的沪深300指数作为标的指数。沪深300指数成分股票有300只。沪深300股指期货合约乘数为每点300元，也就是说，期货价格每变动1点，合约价值变动300元，1手沪深300股指期货合约的价值等于该合约的报价乘以300元。最小变动价位为0.2点。合约到期月份为当月、下月及随后两个季月，季月是指3月、6月、9月和12月。交易时间为上午9：15—11：30，下午13：00—15：15，最后交易日当月合约交易时间为上午9：15—11：30，下午13：00—15：00。每日价格最大波动限制为上一个交易日结算价的±10%，季月合约上市首日涨跌停板幅度为挂牌基准价的±20%。交易保证金不低于合约价值的12%。最后交易日是合约到期月份的第三个周五，遇国家法定假日顺延，交割日期同最后交易日。交割采用现金交割的方式。

（二）股指期货的功能

（1）股指期货最主要的功能是通过套期保值操作来规避股票市场的系统性风险。股票市场的风险可分为非系统性风险和系统性风险两个部分。非系统性风险通常可以采取分散化投资方式降低，而系统性风险则难以通过分散投资的方法加以规避。

（2）股指期货提供了做空机制，投资者可以通过在股票市场和股指期货市场反向操作来达到规避风险的目的。例如，担心股票市场会下跌的投资者可通过卖出股指期货合约来对冲股票市场整体下跌的系统性风险，有利于减轻集体性抛售对股票市场造成的影响。

（3）股指期货也可以利用买卖差价进行投机交易。股指期货投机交易，是指根据对股指期货价格未来走势的判断来决定持有多头或者空头的头寸。股指期货的杠杆作用满足了投机者的需要，使得投机者愿意承担套期保值转移的风险，以获取价差收益。因此，在股指期货市场上，存在部分专门从事股指期货交易的投机者。他们风险承受能力强，买入或者卖出股指期货合约的目的，不是用来规避由于所持有的股票投资组合的价格变化带来的经济损失，而是用来获取股指期货价格上涨或者下跌时产生的差价利润。

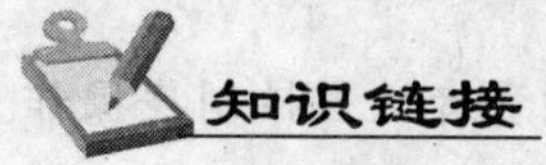

我国股指期货市场的结构特点

如图1-4所示，我国股指期货市场结构的核心是中国金融期货交易所（简称中金所），股指期货在该交易所挂牌并交易。中金所本身不参加股指期货的交易，而是为各类市场参与主体提供股指期货的交易、结算等服务，并作为中央对手方担保股指期货的履约。中金所有很多会员公司，会员主体是期货公司，投资者可以通过期货公司参与股指期货交易。期货公司同样受中国证监会的监管，同时，还成立了行业性组织——中国期货业协会，中国证监会将一部分监管的职能如从业人员资格考试等授权给了中国期货业协会。为保证投资者的资金安全，国家还成立了中国期货保证金安全监控中心。此外，还有结算银行、信息服务商、证券登记结算机构等相关服务组织。

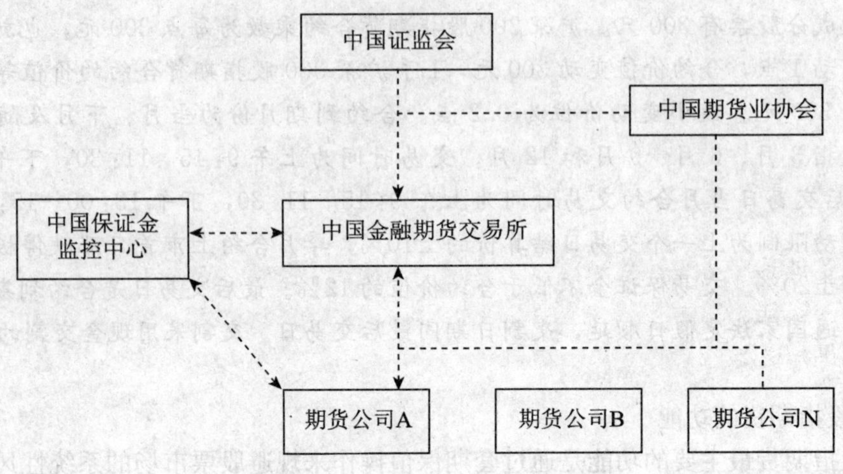

图 1-4 我国股指期货市场结构

我国股指期货投资人（自然人）开户条件

(1) 申请开户时保证金账户可用资金余额不低于人民币50万元；

(2) 具备股指期货基础知识，通过相关测试，分值为80分以上（含）的；

(3) 具有累计10个交易日、20笔以上的股指期货仿真交易成交记录，或者最近三年内具有10笔以上商品期货交易成交记录；

(4) 不存在严重不良诚信记录；不存在法律、行政法规、规章和交易所业务规则禁止或者限制从事股指期货交易的情形。

除按上述标准对投资者进行审核外，还应当按照交易所制定的投资者适当性制度操作指引，对投资者的基本情况、相关投资经历、财务状况和诚信状况等进行综合评估，不得为综合评估低于规定标准70分的投资者申请开立股指期货交易编码。

任务三　证券交易流程

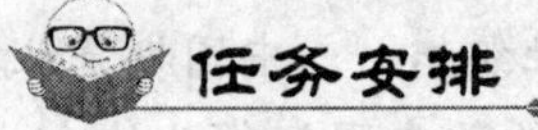

※　了解并熟悉我国证券交易的规则；

※　掌握我国证券交易所的交易流程；

※　熟练进行证券交易。

学习情境一　证券交易的规则

在了解了证券交易品种的基本知识后，李先生要想作为一名股票投资者入市，于是，他来到当地一家证券公司申请开户，这家证券公司正在进行投资者教育活动，一番讲解后，李先生得知进行股票交易必须遵守《交易所规则》的有关规定，那么，如何参与股票交易呢？证券交易所股票交易又有哪些交易制度和规则呢？

知识准备

证券交易所内的证券交易又称场内交易，即证券买卖双方是在证券交易所内成交的。场内交易采用经纪制进行，投资者必须委托具有会员资格的证券经纪商在交易所内代理买卖证券，经纪商通过公开竞价形成证券价格，达成交易。为了保证场内证券交易的公开、公平、公正，高效有序地进行，证券交易所制定了交易原则和交易规则。

一、证券交易原则

证券交易的原则是反映证券交易宗旨的一般法则，它贯穿于证券交易的全过程。为了保障证券交易功能的发挥，以利于证券交易的正常运行，根据新《中华人民共和国证券法》的规定，证券交易必须遵循以下三个原则：

（一）公开原则

公开原则，又称信息公开原则，指证券交易是一种面向社会的、公开的交易活动，其核心要求是实现市场信息的公开化，使证券市场具有充分的透明度。证券市场的信息是投资者作出合理预期的基础，对证券投资活动有决定性的影响。证券市场的各类参与主体在取得和占有信息的地位上往往是不对称的，证券发行人对自身经营信息的了解具有天然的优势，而投资者尤其是中小投资者则处于不利地位。要保护投资者利益，必须真正实现公开原则。公开原则要求信息披露及时、完整、真实、准确。只有信息公开，投资者才能公平地作出投资决策，才能防止各种证券欺诈和舞弊行为，保证市场公正。

（二）公平原则

公平原则，是指证券发行、交易活动中的所有参与者有平等的法律地位，各自的合法权益能够得到公平的保护。公平原则的核心目的是创造一个所有市场参与者进行公平竞争的环境。按照公平原则，证券市场的所有参与者，不论其身份、地位、经济实力、市场职能有何差异，都应按照公平统一的市场规则进行筹资、投资或中介服务活动，不应受到任何不公平的待遇。只有证券市场有关各方都能遵守公平原则，投资者的利益才能真正受到保护。

（三）公正原则

公正原则，是指应当公正地对待证券交易的参与各方，以及公正地处理证券交易事务。公正原则是要求证券监管机构在公开、公平原则的基础上，对一切被监管对象予以公正的待遇。公正原则是实现公开、公平原则的保障。根据公正原则，证券立法机构应当制定体现公平精神的法律、法规和政策，证券监管部门应当根据法律授予的权限公正履行监管职责，要在法律的基础上对一切证券市场参与者给予公正的待遇。

二、证券交易规则

交易规则看似平常，但正是这些交易规则保障了每日巨额的证券交易，保证了证券交易的高效有序进行。尤其是公开集中竞价规则，不仅能形成公平价格，而且表达了市场对上市公司的客观评价以及显示了投资者对宏观经济运行前景的预测。正因为如此，证券交易所克服了个别交易、局部市场的缺陷，成为资本市场的核心，成为市场体系中高级形态的市场。我国上海证券交易所和深圳证券交易所的主要交易规则有：

（一）交易时间

上海、深圳证券交易所每周一至周五（法定休假日除外）的上午 9：30—11：30，下午 1：00—3：00 营业。

（二）涨跌幅限制

涨跌幅限制，又称涨跌停板制，指一种股价或整个股价指数涨跌到一定幅度就暂停该种股票或整个股市的交易的规定。我国股票（A 股、B 股）、基金交易实行价格涨跌幅限制，涨跌幅比例为 10%，其中 ST 股票、*ST 股票、S 股票价格涨跌幅比例为 5%。涨跌幅价格的计算公式为：

涨跌幅价格＝前收盘价×（1±涨跌幅比例）

但首次公开发行上市的股票和封闭式基金、增发上市的股票、暂停上市后恢复上市的股票，首个交易日无价格涨跌幅限制。

ST 股票、*ST 股票、S 股票和 SST 股票

ST 股票是指由于财务状况或其他状况出现异常，上市公司的股票交易被特别处理，即在股票简称前加“ST”。财务状况或其他状况出现异常主要是指两种情况：一是上市公司经审计连续两个会计年度的净利润均为负值，二是上市公司最近一个会计年度经审计的每股净资产低于股票面值。在上市公司的股票交易被实行特别处理期间，其股票交易应遵循下列规则：①股票报价日涨跌幅度限制为 5%；②股票名称改为原股票名前加“ST”；③上市公司的中期报告必须审计。

*ST 股票是指股票有退市风险，如股票连续 3 年亏损，就有退市的风险。

S 股票是指没有进行股权分置改革的股票。

SST 股票是指没有进行股权分置改革的 ST 股。

(三) 交易单位

交易所规定每次申报和成交的交易数量单位，一个交易单位俗称“一手”，委托买卖的数量通常为一手或它的整倍数，数量不足一手的证券称为零股。不同的交易所对交易单位和零股交易有不同的规定，我国上海、深圳证券交易所规定 A 股、B 股、基金、权证为每 100 股或 100 份基金份额为一手，零股可一次性卖出，但不得买入。债券以 100 元面值为一张，10 张即 1000 元面值为一手。规定交易单位不仅为了便于计算，而且可以提高成交概率和成交速度。

(四) 报价单位、最小变动价位

我国上海、深圳证券交易所规定，股票报价单位为“股”；基金和权证报价单位为“份”；债券报价单位为“百元面值”。A 股、债券的价格最小变动单位为 0.01 元人民币，基金、权证交易为 0.001 元人民币，上海证券交易所的 B 股价位为 0.001 美元，深圳证券交易所为 0.01 港元。

(五) 竞价成交原则

1. “价格优先、时间优先”原则

“价格优先、时间优先”是指价格较高的买进委托优先于价格较低的买进委托，价格较低的卖出委托优先于较高的卖出委托；同价位委托，则按时间顺序优先。

2. 竞价方式

目前，我国上海、深圳证券交易所一般采用两种竞价方式，即在每日开盘时采用集合竞价方式，在日常交易中采用连续竞价方式。

(1) 集合竞价。所谓集合竞价，是在每个交易日上午 9:25，证券交易所电脑主机对 9:15—9:25 接受的全部有效委托进行一次集中撮合处理的过程。

集合竞价确定开盘价，所谓开盘价，即当日该证券的第一笔成交价。集合竞价确定成交价的原则是：第一，可实现最大成交量的价格；第二，高于该价格的买入申报与低于该价格的卖出申报全部成交的价格；第三，与该价格相同的买方或卖方至少有一方全部成交的价格。如有两个或两个以上价位都满足上述条件，深圳证券交易所取距前一交易日收盘价最近的价格为成交价；上海证券交易所则规定使未成交量最小的申报价格为成交价格，若仍有两个以上使未成交量最小的申报价格符合上述条件，则取其中间价为成交价格。

集合竞价的所有交易以同一价格成交。集合竞价中未能成交的委托，自动进入连续竞价。

开盘价的确定

某股票上一交易日收盘价为 8.12 元，其在当日 9:15—9:25 买卖申报情况如表 1-6

所示。该股票在上交所当日开盘价及成交量分别是多少？如果该股票是在深交所交易，其当日开盘价及成交量分别是多少？

表 1-6　　某股票某一交易日 9:15—9:25 买卖申报价格和数量

买入数量（手）	价格（元）	卖出数量（手）
—	8.60	300
—	8.50	280
—	8.40	290
140	8.30	260
180	8.20	200
200	8.10	200
300	8.00	120
500	7.90	—
650	7.80	—

根据表 1-6 分析各价位的累计买卖数量及最大可成交量如表 1-7 所示。

表 1-7　　各价位累计买卖数量及最大可成交量

累计买入数量（手）	价格（元）	累计卖出数量（手）	最大可成交量（手）
0	8.60	1650	0
0	8.50	1350	0
0	8.40	1070	0
140	8.30	780	140
320	8.20	520	320
520	8.10	320	320
820	8.00	120	120
1320	7.90	0	0
1970	7.80	0	0

根据表 1-7 可知，符合上述集合竞价确定成交价原则的价格有两个：8.10 元和 8.20 元。上交所的开盘价为：取两个价格的中间价 8.15 元。深交所的开盘价为：取离上一交易日收盘价（8.12 元）最近的价位 8.10 元。成交量均为 320 手。

（2）连续竞价。是指对买卖申报逐笔连续撮合的竞价方式。集合竞价结束后，交易时间开始时，即进入连续竞价，直至收市。我国目前规定，每个交易日 9：30—11：30、13：00—15：00 为连续竞价时间。

连续竞价的特点是每一笔买卖委托输入电脑自动撮合系统后，当即判断并进行不同的处理，能成交者予以成交；不能成交者等待机会成交；部分成交者则让剩余部分继续等待。按照我国目前规定，在无撤单的情况下，委托当日有效。若遇股票停牌，停牌期间的委托无效。

连续竞价成交价格确定的原则是：第一，最高买入申报与最低卖出申报价位相同，以该价格为成交价；第二，买入申报价格高于即时揭示的最低卖出申报价格时，以即时揭示的最低卖出申报价格为成交价；第三，卖出申报价格低于即时揭示的最高买入申报价格时，以即时揭示的最高买入申报价格为成交价。

（六）“T＋1”交收制度

目前，我国 A 股交易采用“T＋1”交收制度。“T”表示交易当天，“T＋1”表示交易日当天的第二天。“T＋1”交收制度指投资者当天买入的证券不能在当天卖出，需待第二天进行自动交割过户后方可卖出。资金使用上，当天卖出股票的资金回到投资者账户上可以用来买入股票，但不能当天提取，必须到交收后才能提款。

（七）分红派息及配股规则

1. 分红派息

股份有限公司发行的股票，不仅是股东投资入股、取得股东身份的所有权凭证，而且还代表着股东可以定期从股份有限公司取得一定的投资利益，这就是股息和红利。分红派息是指上市公司向其股东派发红利和股息。上海、深圳证券交易所上市公司分红派息的方式有送红股、现金派息、转增红股。投资者领取深沪上市公司红股、股息无须到证券部办理任何手续，只要在股权登记日当日收市时仍持有该种股票，都享有分红派息的权利。送红股、转增红股和现金派息都会自动转入投资者的证券账户。

2. 配股缴款

投资者在配股股权登记日收市时持有该种股票，则自动享有配股权利，无须办理登记手续。但在配股缴款期间，投资者必须办理缴款手续，否则缴款期满后配股权自动作废。投资者可通过电话、营业厅小键盘自助、网上交易等系统进行认购，委托方式与委托买卖股票相同，配股款从资金账户中扣除。

配股认购委托下单后一定要查询是否成交及资金是否扣除以确认缴款是否成功。配股股票须在配股流通上市日方自动划入证券账户。

3. 除权除息

股权登记日是确定投资者享有某种股票分红派息及配股权利的日期。投资者在股权登记日后的第一天购入的股票不再享有此次分红派息及配股的权利。但投资者在股权登记日当天购入股票，第二天抛出股票，仍然享有分红派息及配股的权利。在股票行情显示中，如某股票在除权当天在证券名称前记上“XR”表示该股除权；“XD”表示除息；“DR”表示除权除息。

除权基准日确定后，除权当日会出现除权报价，除权报价的计算因派发现金、无偿送股和有偿配股而不同。交易所在除权日当天公布的除权价、除息价称为除权除息价。除权除息价是在股权登记日的收盘价基础上产生的，其计算公式为：

$$除权除息基准价=\frac{股权登记日收盘价+配股比例\times配股价-每股所派现金}{1+送转股比例+配股比例}$$

除权除息价只能作为除权除息当日该股开盘的参考价，除权除息日开盘价仍是经过集合竞价产生的。如果大部分投资者对该股票看好，委托价相对除权除息价高，经集合竞价产生的开盘价高于除权除息价，则为填权；反之，则为贴权。

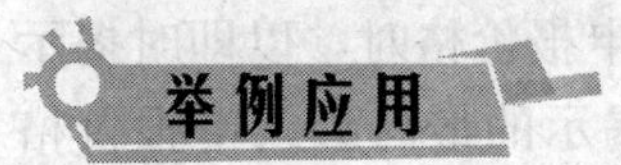
举例应用

除权除息基准价的计算

贵州茅台 2009 年度利润分配方案：每 10 股送 10 股派 3 元，股权登记日为 2010 年 5 月 18 日，除权除息日为 2010 年 5 月 19 日，5 月 18 日当天该股票收盘价是 91 元。试计算 5 月 19 日开盘时的除权除息基准价。

$$除权除息基准价=\frac{91-0.3}{1+1}=45.35\ (元)$$

(八) 交易费用

投资者在委托买卖证券时，应支付各种费用和税收，通常包括委托手续费、佣金、过户费、印花税等。

1. 委托手续费

委托手续费是证券公司经有关部门批准，在投资者输入委托买卖时，向投资者收取的主要用于通信、设备、单证制作等方面的费用。

此项收费一般按委托的笔数计算，没有统一的标准。许多证券公司出于竞争考虑早已不再收取此项费用。

2. 佣金

佣金是投资者在委托买卖证券成交后向证券商支付的费用，由买卖双方分别支付。沪深市场 A 股、B 股、基金的交易佣金实行最高上限向下浮动的制度，证券公司向客户收取的 A 股、B 股交易佣金（包括代收的证券交易监管费和证券交易所手续费等）不得高于证券交易金额的 3‰，也不得低于代收的证券交易监管费和证券交易所手续费等。

上海证券交易所 A 股的佣金为成交金额的 3‰（上限），起点为 5 元；B 股的佣金为成交金额的 3‰（上限），起点为 1 美元；债券的佣金为成交金额的 1‰。深圳证券交易所 A 股的佣金为成交金额的 3‰（上限），起点为 5 元；B 股的佣金为成交金额的 3‰（上限），起点为 5 港元；债券的佣金为成交金额的 1‰。

封闭式基金的佣金为成交金额的 2.5‰；权证交易的佣金标准为小于 2.5‰。

开放式基金的认申购费率大致为 0.6%～1.5%，赎回费率为 0.5%。如果资金量大，其费率有相应的优惠。

3. 过户费

过户费是指委托买卖的股票、基金成交后，买卖双方为变更登记所支付的费用。这笔收入属于证券登记结算机构的收入，由证券公司在同投资者进行清算交割时代为扣收。上海证券交易所 A 股、B 股的过户费按成交票面金额的 1‰收取，起点为 1 元。深圳证券交易所免收 A 股、B 股的过户费，B 股的结算费为成交金额的 0.5‰（上限 500 港元）。

4. 印花税

印花税是根据国家税法规定，在股票（包括 A 股和 B 股）成交后对买卖双方投资者按照规定的税率分别征收的税金。印花税的缴纳由证券经营机构在同投资者交割中代为扣收，然后在证券经营机构同证券交易所或登记结算机构的清算交割中集中结算，最后由登记结算机构统一向征税机关缴纳。

我国证券市场印花税如何征收

印花税经常被作为政策调控的辅助工具引导股市运行。2008 年 4 月 24 日，我国财政部将印花税由 2007 年 5 月 30 日的 3‰降至 1‰。2008 年 9 月 19 日起，财政部又对证券交易印花税政策进行调整，由现行双边征收改为单边征收，税率保持 1‰，即对买卖、继承、赠与所书立的 A 股、B 股股权转让书据，由立据双方当事人分别按 1‰的税率缴纳股票交易印花税，改为由出让方按 1‰的税率缴纳股票交易印花税，授让方不再征收。

基金、债券、权证的交易暂时不征收印花税。

学习情境二　证券交易的流程

李先生在证券公司的营业大厅柜台询问办理开户事宜，客服人员告诉他，首先要提交个人身份证明，填写开户申请书，申请开立两个交易所的证券账户和资金账户，选择委托方式，可以开通网上交易和电话委托……于是在证券公司专业人员的指导下，李先生开立了账户并且又了解了如何进行股票交易。

知识准备

在现行的技术条件下，许多国家的证券交易已采用电子化形式。在电子化交易的情况下，我国沪、深两市证券交易的基本程序包括开户、委托、成交、结算等几个阶段。证券交易的基本流程以上海证券交易所为例，如图 1－5 所示。

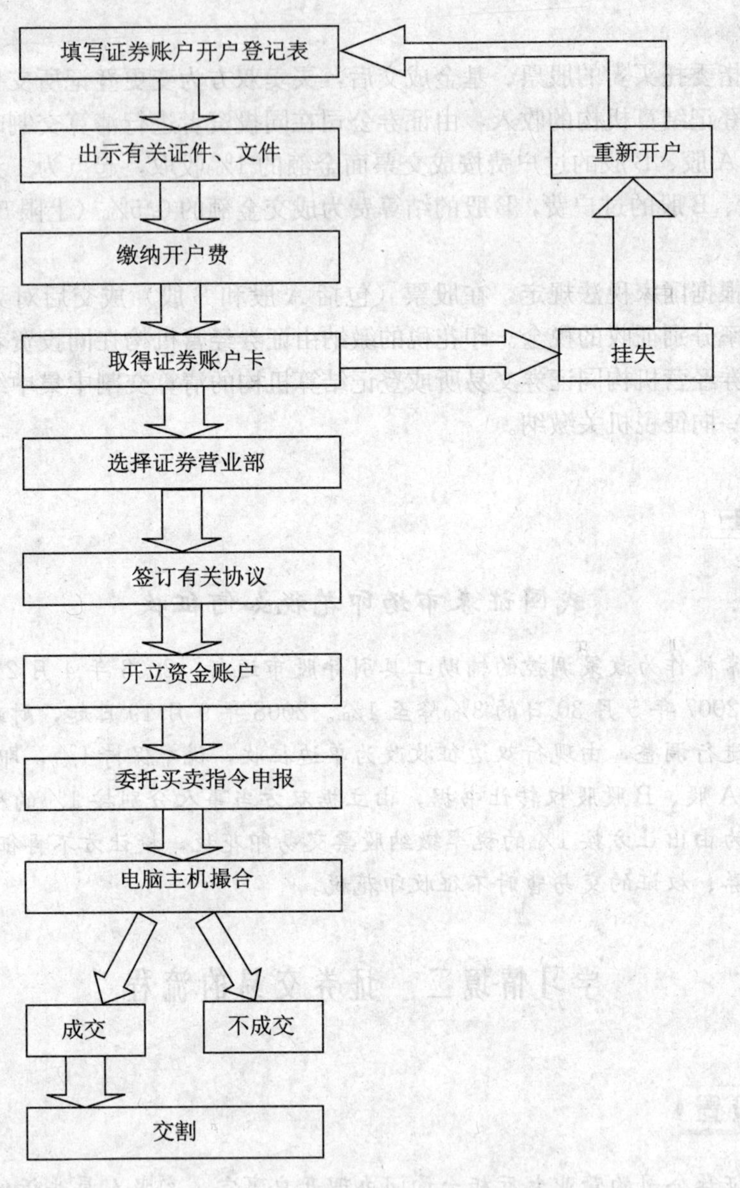

图 1－5 上海证券交易所交易流程

资料来源：上海证券交易所网站

一、开户

目前，证券交易已经实现无纸化交易，以账户转账的方式完成，因此投资者买卖证券必须首先开户，建立自己的账户。而开户又分开立证券账户和资金账户两种，只有两种账户均开齐了才能进行证券的买卖。

（一）开立证券账户

证券账户又叫股东账户，股东卡，它是证券登记机构为投资者设立的、用于准确记载投资者所持有的证券种类、名称、数量及其相应权益和变动情况的一种账册。根据《中国证券登记结算有限责任公司证券账户管理规则》规定，我国证券账户按类别分为上海证券账户和深圳证券账户，分别用于在上海、深圳证券交易所上市交易的证券，以及中国证券结算公司认可的其他证券。开设上海、深圳证券账户必须到各地证券登记公司或被授权开户代理处办理。

证券账户有不同种类，目前，上海、深圳两交易所证券账户主要分为A股证券账户、B股证券账户以及基金账户和其他账户。

1. A股证券账户

A股证券账户仅限于国家法律法规和行政规章允许买卖A股的境内投资者设立。A股证券账户按持有人分为：自然人证券账户、一般机构账户、证券公司和基金管理公司等机构证券账户。

A股证券账户既可用于买卖人民币普通股票，也可用于买卖债券和证券投资基金（仅限于封闭式证券投资基金）。

2. B股证券账户

B股证券账户是专门用于为投资者买卖B股而设置的。按B股持有人的不同，可以分为境内投资者B股账户和境外投资者B股账户。

3. 基金账户

基金账户可以买卖基金和上市国债，但不能买卖股票。

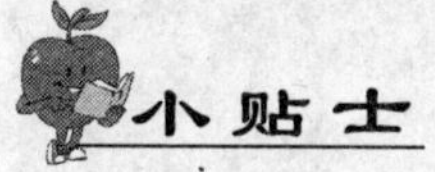

我国证券账户的开户要求

境内个人开立A股证券账户时，须持本人身份证，如委托他人代为办理，必须同时出示委托人和被委托人身份证原件。每一个身份证只能开立一个上海证券账户和深圳证券账户，身份证号码与证券账户号码（股东卡号）一一对应，不得重复开户。

根据国家有关规定，下列人员不得开设A股证券账户：

(1) 证券主管机关中管理证券事务的有关人员；

(2) 证券交易所管理人员；

(3) 证券经营机构中与股票发行或交易有直接关系的人员；

(4) 与发行人有直接行政隶属或管理关系的机关工作人员；

(5) 其他与股票发行或交易有关的知情人；

(6) 未成年人或无行为能力的人以及没有公安机关颁发的身份证的人员；

(7) 由于违反证券法规，主管机关决定停止其证券交易，期限未满者；

(8) 其他法规规定不得拥有或参加证券交易的自然人，包括武警、现役军人等。

另外，证券从业人员及国家机关处级以上干部、现役军人等不得参与股票交易，但可以开立基金账户，买卖基金和债券。

境内法人开立A股证券账户时，需持营业执照原件及复印件（加盖公章）、法人代表证明书、法人授权委托书和经办人身份证等。法人A股账户也不能进行重复开户，外国及港澳台地区在中国内地的独资企业不可开立A股证券账户。

（二）开设资金账户

投资者还须向具体的证券公司申请开设资金账户，存入交易资金，委托其代理买卖。资金账户用于记录证券交易资金的币种、余额和变动情况，投资者可以随时查询资金变动情况。目前我国实行“客户交易结算资金第三方托管制度”，投资者在证券营业部开设资金账户后，要选择一家与该证券公司合作的商业银行开立一个与证券营业部资金账户相对应的“客户银行结算账户”，用于证券资金账户中资金的存取和划转业务。

“客户交易结算资金第三方存管”制度

所谓“客户交易结算资金第三方存管”制度是指证券公司负责客户的证券交易以及根据证券交易所和中国结算公司的交易结算数据清算客户的资金和证券；而由存管银行负责管理客户交易结算资金账户，向客户提供交易结算资金存取业务，并为证券公司完成与登记结算公司和场外交收主体之间的资金结算交易提供服务的一种客户资金存管制度。

（三）开户步骤

第一步，在当地证券登记公司或其代理处购买开户申请表并按表要求填写。第二步，将填写好的开户申请、有效证件及开户费交与工作人员。第三步，经确认无误后，即可领取A股证券账户。上海、深圳证券交易所的证券账户一旦开立，即可使用，且全国通用。第四步，到开户申请人所持银行卡的商业银行办理第三方存托管业务，办理银证转账后即可交易。

二、证券委托交易

（一）委托买卖

投资者开立的相应的股票账户和资金账户后，就可以向证券商下达买进或卖出证券的指令，成为委托。

依现行法规，每个投资人买卖证券均须委托具有会员资格的证券公司进行，即投资人（委托人）的交易指令先报送于证券公司（或交易系统）；证券公司通过其场内交易员或交易系统将委托人的交易指令输入计算机终端；各证券公司计算机终端发出的交易指令将统一输入证交所的计算机主机，由其撮合成交；成交后由各证券公司代理委托人办理清算、交割、过户手续。

（二）委托方式

客户可以采取书面委托、电话委托、电脑自助委托和网上委托等方式委托交易所会员买卖证券。

1. 书面委托

书面委托是投资者或其代理人亲自到证券公司的营业柜台用书面的形式向券商表达委托意愿。采用这种委托方式时，投资者需携带身份证、股东账户卡以作为身份证明，并按要求填写委托单据，包括身份证号，股东账号，资金账号，买入或卖出股票的名称、代码、数量、价格及委托期限和填报单据的时间等。

2. 电话委托

电话委托是投资者通过电话系统将其交易意愿呈报于券商的一种委托方式。进行电话委托的股民，事先需和券商签订电话委托买卖协议并设置委托密码。履行了这些手续后，投资者就可借助一部双音频电话，通过设定的密码进入电话委托系统，根据语音提示进入人机对话，直接在电话机上下达股票的交易指令。而和电话机连接的电脑会自动检索每一条命令的合法性。

3. 电脑自助委托

电脑自助委托是投资者通过证券营业部设置的专用委托电脑终端，凭证券交易磁卡和交易密码进入电脑交易系统，自行将委托内容输入，以完成证券交易的一种委托形式。

4. 网上委托

网上委托是指证券公司通过互联网，向在本机构开户的投资者提供用于下达证券交易指令、获取成交结果的一种服务方式。

（三）委托指令内容

委托指令是指投资者要求证券经纪商代理买卖证券的指示。委托指令的内容主要有证券账户号码、证券代码、买卖方向、委托数量、委托价格等。证券交易的数量单位为：沪深两市A股、B股、基金的标准手是100股和100基金单位，债券100元面值为一张，10张即1000元面值为一标准手。买卖数量通常是一手或一手的整数倍。卖出可以是零股。

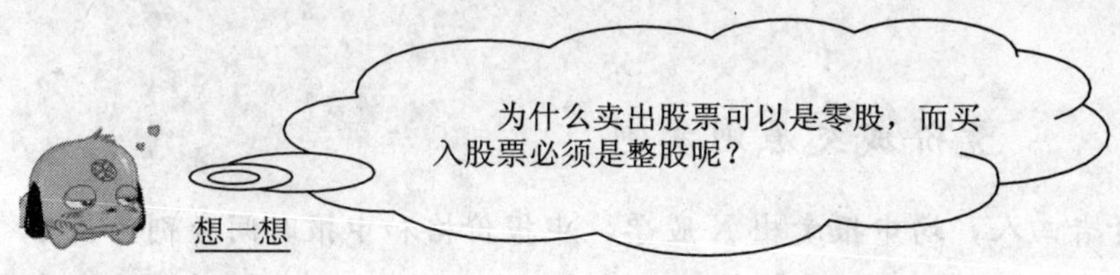

（四）委托价格的种类

在沪深股市的股票交易中，投资者的委托种类一共有两种：一是限价委托，二是市价委托。

限价委托，是指投资者对委托券商买卖的股票在价格上附加有限定条件，必须按限定的价格或比限定的价格更有利的价格买卖证券。

市价委托是指客户对委托券商成交的股票价格没有限制条件，只要求立即按当前的市价成交即可。

（五）委托受理和执行

1. 委托受理

委托通常应在规定的交易营业时间内办理。委托一般当天有效，即委托有效期从委托申报开始至当天闭市结束。

2. 委托执行

如果委托没有全部成交，仍可继续执行，直到有效期结束。按照委托要求已经成交的委托，应该对成交结果给予承认，并按期履行交割手续，否则便违约。

（六）委托撤单

1. 撤单的条件

在委托未成交前，委托人有权变更和撤销委托。但一旦成交，买卖即告成立，成交部分不得撤销。对于委托人撤销的委托，证券经营机构须及时将冻结的资金或证券解冻。

2. 不能撤单的委托

根据交易所的规定，以下三种情况不能撤单：①申购新股；②将可转换债券转换成股票；③集合竞价时间。

三、场内竞价成交

我国的证券交易市场为竞价市场，证券交易的中心环节就是竞价成交。委托人的交易指令通过证券商的代理按时间序号输入交易所计算机主机后，按照“价格优先、时间优先”原则将通过场内竞价撮合成交。

竞价结果有全部成交、部分成交和不成交三种。全部成交的委托，证券公司应及时通知委托人按规定的时间办理交割手续，对部分和不成交的委托，证券公司可在委托有效期内继续执行，直到有效期结束。

投资者委托成交后，证券经营机构应对投资者打印和提供交割单或对账单。

竞价成交原则实例

有甲、乙、丙、丁投资者四人，均申报卖出X股票，申报价格和申报时间分别为：甲的卖出价为10.70元，时间为13：35；乙的卖出价为10.40元，时间为13：40；丙的卖出价为10.75元，时间为13：25；丁的卖出价为10.40元，时间为13：38。那么这四位投资者交易的优先顺序应为：丁、乙、甲、丙。

四、清算与交割

在证券交易中，清算和交割两个过程统称为“结算”。

清算是指在每一营业日中对每个结算参与人及其成交的证券数量和价款分别予以轧抵，对证券和资金的应收或应付净额进行计算的处理过程。证券商收到成交回报后，柜台电脑系统立即与投资者进行预结算，以投资者的账户中转出或转入相应的证券和资金。当日交易结束后，交易所将各券商代理买卖的证券和资金在内部进行收支相抵，然后计算出各券商对交易所应收、应付的证券和资金净额，然后进行交割。

交割是指证券买卖双方交付实际成交的证券和资金的过程，即买方支付一定款项获得所购证券，卖方交付一定证券获得相应价款。

由于当日信用结算惯例的存在，每一投资人在其买卖证券得到成交回报的当时，其账户内的资金则已即时结算。其中，卖出证券者已得到资金，并可用该资金另外报买其他证券，而买入证券者则已减去其账户内资金，不得再透支购买证券。这一规则实际上形成了资金清算上的 T+0 制度。

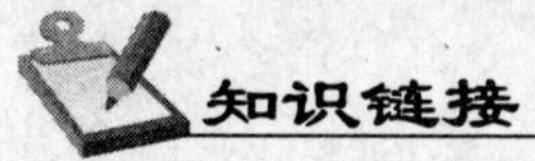

我国现行证券市场交割方式

我国上海和深圳证券交易所采用三种滚动交割周期：

1. T+1 交割：是指达成交易后，相应的资金交割与证券交割在成交日的下一个营业日完成。目前我国的 A 股、基金、债券等采用这种交割方式。

2. T+3 交割：目前我国对 B 股（人民币特种股票）实行 T+3 交割方式。

3. T+0 交割：适用于权证。

一、单项选择题

1. 广义的有价证券包括（　　）、货币证券和资本证券。

A. 商品证券　　B. 凭证证券　　C. 权益证券　　D. 债务证券

2. 证券市场的首要功能是（　　）。

A. 资本定价功能　　B. 融（投）资功能

C. 资本配置功能　　D. 发现价格功能

3. 证券市场中最主要的中介机构是（　　）。

A. 会计师事务所　　B. 证券公司　　C. 资产评估机构　　D. 证券交易所

4. 股票体现的是（　　）。

A. 所有权关系　　B. 债券债务关系　　C. 信托关系　　D. 契约关系

5. 以收款凭证记载债权人认购债券的是（　　）。

A. 实物债券　　B. 记账式债券

C. 凭证式债券　　D. 零息债券

6. 下列不是基金特点的是（　　）。

A. 集合理财，专业管理　　B. 严格监管，风险共担

C. 集中投资，重点盈利　　D. 组合投资，分散风险

7. 证券账户的开设是在（　　）。

A. 证券公司　　B. 证券交易所

C. 商业银行　　D. 证券登记结算机构

8. 投资者买卖上海或深圳证券交易所上市证券应当（　　）。

A. 只需开设上海证券账户　　B. 只需开设深圳证券账户

C. 分别开设上海和深圳证券账户　　D. 不需开设账户

9. 目前我国普通投资者进行 A 股交易的交割方式为（　　）。

A. 当日交割　　B. 特约日交割　　C. T+1 交割　　D. 发行日交割

10. 关于交易单位，说法错误的是（　　）。

A. 股票 100 股为一手　　B. 基金 100 单位为一手

C. 债券 1000 元面值为一手　　D. 基金 1000 股为一手

二、多项选择题

1. 下列选项中既可以是证券的发行人，也可以是证券的投资者的有（　　）。

A. 工商企业　　B. 金融机构　　C. 个人　　D. 政府及其机构

2. 公募证券与私募证券的不同之处在于（　　）。

A. 审核的严格程度不同　　B. 发行对象特定与否

C. 采取公示制度与否　　D. 是否上市

3. 目前我国证券公司实行分类管理，其类型分为（　　）。

A. 综合类证券公司　　B. 经纪类证券公司

C. 合营证券公司　　D. 中外合资证券公司

4. 普通股票股东享有的权利主要是（　　）。

A. 公司经营决策的参与权　　B. 公司盈余分配权

C. 剩余资产分配权　　D. 优先认股权

5. 债券与股票的联系表现为（　　）。

A. 债券和股票都是有价证券　　B. 都是筹措资金的手段

C. 都是虚拟资本　　D. 都可以获得稳定收益

6. 开放型基金的特点是（　　）。

A. 没有预定存续期限　　B. 没有发行规模限制

C. 可以上市交易　　D. 每个交易日连续公布基金份额净资产

7. 证券交易的基本过程包括（　　）。

A. 开户　　B. 委托　　C. 成交　　D. 结算

8. 竞价原则是（　　）。

A. 价格优先　　B. 时间优先　　C. 客户优先　　D. 数量优先

9. 关于集合竞价说法正确的是（　　）。

A. 遵循最大成交量原则

B. 所有买方有效委托按委托限价由高到低的顺序排列

C. 所有买方有效委托按委托限价由低到高的顺序排列

D. 所有成交都以同一成交价成交

E. 未能成交的委托，自动进入连续竞价

10. 目前，证券交易所一般采用两种竞价方式（　　）。

A. 集合竞价方式　　B. 连续竞价方式

C. 公开竞价方式　　D. 公开招标方式

三、判断题

1. 证券发行人是资金的供应者。（　　）

2. 政府发行证券的品种仅限于债券。（　　）

3. 有价证券是虚拟资本，它的价格总额总是小于实际资本额。（　　）

4. 优先认股权又称股票先买权，是优先股股东的一种特权。（　　）

5. 普通股是股份有限公司发行的一种标准股票。（　　）

6. 凭证式国债和封闭式基金交易凭证属于非上市证券。（　　）

7. 认股权证实质上是一种股票的长期看涨期权。（　　）

8. 目前，我国只在卖出证券时才有零数委托。（　　）

9. 市价委托是我国当前普遍采用的委托方式。（　　）

10. 在委托未成交前，委托人有权变更或撤销委托。（　　）

实训任务

实训一　证券市场构成

★ 实训目的与要求

• 了解我国证券市场参与者

• 知道我国证券市场交易品种

• 熟悉目前我国证券市场层次构成

★ 实训步骤

• 登录中国证监会网站 http：//www. csrc. gov. cn/，查询了解我国证券市场参与者

• 登录上海证券交易所网站 http：//www. csrc. gov. cn/、深圳证券交易所网站 http：//www. szse. cn/，查询了解我国证券市场交易品种和市场层次构成

实训二　证券交易

★ 实训目的与要求

• 熟悉开户流程

• 能够对证券交易账户进行基本操作

★ 实训步骤

• 证券交易流程演练

☆　找一位证券经纪人，了解开户程序和所需材料，约定由证券经纪人代为开户

☆　由证券经纪人代为开立证券账户和资金账户

☆ 下载开户证券公司网上交易软件，进入账户修改交易密码

☆ 利用银证转账向资金账户转账1元

• 证券模拟交易：

☆ 进入“叩富网”模拟交易网站（http：//www.cofool.com/）

☆ 下载证券模拟交易软件

☆ 进行模拟股票交易

项目二　证券行情软件

任务一　主要证券行情软件介绍

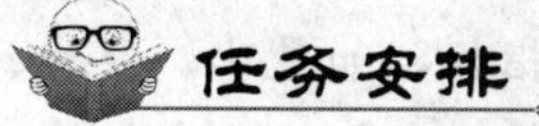

※　了解证券行情软件的定义和类型；

※　了解主要证券行情软件的特点。

李先生在和朋友聊股票时，朋友告诉他，炒股需要上网安装行情软件，这样便可足不出户随时了解到股市的动态。在互联网普及的今天，大多数股民不再去拥挤的证券公司营业厅交易，而是选择在家利用行情软件炒股。那么，目前市场上有哪些行情软件？各自有什么特点呢？

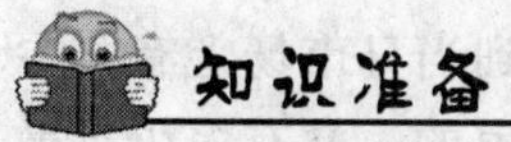

一、证券行情软件的定义

证券行情软件更准确的称谓应该是证券分析软件或证券决策系统，它的基本功能是信息的实时揭示（包括行情信息和资讯信息），所以早期的软件被叫做行情软件。随着证券分析技术和软件技术的发展，如今的证券行情软件更加的实用化、功能化，在动态行情分析、实时新闻资讯、智能选股、委托交易等方面做了更深的研究，使得用户在基本面分析、技术面分析、新闻资讯汇集、个性选股、自动选股、自动委托交易、止赢止损等方面获得更快更全更好的服务，以争取最大限度的赢利。

证券行情软件的实质是通过对市场信息数据的统计，按照一定的分析模型来给出数（报表）、形（指标图形）、文（资讯链接），用户则依照一定的分析理论，来对这些结论进行解释，也有一些傻瓜式的易用软件会直接给出买卖的建议。

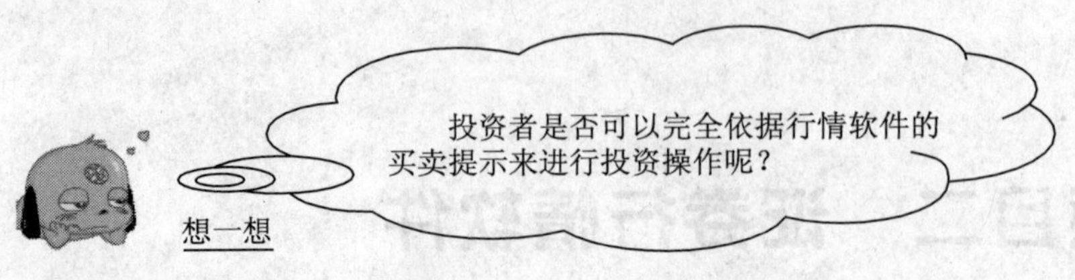

证券行情软件的功能

证券行情分析软件的基本功能主要有：①查看即时行情。投资者通过行情软件可以及时地查看到大盘走势、个股走势、买卖盘揭示等；②查看动态技术指标，如量比、委比、外盘和内盘等；③查看大盘指数和个股的历史走势，包括月线、周线、日线、60分钟线、30分钟线、15分钟线、5分钟线等；④查看静态技术指标，如移动平均线和强弱指标等；⑤查看交易所或其他渠道发布的相关信息；⑥辅助分析和辅助选股功能。

二、证券行情软件的类型

根据行情软件的功能特点，目前的软件主要分为以下两种类型：

（一）数据类的行情软件

股票涨跌的本质是资金的流动，换句话讲，知道了资金的流动等同于知道了股票的涨跌。资金的流动简单地说就是成交量。数据类的行情软件通过分析成交量来判断股票的未来趋势。由于市场上信息的不对称，数据的不对称，成交量等数据个人投资者没有办法提前获得并一目了然，通过借助数据类行情软件的一些工具就可以了解到当日市场上有多少资金是净流入的、有多少资金是净流出的、有多少资金是大户主力庄家的、又有多少是散户的。

（二）智能决策系统类的行情软件

智能决策系统，又称智能决策支持系统，是利用人工智能，特别是专家系统的原理和技术所建立的辅助决策的计算机软件系统，将这一系统开发、设计并应用到行情分析软件中。这类行情软件可为投资者提供三种服务：

（1）点评分析服务：能通过相关股评专家的综合分析，给予投资者更直接的投资建议和计划。

（2）辅助决策服务：能过对信息的运算处理，组合分析，明确告诉投资者，未来股票不同趋势发展的概率。

（3）客观信息服务：提供各种信息的查询，如价位、成交量、资金统计等。

三、我国主要证券行情软件介绍

目前，我国证券市场上的主流行情软件大多是针对个人投资者设计的，以其简明、准确的投资操作方式，得到投资者的广泛认可。从市场中可以看到，有的行情软件为收费用户提供，有的是免费使用的；有的可以提供研究机构的内部资料，如大智慧的金融终端，也有专门为个人投资者准备的。市场上主要的证券行情软件有“大智慧”、“同花顺”、“通达信”、“钱龙”等。这些炒股软件的操作都趋向一致，都以行情、K线、分时线三个大类为主，辅以选股等工具。

（一）大智慧软件

大智慧软件界面如图2-1所示。大智慧软件是由上海大智慧软件开发有限公司开发的一套用来进行行情显示、行情分析并同时进行信息即时接收的软件系统。面向证券决策机构和各阶层证券分析、咨询、投资人员，能够全面系统地反映证券市场的各种动态信息。

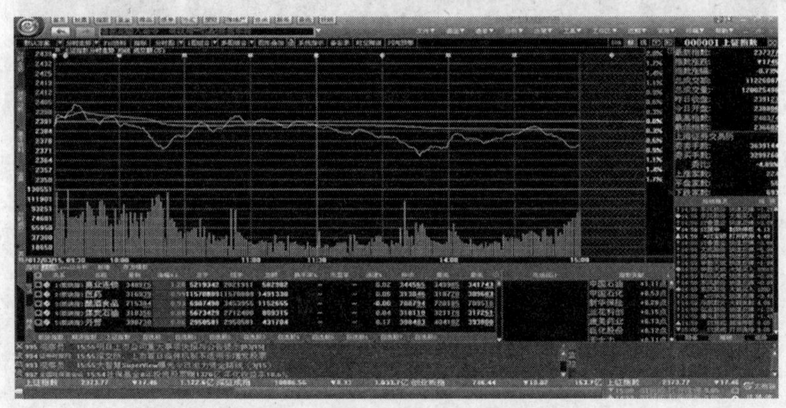

图2-1　大智慧软件界面

该软件的主要特点为：

(1) 使用操作简单。软件采用了证券行情分析软件的传统界面和操作习惯，用户简单易学，不需要特别维护。

(2) 功能强大。软件在涵盖主流的分析功能和选股功能的基础上不断创新，星空图、散户线、龙虎看盘等高级分析功能，集中反映了大智慧的绝密分析技术，在证券市场独树一帜。

(3) 资讯精专。软件提供的资讯由万国测评专业咨询机构专门支持，其制作的生命里程、信息地雷、大势研判、行业分析、名家荐股、个股研究在证券市场具有广泛的影响力。

(4) 设有路演平台和股民交流互动平台。该软件提供了大智慧路演平台和股民交流互动平台，前来做客的嘉宾均来自基金企业、上市企业、券商研究机构等。另外，大智慧模拟炒股为股民提供精练技艺和学习交流的场所。

(5) 信息全面深刻。软件中整合的功能平台涵盖证券市场的各个方面，而就某一部分来说又准确深刻。

(二) 同花顺软件

同花顺软件界面如图 2-2 所示。同花顺软件是由国内最大证券交易方案供应商——上海核新软件精心打造的专业的股票证券行情资讯平台。该软件是国内行情速度最快、功能最强大、资讯最丰富的免费证券行情分析软件，是投资者炒股的必备工具。其详尽的分析功能，快捷的行情速度，特殊的个性化服务，稳定的投资概念组合，为投资者保驾护航。

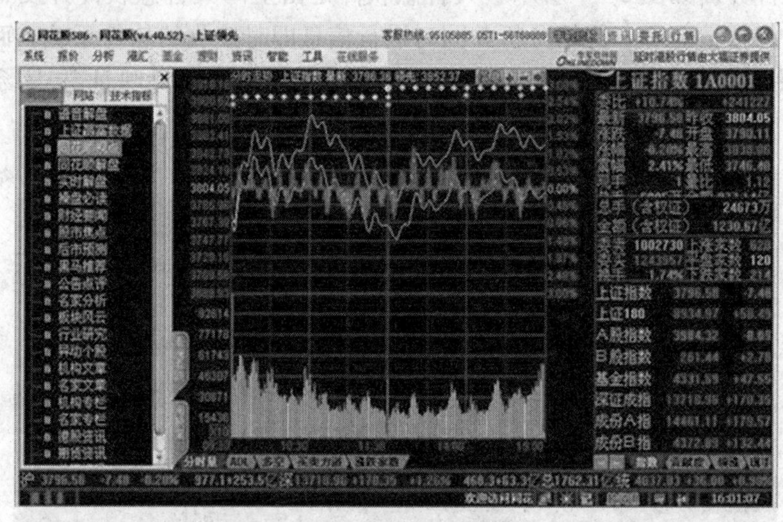

图 2-2　同花顺软件界面

该软件的主要特点为：

(1) 高速行情，操作快捷。软件采用全推送行情技术，行情速度快，支持盘中即时选股和技术指标、画线等预警，股票切换时行情无丝毫延误；基本面分析简洁、直观，轻松帮助投资者作出正确的投资决策；公式编辑器让投资者构建自己喜欢的指标系统。

(2) 拥有 24 小时财经视频直播频道。软件每天为投资者提供专家在线盘中点评、热点分析、财经要闻报道、市场走势分析、专家在线讲座等服务。更有著名分析师的每日全新专案，帮助投资者准确把握行情，规避风险，提高收益。

(3) 46 项特色功能，应有尽有。机构持股、盘中预警、服务器选股、超级盘口、财务报表分析等，分析功能强大；股市日记、自选股资讯及时邮件通知、风格定制等，全新个性化服务。

(4) 一流委托，快速下单。委托服务操作简单、快捷，根据盘中价位，快速下单委托，把握理想买卖点。

(5) 建立民间高手免费荐股平台。软件建立了民间高手交流、免费荐股平台，对其推荐股票的买卖点均有详细的推荐说明和分析，更有短信提示，高手在线互动指导操作，热点、黑马提前知晓。

(6) 提供多个金融品种的行情信息。软件除了能向投资者提供基本证券服务外，还提供期货、外汇、港股、基金等多个金融品种的行情信息，一套软件，轻松掌握证券市场各种信息。

(7) 设有“股灵通”和“小财神”特色工具。软件中的“股灵通”可以让投资者和投资者之间相互在线交流，搜索在线证券投资人和证券经纪人，多方聊天，多方了解股市行情。“小财神”可以建立多个真实交易账户和模拟操作账户，具有完善的成本核算体系、完善的统计分析、多视角的报表分析、细致的特殊业务处理等。

(8) 自行编写公式、个人设定选股条件。投资者可以根据自己的爱好、投资经验在软件编写公式栏目中新建自定义公式，修改函数和编写选股条件，更体现人性化的设计。

(9) 详细的功能解说、个人理财以及专业的客服。软件配合教程使用让投资者在最短的时间内学会并且精通股市的基本面和各个层面的信息，专业的客户服务队伍会给投资者满意的解答。

(三) 通达信软件

通达信软件界面如图 2－3 所示。通达信软件是由深圳市财富趋势科技有限责任公司开发研制的软件，主要用于南方证券市场，是目前各券商优先选取推荐的软件。

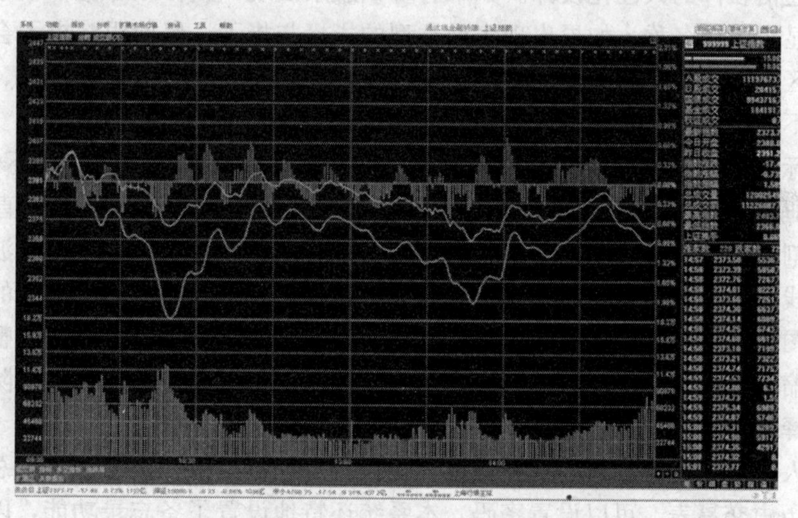

图 2－3　通达信软件界面

该软件的主要特点为：

(1) 版面定制，展现个性。版面定制可以让用户按照自己的需要将软件的分析界面任性设置成多个分析窗口，让用户可以在同一个版面上查看到更多的信息。用户也可以将定制好的版面保存，导出或导入和其他的用户交流定制的版面。

(2) ETF 分析捕捉更多套利机会。通过对上证 50 指数与 ETF 的叠加对比，把握折价、溢价关系的变化，从而捕捉更多套利机会。

(3) 移动筹码，精确分布。移动筹码分布帮助散户站在庄家的角度掌握多空双方博弈情况，明确筹码以怎样的数量和价格分布在股东，尤其是庄家手中，从而判断行情的性质和趋势。

(4) 交易系统，五彩K线。通过交易系统的指示，帮助投资者在K线图上标出醒目的买入卖出信号，更好地分析某只股票的历史规律以预测未来。自动识别各种典型的K线组合形态，特定的K线模式往往有非常准确的指示作用，系统提供的许多种常用五彩K线公式中选中某一模式后，系统会自动在K线图上将属于该模式的K线标识出来，一目了然。

(5) 智能选股，筛选黑马。通达信（集成版）软件智能选股器提供条件选股、定制选股、智能选股、插件选股和综合选股五种选股模式。无论从技术面还是基本面投资者都能快速地选出自己心仪的股票，还可以将不同分析周期的多个条件组合起来进行组合条件选股，并将选股结果保存到板块中。

(6) 自编公式，随心所欲。用户可通过公式管理器自定义指标公式、条件选股公式、交易系统公式和五彩K线公式，把自己的想法、理念转变成公式，通过自定义指标公式，可以用自己的指标来分析历史数据。

(7) 鼠标伴侣，跟踪提示。无论是鼠标停靠在指标或是指示上都有详细的注解提示，充分体现通达信软件的人性化设计。如果有多只股票出现，鼠标跟踪提示框还会分辨股票信息，智能显示股票名称，如果出现多种类型的指标与指示，鼠标跟踪提示会智能对类型加以详细的区分。如果是股本变迁指示，鼠标跟踪提示还会区分除权、配股、送股等不同情况，并以不同的格式显示出具体时间及精确数据。

(8) 指标画线，快捷方便。为用户提供仿AutoCAD式的画线功能，不仅能够画线，还能将已经画的线平移、旋转、压缩、拉伸和删除。支持趋势线、线段、直线、百分比线、黄金分割线、波段线、线性回归、线性回归带、回归信道、周期线、费波拉契线、阻速线、甘氏线、箭头标记、文字标记、抛物线等画线工具。拥有多达数十种的特殊画线功能，如等量图、压缩图、宝塔线等。画线方便快捷，画完线后可以方便地调整画线位置及角度。放大缩小画面不会对画线产生影响，画线永久记忆，除非用户强制删除，画线的颜色可自行选择和定义。

(9) 个人理财，精打细算。全新的智能化投资管理器提供三类报表：汇总表、理财记录表、个股历史交易表。可以设置密码。本系统还特地设置了备忘录功能，以方便投资者用该记事本随时记录一些重要消息事件以及随时灵光突现的炒股感悟和心得。投资盈亏计算在进行买卖股票之前可方便快捷计算出自己的盈亏价位、手续费的资金余额等。

(10) 数据挖掘，洞察先机。数据挖掘功能挖的结果是人气选股，行情主站根据采集所有客户端的登录记录，按照一定算法统计出个股的关注度和共鸣度，告诉投资者近期市场关注的热点可能在哪里出现。

(四) 钱龙软件

钱龙（旗舰版）软件界面如图2-4所示。钱龙软件是我国最早出现的证券分析软件之一。目前，绝大部分券商和股民都在使用钱龙系列软件。所以，钱龙软件是老股民最为熟悉的股票分析软件。

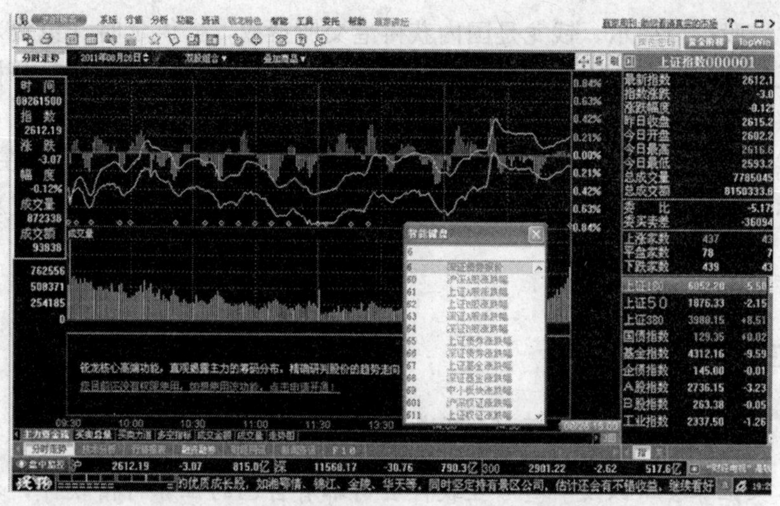

图 2-4　钱龙（旗舰版）软件界面

该软件的主要特点为：

(1) 首创多媒体证券分析软件典范。钱龙（旗舰版）软件创意推出内置视频播放功能，为广大投资者提供包括央视一套、央视二套、第一财经、交易日等在内的权威财经电视节目，帮助投资者拓宽视野、收获更多财富。流畅稳定的播放性能，开创了多媒体证券分析软件的典范。

(2) A＋H 联动。近年来，A 股、H 股的联动效应越来越强烈，同时在画面中看到两地同一股票实时报价的需求也越来越迫切，钱龙（旗舰版）软件及时推出 A＋H 行情联动功能，解决投资者炒股的新需求。

(3) 智能报表。钱龙（旗舰版）软件独创的智能报表功能，使行情报价、财务数据、周期统计、指标等数据都能以统一的报表形式显示，并能够实现排序、统计、筛选、导出，还可根据需求自由定义新报表。

(4) 条件编辑。钱龙（旗舰版）软件囊括了智能选股、自设指标、买卖条件、组合选股、交易测试等功能，提供了适合普通投资者使用的向导式的宜用型条件编辑器，以及功能强劲的专业型条件编辑器，可帮助用户轻松实现自己的分析、决策理念。

(5) 个股全面分析。钱龙（旗舰版）软件在个股画面中整合了走势、技术分析、行情报表、权息资料、基本资料、公告资讯等个股信息，提供了迭加、统计、测试、组合、数据导出等工具按钮，鼠标轻点即可全盘掌握个股的所有信息。

(6) 提供数据导出。钱龙（旗舰版）软件中的行情走势、K 线、基本资料、资讯、报表等几乎所有数据都可以导出成 XLS 或 TXT 文件，是专业研究人员进行进一步研究的宝贵资料。

(7) 集成资讯功能。钱龙（旗舰版）软件公告信息、财经直播室、今日焦点、钱龙信息中心、大单成交、券商资讯等归类整理、查询方便，又有索引、文本、弹出窗口等多种形式，帮助用户在海量资讯中把握要点。

(8) 实时港股行情揭示。钱龙是国内获得港交所授权，提供延时（免费）和实时港股行情数据的证券软件，用户因此可以通过一套熟悉的软件就可以同时查看分析沪深港三地的行情和信息。

(9) 提供超级帮助。钱龙点点通，是目前国内同类软件中最人性化的在线帮助系统，只要轻点鼠标，就可以知道界面上跟指定区域相关的解释、提示，大大方便新用户的学习使用。

投资者如何选择证券行情软件

目前，各家证券公司以及一些专业软件公司都有自己的证券行情软件，各种软件的基本功能和基本操作大同小异，各种软件都有自己的独特之处，有的擅长行情揭示，有的精于指标分析，有的精通资讯信息，还有的以电脑选股操盘来引人入胜，投资者可以在实践中找到最适合自己的软件。比较理想的是选择两套软件：一套从自己开户证券公司网站下载和安装使用，主要用做网上交易；另一套则选择比较适合自己的专业软件，用做证券行情分析使用。

任务二　证券行情软件下载与应用

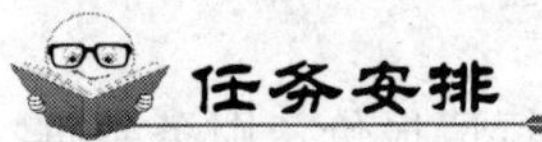

※　掌握证券行情软件的下载和安装步骤；

※　掌握证券行情软件的基本操作。

李先生在证券公司营业大厅利用自助终端机交易了几次，还是感觉到不太方便。于是他考虑朋友的建议，开通网上交易。回家后，李先生按照证券公司客服给他的说明下载安装了行情软件，可是，软件有哪些功能，如何操作呢？

知识准备

投资者要查看证券市场行情可以在各网站上搜索，但更便捷的方式是在电脑上下载和安装证券行情软件。

一、证券行情软件下载与安装

软件的类别有好多种，有的是商业运营商开发的，是收费的；有的是官方的，供使用者免费使用。下面以最早的证券投资分析系统——钱龙旗舰版软件为例，来说明证券行情软件的下载、安装和使用。

第一步：打开网页，在地址栏中输入网址 www. qianlong. com. cn，进入钱龙资讯网。

第二步：如图 2－5 所示，点击“下载专区”。

图 2－5　钱龙资讯网界面

第三步：在“下载专区”软件下载中找到“钱龙旗舰”。

第四步：如图 2－6 所示，点击“免费下载”。

第五步：点击保存到桌面。

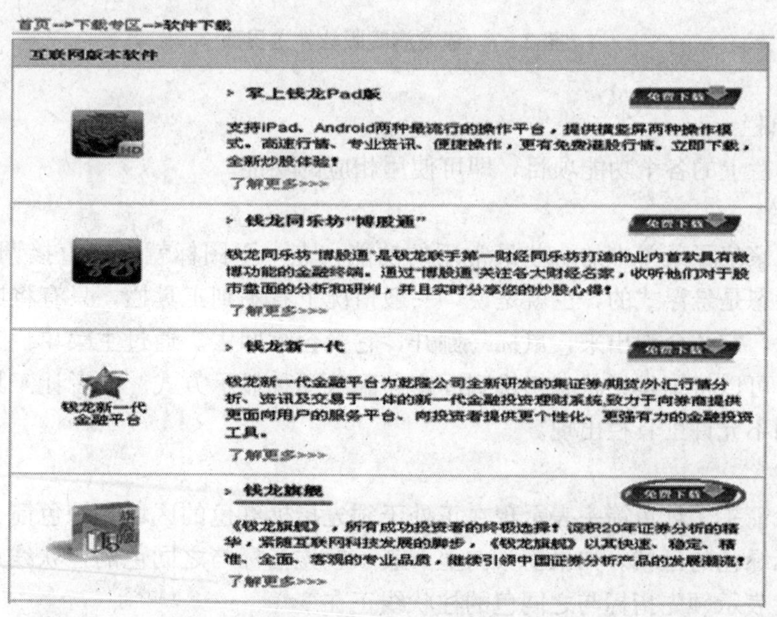

图 2－6　软件下载界面

第六步：双击桌面文件“instqj_961 exe”进行安装。（注意：文件名中的“961”是截止到2011年12月16日的最新版本号，随着软件不断升级，文件名中的版本号不断变化）

二、证券行情软件的基本操作

（一）基本界面元素

钱龙旗舰版软件主界面如图2-7所示。

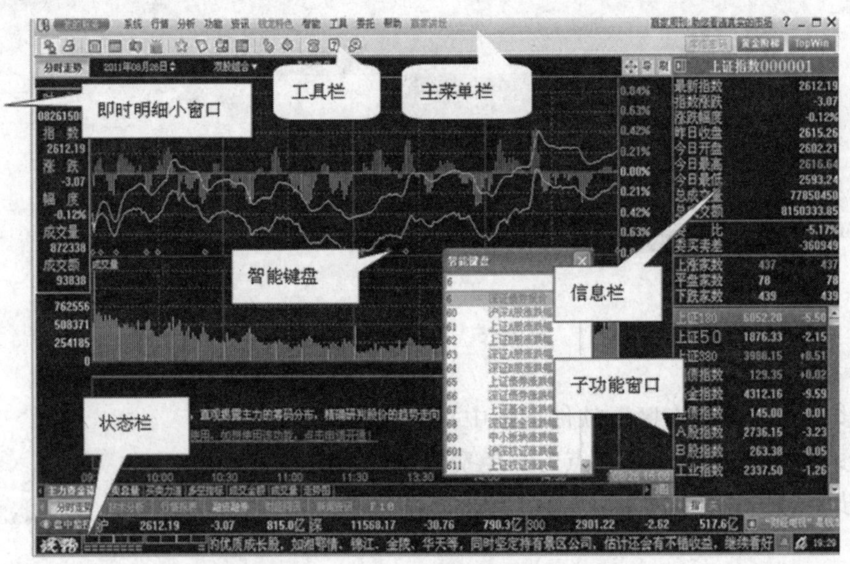

图2-7 钱龙旗舰版软件主界面

1. 主菜单栏

单击菜单栏上的各个功能项目，即可使用相应的功能。

2. 工具栏

工具栏中聚集了菜单中的一些最常用的功能，点一下图标就可以直接调用这些功能。工具栏默认状态是悬浮式的，也就是说，一般情况下看不到工具栏，只有将鼠标移到它上面的标题栏上，它才会弹出来，鼠标一挪开，它又会缩回去。通过主菜单栏上系统/视图/快捷工具栏，可以将工具栏状态切换到固定、隐藏两种显示方式。前者让工具栏一直在上面，而后者则不允许工具栏出现。

3. 状态栏

（1）红绿箭头。红色箭头表示现在正处于领先指标红色的区域，绿色箭头表示现在正处于领先指标绿色的区域。如果箭头向上，表示领先指标与之同色的柱状线正在变长；如果箭头向下，表示领先指标与之同色的柱状线正在变短。

（2）跑马灯。证券公司或合作资讯厂商可以利用跑马灯来发布消息，文字会以滚动的形式播出。

（3）警示灯。当有符合所设置的警示条件时，警示灯就会闪烁，单击警示灯即可查看具体信息。

4. 即时明细小窗口

明细小窗口在画面的左方，在分时走势画面和技术分析画面时，单击鼠标左键，或按Esc、Enter 键，就可以让它显示或隐藏。明细小窗口是游标所在位置那一分钟的信息。

（1）个股分时走势画面显示的数据有：①时间：游标所在的时间。②最新价：游标所在位置的价格。③涨跌：游标所在位置的价格与昨日收盘价比较的相对值。④成交量：游标所在位置的成交手数。⑤成交金额：游标所在位置的成交金额。⑥均价：累计成交额/累计成交量。

（2）个股技术分析画面显示的数据有：①时间：游标所在位置的时间。②开盘：游标所在当日的开盘指数。③最高：游标所在当日的最高指数。④最低：游标所在当日的最低指数。⑤收盘：游标所在当日的收盘指数。⑥成交量：游标所在当日的成交手数之和。⑦成交金额：游标所在当日的成交金额之和。⑧涨跌幅度：游标所在位置的价格与昨日收盘价比较的相对值。⑨流通股：游标所在位置的流通 A 股＋流通 B 股。⑩换手率：游标所在位置的最近 5 日成交量的总和（股数）/普通股股份总数。

5. 信息栏

信息栏在信息窗口的右上方。这个窗口显示了当天该商品的各种信息，几乎所有的数据都要看这个地方。大盘指数和个股画面中的信息窗口所显示的数据信息是不一样的。

大盘的信息窗口显示的数据有：最新指数、指数涨跌、涨跌幅度、昨日收盘、今日开盘、今日最高、今日最低、总成交量、总成交金额、委比、委买卖差、上涨家数、平盘家数、下跌家数。

个股信息窗口显示的数据有：卖五/卖四/卖三/卖二/卖一、买一/买二/买三/买四/买五；最新、涨跌、幅度、总量、现量、委比、金额、涨停、均价、换手、开盘、最高、最低、量比、市盈、跌停。

以上这些指标在项目三中再做介绍。

6. 子功能窗口

子功能窗口在信息窗口的右下方，可以通过子功能按钮或“＋”进行以下几种切换：

（1）板——所属板块。列出当前股票属于哪些板块，包括所属板块、板块类别、家数三栏信息。

（2）指——大盘指数。显示当前商品所属大盘指数的分时走势图。

（3）价——多空停损。查看多空停损、获利、止损的指标。

（4）势——当日走势。显示当前商品的分时走势图。

（5）财——主要财务指标。显示上市公司最新的主要财务指标。

（二）智能键盘

只要按键盘上任意一个字母、数字或没有特殊用途的符号，都会弹出一个智能键盘，如图 2－7 中所示。可以在智能键盘中输入中英文和数字搜索想要查询的类别。

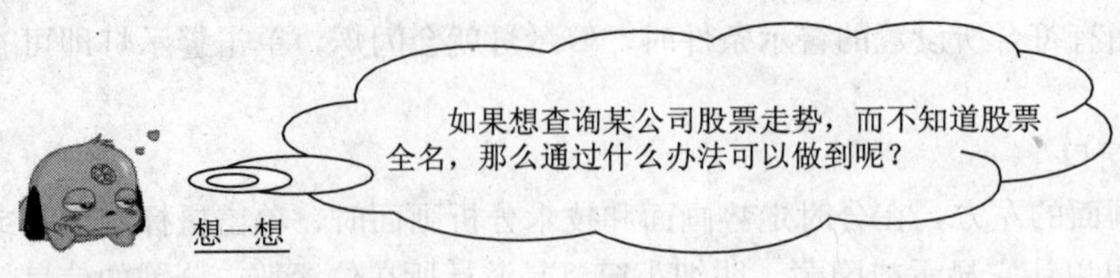

智能键盘可以做到：

（1）选择商品：输入商品代码、商品名称的首字母或直接用中文输入商品名称，都能在智能键盘中搜索到该商品，按 Enter 键后就可以直接进入这个商品的画面。注意，用首字母检索商品，在连续输入字母的时候，智能键盘会把所有读音符合的词都检索出来，不管它在商品名称中是在开头还是后面。就算记不住股票全名，也记不住它的第一个字，只要记住其中一个词照样可以迅速定位。例如，输入"pf"，智能键盘会检索到两个商品基金普丰 jjpf 和浦发银行 pfyh。如果记住的字不连续也没有关系，用通配符"."（点），这个符号可以代替任何字母。例如，输入"q. k"，智能键盘会检索到两个商品"大庆华科""dqhk"和"青旅控股""qlkg"。

（2）选择指标：智能键盘内的文字显示为绿色。选择指标输入指标的代码（英文或中文），就能在智能键盘中搜索到该指标，按 Enter 键后，等于变换当前激活指标窗口的指标。例如，输入 kdj 即可将激活指标窗口的指标变换为 KDJ 指标图。

（3）选择特殊画面：智能键盘内的文字显示为红色。选择特殊画面很多股民都有一些经常习惯查看的画面，比如上证 A 股涨跌幅排名、自选股报价分析等。为了解决这个问题，可以用画面热键寻找，只要在智能键盘中打几个数字，按 Enter 键后就可以直接跳到想去的画面。比如想看上证 A 股涨跌幅排名，就按 61＋Enter；想看自选股报价分析，就按 06＋Enter。并且这些热键在各种证券投资分析系统基本都是通用的，常用画面操作热键一览表如表 2－1 所示。

表 2－1　　常用画面操作热键一览表

	快捷热键	热键的含义
报价分析	1＋Enter	上证 A 股报价分析
	2＋Enter	上证 B 股报价分析
	3＋Enter	深证 A 股报价分析
	4＋Enter	深证 B 股报价分析
	5＋Enter	上证债券报价分析
	6＋Enter	深证债券报价分析
	7＋Enter	上证基金报价分析
	8＋Enter	深证基金报价分析
	9＋Enter	中小板块报价分析

续　表

	快捷热键	热键的含义
大盘涨跌幅排名	03＋Enter（F3）	上证领先指标分时走势画面
	04＋Enter（F4）	深证领先指标分时走势画面
	61＋Enter	上证 A 股涨跌幅排名
	62＋Enter	上证 B 股涨跌幅排名
	63＋Enter	深证 A 股涨跌幅排名
	64＋Enter	深证 B 股涨跌幅排名
	65＋Enter	上证债券涨跌幅排名
	66＋Enter	深证债券涨跌幅排名
	67＋Enter	上证基金涨跌幅排名
	68＋Enter	深证基金涨跌幅排名
	69＋Enter	中小企业板涨跌幅排名
公告信息	71＋Enter	沪市证券信息
	72＋Enter	深市证券信息
	73＋Enter	股份转让公告
	74＋Enter	券商信息
	75＋Enter	上海证交所公告
	76＋Enter	深圳证交所公告
综合指标排名	81＋Enter	上证 A 股综合指标排名
	82＋Enter	上证 B 股综合指标排名
	83＋Enter	深证 A 股综合指标排名
	84＋Enter	深证 B 股综合指标排名
	85＋Enter	上证债券综合指标排名
	86＋Enter	深证债券综合指标排名
	87＋Enter	上证基金综合指标排名
	88＋Enter	深证基金综合指标排名
	89＋Enter	中小企业板综合指标排名
个股信息操作	10＋Enter（F10）	上市公司资讯
	11＋Enter（F11）	当前商品的基本资料（财务数据简表）
	15＋Enter	个股公告信息
	Alt－F10	权息校正
	Alt－Z	将当前商品加入到自选股板块
	Ctrl－Z	将当前商品加入到板块

（三）基本键盘操作

基本键盘操作如表 2－2 所示。

表 2－2　　基本键盘操作功能一览表

操作热键	热键功能	备注
Ctrl—P、Ctrl—N	切至前一天、后一天在以天为单位的画面中（例如：涨跌幅排名等），按这两个组合键，就可以把画面往前或往后切一天	
—	自动翻页开关 如果在某一个画面中按了自动翻页开关“—”，这个画面就会开始每隔若干秒翻一页，再按一下开关“—”，它就会停止翻页。其实，它就相当于系统每隔若干秒按一下 PageDown	自动翻页时间可在系统工具/系统配置工具中进行设置
↑、↓	技术分析画面中放大、缩小图形	
←、→	左右移动游标	
Home、End	游标移至最前、最后	
PageUp、PageDown	上一只股票、下一只股票或者上一页、下一页	
*、/	技术分析画面中上一个指标、下一个指标	
Esc	关闭当前窗口，一般情况下都是指关闭整个画面窗口。不过也有例外：在技术分析画面中，如果曾经单击鼠标，显示出明细小窗口，在这种情况下按 Esc 键，就是把这个明细小窗口隐藏起来	
＋	通过“＋”可以切换子功能窗口的显示内容	
Tab	在个股分析画面和智能报表画面，通过 Tab 依次切换画面下方的标签	
01＋Enter（F1）	即时分析画面切换至分笔成交明细 技术分析画面切换至每日成交明细	
02＋Enter（F2）	即时分析画面切换至价量分布图	
03＋Enter（F3）	画面切换至上证领先分时走势图	
04＋Enter（F4）	画面切换至深证领先分时走势图	
05＋Enter（F5）	即时走势画面、技术分析画面、多周期同列画面间循环切换	
06＋Enter（F6）	画面切换至自选股	
07＋Enter（F7）	画面切换至恒生指数分时走势图	
08＋Enter（F8）	在技术分析画面切换周期类型	
12＋Enter（F12）	启动网上委托程序	

大智慧行情软件的快捷键

行情软件的快捷键基本常用的那些都相同，只是有小部分差异。快捷键可帮助投资者更快地切换分析图形。

表2-3列出大智慧行情软件的快捷键以供参考，主要以不同于上面常用的快捷键为主。

表2-3　　大智慧行情软件的快捷键

	快捷键	快捷键功能
全局快捷键	〖Alt＋H〗	当前帮助
	〖Alt＋Q〗	退出大智慧
	〖Alt＋X〗	自选设定
	〖Alt＋Z〗	添加自选
	〖Alt＋F2〗	板块监测
	〖Alt＋F7〗	条件选股
	〖Ctrl＋O〗	系统选项
	〖Ctrl＋A〗	预警系统
	〖Ctrl＋B〗	板块分析
	〖Ctrl＋F〗	公式管理
	〖Ctrl＋J〗	计算器
	〖Ctrl＋PgDn〗	启动/停止自动换页
	〖Ctrl＋Z〗	投资管理器
	〖Ctrl＋F6〗	指标排序
	〖Ctrl＋F7〗	系统测试平台
	〖Ctrl＋F8〗	数据管理
	〖11＋Enter〗	涨幅排行
	〖12＋Enter〗	震幅排行
	〖13＋Enter〗	成交量排行
	〖14＋Enter〗	现手排行
	〖15＋Enter〗	量比排行
	〖16＋Enter〗	资金流向排行

续 表

	快捷键	快捷键功能
全局快捷键	〖17＋Enter〗	委比排行
	〖18＋Enter〗	换手率排行
	〖19＋Enter〗	市盈率排行
	〖20＋Enter〗	股价排行
	〖21＋Enter〗	总市值排行
	〖22＋Enter〗	流通市值排行
	〖23＋Enter〗	信息地雷排行
	〖30＋Enter〗	板块指数行情
	〖31＋Enter〗	板块指数涨幅排名
	〖41＋Enter〗	开放式基金行情
	〖41＋Enter〗	LOF 基金行情
	〖43＋Enter〗	ETF 基金行情
	〖51…58＋Enter〗	切换至自选板块（1～8）
	〖59＋Enter〗	实时解盘
	〖60＋Enter〗	全部 A 股涨幅排名
	〖061…068＋ENTER〗	自选股 1～8
	〖777＋ENTER〗	路演平台
	〖888〗	智慧投票箱
K 线走势图快捷键	〖Alt＋D〗	除权标记
	〖Alt＋I〗	信息地雷标记
	〖Alt＋M〗	最高/最低标记
	〖Alt＋F5〗	静态分析
	〖Alt＋1〗	只显示主图
	〖Alt＋2〗	显示主图和一个副图
	〖Alt＋3〗	显示主图和两个副图
	〖Alt＋4〗	显示主图和三个副图
	〖Alt＋5〗	显示主图和四个副图
	〖Alt＋6〗	显示主图和五个副图
	〖Alt＋←〗	历史回忆日期前移
	〖Alt＋→〗	历史回忆日期后移
	〖Ctrl＋D〗	清除画线

续　表

	快捷键	快捷键功能
K线走势图快捷键	〖Ctrl+K〗	模拟K线
	〖Ctrl+Q〗	移动成本分布
	〖Ctrl+I〗	显示/不显示股票交易信息栏
	〖Ctrl+X〗	画线工具
	〖Ctrl+M〗	启动/停止多图组合
	〖Ctrl+N〗	普通坐标
	〖Ctrl+P〗	百分比坐标
	〖Ctrl+L〗	对数坐标
	〖Ctrl+R〗	向前复权
	〖Ctrl+T〗	向后复权
	〖Ctrl+F4〗	关闭图形分析窗
	〖Ctrl+F5〗	系统指示
	〖Ctrl+F10〗	备忘录
	〖0+ENTER〗	TICK图
	〖1〗	1分钟线
	〖2〗	5分钟线
	〖3〗	15分钟线
	〖4〗	30分钟线
	〖5〗	60分钟线
	〖6〗	日线
	〖7〗	周线
	〖8〗	月线
	〖9〗	多日线
	〖11〗	季线
	〖12〗	半年线
	〖13〗	年线
	〖SHIFT+↓〗	打开多日分时走势
	〖SHIFT+↑〗	关闭多日分时走势
	〖/〗与〖*〗	活动副图的内容在常用指标间切换
	〖+〗	图形分析窗中小窗内容在成交明细、分价表、大盘分时线、个股分时线等间切换

项目检测

一、单项选择题

1. 查看上证指数分时图、深证指数分时图按（　　）两个快捷键。

A. F2、F3　　B. F3、F4

C. F4、F5　　D. F1、F2

2. 查看上证综合排名、深圳综合排名按（　　）两个快捷键。

A. 81、82　　B. 81、84

C. 81、83　　D. 82、83

3. 查看沪市、深市涨幅排行按（　　）两个快捷键。

A. 61、62　　B. 62、62

C. 61、63　　D. 62、64

4. 启动网上委托程序按（　　）热键。

A. F10　　B. F8

C. F6　　D. F12

二、多项选择题

1. 证券行情分析软件的基本功能主要有（　　）。

A. 查看即时行情　　B. 查看静态、动态技术指标

C. 查看大盘指数和个股的历史走势　　D. 辅助分析和辅助选股功能

2. 投资者可以利用行情软件输入（　　）热键，查询到上交所和深交所A股报价

A. 1＋Enter　　B. 2＋Enter

C. 3＋Enter　　D. 4＋Enter

3. 在证券行情软件主界面状态下，输入（　　）即可进入上证指数分时走势图。

A. F3　　B. 1A0001

C. 81＋Enter　　D. 03＋Enter

实训任务

证券行情软件下载、安装与使用

★ 实训目的与要求

- 掌握两种以上证券行情软件的下载和安装方法
- 掌握证券行情软件的基本界面元素
- 能够进行证券行情软件的基本操作

★ 实训步骤

- 证券行情软件下载和安装

☆　进入某搜索网站

☆ 输入证券行情软件名称
☆ 下载证券行情软件
☆ 安装证券行情软件
• 证券行情软件基本操作
☆ 进入行情软件
☆ 熟悉行情软件基本界面
☆ 进行行情软件基本操作

项目三　证券行情解读

任务一　股票价格指数及其作用

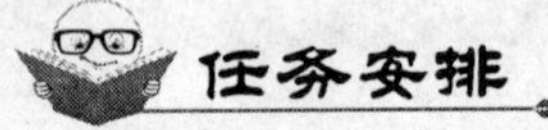

任务安排

※　了解国内外主要的股票价格指数的编制特点；

※　掌握股票价格指数的含义及其作用；

※　掌握股票价格指数的编制方法。

情境设置

李先生每天都上网了解股市行情和市场资讯，听朋友说，要想了解行情走势，就看大盘指数，正所谓“股市是国民经济的晴雨表”，那什么是大盘指数呢？为什么股票市场上会有一个大盘指数？它对投资者了解所投资的股票价格波动有什么作用呢？

知识准备

大盘指数即一个股票市场的股票价格指数，简称股价指数，它是由证券交易所或金融服务机构编制的表明股票行市变动的一种供参考的指示数字。为了帮助投资者了解多种股票的价格变动情况，一些金融服务机构利用自己的业务知识和熟悉市场的优势，编制出股票价格指数，并公开发布，作为衡量市场价格变动的指标。

一、股票价格指数的含义及作用

1. 股票价格指数的含义

股票价格指数即股票指数，它是由证券交易所或金融服务机构编制的用以反映整个市场上各种股票市场价格的总体水平及其变动情况的指标。它是通过选取有代表性的一组股票，把它们的价格进行加权平均计算得到。股价指数是用来反映不同时点上股价变动情况的相对指标。各种指数具体的股票选取和计算方法都是不同的。

2. 股票价格指数的作用

股票价格指数是衡量股票市场股票价格水平及其变化的综合性指标。投资者根据股票指数可以检验自己投资的效果，用以预测股票市场的动向。同时，股票指数还可以用来观察、预测社会政治、经济发展形势，因此，被公认为国民经济的“晴雨表”。股票价格指数的作用具体表现为：

(1) 股价指数能综合地反映一国经济发展的状况。影响股票价格变动的经济、政治等各方面的因素，也都会影响股价指数的波动。股价指数的变动反映了股票市场所在国的政治、经济、社会及其他各方面的变化。所以，人们把股票价格指数称作是国民经济发展的“晴雨表”。

(2) 股价指数能反映股票市场价格总水平。股价指数的计算方法能够比较全面地反映股市成千上万种股票的价格总水平及其变化的方向和幅度，有助于我们把握整个股票市场的动态。

(3) 股价指数是分析股市动态的重要参数。投资者根据股价指数的变化，把握市场行情，预测股价走势，选择自己的股票买卖行为。社会公众可以从股价指数的变化，研究该国经济发展的状况和前景。

(4) 股价指数也是分析观察上市公司经营业绩的重要技术指标。一般说来，股市活跃，股价指数上升，表明上市公司经营业绩良好；股市清淡，股价指数下降，表明上市公司经营状况不佳。

总之，股票价格指数能够从一个侧面灵敏地反映一个国家经济、政治的发展变化与前景。

二、股票价格指数的编制方法

(一) 股票价格指数的编制要求

要使股票价格指数符合客观性、代表性、敏感性的要求，在编制过程中，必须要求：

(1) 样本股票必须具有典型性、普通性。为此，选择样本应综合考虑其行业分布、市场影响力、股票等级、适当数量等因素。

(2) 计算方法应具有高度的适应性。能对不断变化的股市行情作出相应的调整或修正，使股票指数或平均数有较好的敏感性。

(3) 要有科学的计算依据和手段。计算依据的口径必须统一，一般均以收盘价为计算依据，但随着计算频率的增加，有的以每小时价格甚至更短的时间价格计算。

(4) 选好基期。基期应有较好的均衡性和代表性，即能够代表正常情况下股票市场的均衡水平。

(二) 股票价格指数的编制方法

1. 股票价格指数的编制步骤

股票价格指数的编制分为四个步骤：

第一，选择样本股。样本股的选择主要考虑两条标准：一是样本股的市价总值要占在交易所上市的全部股票市价总值的大部分；二是样本股票价格变动趋势必须能反映股票市场价格变动的总趋势。

第二，选定某基期，并以一定方法计算基期平均股价或市值。

第三，计算报告期平均股价或市值，并作必要的修正。

第四，将报告期平均股价或市值指数化。如果计算股价指数，需要将报告期的平均股价或市值转化为指数值，即将基期平均股价或市值确定为某一常数（通常为100或1000），并据此计算报告期股价的指数。

2. 股票价格平均数的计算

股票价格平均数反映一定时点上市股票价格的绝对水平，通常以算术平均数表示。人们通过对不同时期股票价格平均数的比较，可以认识多种股票价格变动水平。它可以分为简单算术股票价格平均数、修正的股票价格平均数、加权股票价格平均数三类。人们通过对不同时点股票价格平均数的比较，可以看出股票价格的变动情况及趋势。

(1) 简单算术股票价格平均数。世界上第一个股票价格平均数——道·琼斯股票价格平均数在1928年10月1日前就使用简单算术平均法计算。简单算术股票价格平均数是将样本股票每日收盘价之和除以样本数得出的，计算公式为：

$$\overline{P}=\frac{1}{n}\sum_{i=1}^{n}P_i \qquad \text{(式 3.1)}$$

式中：$\overline{P}$ 为股票价格平均数，P_i 为样本股收盘价，n 为样本股票种数。

简单算术股票价格平均数的计算

现假设从某一股市采样的股票为A、B、C、D四种，在某一交易日的收盘价分别为10元、16元、24元和30元，计算该市场股价平均数。将上述数据置入公式中，即得：

股价平均数＝$(P_1+P_2+P_3+P_4)/n$

＝(10＋16＋24＋30) /4

＝20（元）

简单算术股票价格平均数计算方法的优缺点

算术股价平均数虽然计算较简便，但它有两个缺点：一是它未考虑各种样本股票的权数，从而不能区分重要性不同的样本股票对股价平均数的不同影响。二是当样本股票发生股票分割派发红股、增资等情况时，股价平均数会产生断层而失去连续性，使时间序列前后的比较发生困难。比如，在上面的举例应用中D股票发生以1股分割为3股时，股价势必从30元下调为10元，这时平均数就不是按上面计算得出的20元，而是(10＋16＋24＋10) /4＝15（元）。这就是说，由于D股股票分割技术上的变化，导致股价平均数从20元下跌为15元（这还未考虑其他影响股价变动的因素），显然不符合平均数作为反映股价变动指标的要求。

(2) 修正的股票价格平均数。修正的股票价格平均数有以下两种：

一是除数修正法，又称道式修正法。这是美国道·琼斯在1928年创造的一种计算股票价格平均数的方法。该法的核心是求出一个道氏除数，以修正由于股票分割、增资、发放红股等因素造成股票价格平均数的变化，以保持股票价格平均数的连续性和可比性。

具体做法是以新股票价格总额除以旧股票价格平均数，求出道氏除数，再以计算期的股票价格总额除以道氏除数，这就得出修正的股票价格平均数。即

道氏除数＝变动后的新股票价格总额/旧的股票价格平均数

修正的股票价格平均数＝报告期股票价格总额/道氏除数

在上面的应用实例中，若D股发生以1股分割为3股时，股价势必从30元下调为10元。除数是4，经过调整后新的除数即道氏除数为：

道氏除数＝（10＋16＋24＋10）/20＝3

将新的除数代入下列式中，则：

修正的股票价格平均数＝（10＋16＋24＋10）/3＝20（元）

得出的平均数与未分割时计算的一样，说明股票价格水平不会因为股票分割而变动。

二是股票价格修正法。就是将股票分割等变动后的股票价格还原为变动前的股票价格，使股票价格平均数不会因此变动。美国《纽约时报》编制的500种股票价格平均数就采用股票价格修正法来计算股票价格平均数。

(3) 加权股票价格平均数。加权股票价格平均数，又称加权平均股价，是根据各种样本股票的相对重要性进行加权平均计算的股票价格平均数，其权数可以是成交股数、股票总市值和股票发行量等。其计算公式为：

$$\overline{P}=\frac{\sum_{i=1}^{n}P_iW_i}{\sum_{i=1}^{r}W_i} \quad \text{（式 3.2）}$$

式中：W_i 为样本股的发行量或成交量。

加权平均法权数的选择，可以是股票的成交金额，也可以是它的上市股数。与前两种方法相比，加权平均股价指数能更真实地反映市场整体走势，因此，加权平均法更适合用于开发股票指数期货合约的标的指数。

加权股票价格平均数计算

在上面的举例应用中4只采样股票的发行量分别为1亿股、2亿股、3亿股和4亿股，则：股价的平均数＝（10×1＋16×2＋24×3＋30×4）/（1＋2＋3＋4）＝23.4（元）

3. 股票价格指数的计算

股票价格指数是将计算期的股价或市值与某一基期的股价或市值相比较的相对变化指

数，用以反映市场股票价格的相对水平。股价指数的编制方法有简单算术股价指数和加权股价指数两类。

（1）简单算术股价指数。简单算术股价指数有相对法和综合法之分。

相对法是先计算各样本股的个别指数，再加总求出算术平均数。若设股价指数为 P'，基期第 i 种股票价格为 P_{0i}，计算期第 i 种股票价格为 P_{1i}，样本数为 n，计算公式为：

$$P' = \frac{1}{n}\sum_{i=1}^{n}\frac{P_{1i}}{P_{0i}} \qquad \text{（式 3.3）}$$

综合法是将样本股票基期价格和计算期价格分别加总，然后再求出股价指数。其计算公式为：

$$P' = \frac{\sum_{i=1}^{n} P_{1i}}{\sum_{i=1}^{n} P_{0i}} \qquad \text{（式 3.4）}$$

（2）加权股价指数。加权股价指数是以样本股票发行量或成交量为权数加以计算，有基期加权、计算期加权和几何加权之分。

基期加权股价指数又称拉斯贝尔加权指数，采用基期发行量或成交量作为权数，其计算公式为：

$$P' = \frac{\sum_{i=1}^{n} P_{1i}Q_{0i}}{\sum_{i=1}^{n} P_{0i}Q_{0i}} \qquad \text{（式 3.5）}$$

式中：Q_{0i} 为第 i 种股票基期发行量或成交量。

计算期加权股价指数又称派许加权指数，采用计算期发行量或成交量作为权数。其适用性较强，使用较广泛，很多著名股价指数，如标准普尔指数等都使用这一方法。其计算公式为：

$$P' = \frac{\sum_{i=1}^{n} P_{1i}Q_{1i}}{\sum_{i=1}^{n} P_{0i}Q_{1i}} \qquad \text{（式 3.6）}$$

式中：Q_{1i} 为计算期第 i 种股票发行量或成交量。

几何加权股价指数又称费雪理想式，是对两种指数作几何平均，由于计算复杂，很少被实际应用。其计算公式为：

$$P' = \sqrt{\frac{\sum_{i=1}^{n} P_1Q_0}{\sum_{i=1}^{n} P_0Q_0} \times \frac{\sum_{i=1}^{n} P_1Q_1}{\sum_{i=1}^{n} P_0Q_1}} \qquad \text{（式 3.7）}$$

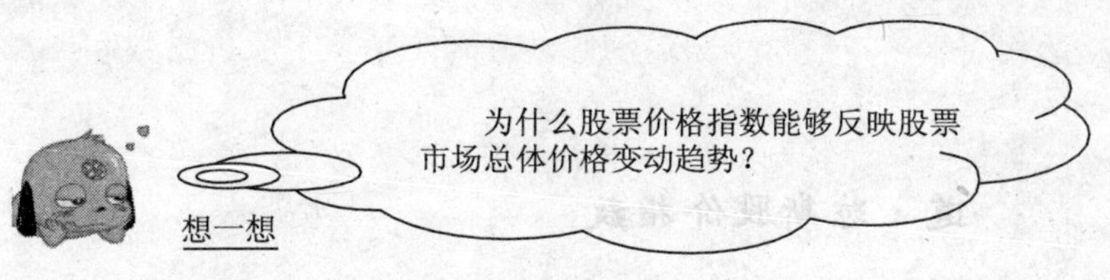

三、国际证券市场主要股票价格指数

（一）道·琼斯股价指数

道·琼斯股票指数是世界上历史最为悠久的股票指数，它是在1884年由道·琼斯公司的创始人查理斯·道编制的。其最初的道·琼斯股票价格平均指数是根据11种具有代表性的铁路公司的股票，采用算术平均法进行计算编制而成，发表在查理斯·道自己编辑出版的《每日通讯》上。其计算公式为：

股票价格平均指数＝入选股票的价格之和/入选股票的数量　　（式3.8）

自1897年起，道·琼斯股票价格平均指数开始分成工业与运输业两大类，其中工业股票价格平均指数包括12种股票，运输业股票价格平均指数则包括20种股票，并且开始在道·琼斯公司出版的《华尔街日报》上公布。在1929年，道·琼斯股票价格平均指数又增加了公用事业类股票，使其所包含的股票达到65种，并一直延续至今。

现在的道·琼斯股票价格平均指数是以1928年10月1日为基期，因为这一天收盘时的道·琼斯股票价格平均指数恰好约为100美元，所以将其定为基准日。而以后股票价格同基期相比计算出的百分数，就成为各期的股票价格指数，所以现在的股票指数普遍用点来做单位，而股票指数每一点的涨跌就是相对于基准日的涨跌百分数。道·琼斯股票价格平均指数最初的计算方法是用简单算术平均法求得，当遇到股票的除权除息时，股票指数将发生不连续的现象。1928年后，道·琼斯股票价格平均指数就改用新的计算方法，即在样本股除权或除息时采用连接技术，以保证股票指数的连续，从而使股票指数得到了完善，并被逐渐推广到全世界。

目前，道·琼斯股票价格平均指数共分为四组：第一组是工业股票价格平均指数，以美国埃克森石油公司、通用汽车公司和美国钢铁公司等30家有代表性的大工商业公司的股票为编制对象，能灵敏反映经济发展水平和变化趋势；第二组是运输业股票价格平均指数，它以美国泛美航空公司、环球航空公司、国际联运公司等20家有代表性的运输业公司的股票为编制对象；第三组是公用事业股票价格平均指数，以美国电力公司、煤气公司等15家具有代表性的公用事业大公司股票为编制对象；第四组是平均价格综合指数，它是综合前三组股票价格平均指数65种股票而得出的综合指数，这组综合指数虽然为优等股票提供了直接的股票市场状况，但现在通常引用的是第一组工业股票价格平均指数。

道·琼斯股价指数

道·琼斯股价指数，既是美国最重要、最典型的股票价格平均指数，也是世界金融市场上影响最大、久负盛名的一种股价指数。其原因在于：第一，道·琼斯股价指数编制最早，并且，从1884年开始编制和公布以来从未间断，具有很好的连续性、可比性和参考性，便于研究股价指数运动的规律性。第二，它所采样的股票均是美国经济实力雄厚的大垄断公司的股票。这些股票价格的变动对美国乃至对世界股市具有举足轻重的影响作用。第三，道·琼斯股价平均指数的运动变化，是对道·琼斯股市理论的解释和说明。道·琼斯理论经受了事实的长期考验。它对股市价格变动趋势的预测，成功的居多，自称10次中有7次。当然也有失灵的时候。道·琼斯股价指数的不足之处：一是采样的股票种数太少，不能全面反映纽约证券交易所上市股票的价格变动；二是计算方法上没有加权，容易发生少数几种股票价格的大幅涨跌对平均值的影响，其指数同实际经济状况的变化发生偏差；三是采样的大垄断公司股票分割，致使每股价格大降，自然影响道·琼斯股价指数的科学性和准确性。这些原因致使道·琼斯股价指数的权威性近年来有所下降。

(二) 标准·普尔股票价格指数

除了道·琼斯股票价格指数外，标准·普尔股票价格指数在美国也很有影响，它是美国最大的证券研究机构——标准·普尔公司编制的股票价格指数。该公司于1923年开始编制并发表股票价格指数。最初采选了230种股票，编制两种股票价格指数。到1957年，这一股票价格指数的范围扩大到500种股票，分成95种组合。其中最重要的4种组合是工业股票组、铁路股票组、公用事业股票组和500种股票混合组。从1976年7月1日开始，改为400种工业股票，20种运输业股票，40种公用事业股票和40种金融业股票。几十年来，虽然有股票更迭，但始终保持为500种。标准·普尔公司股票价格指数以1941—1943年抽样股票的平均市场价格为基期，以上市股票数为权数，按照基期进行加权计算，其基点数为10。其计算公式为：

$$\text{标准普尔股票价格指数}=\frac{\sum(\text{每种成分股价格}\times\text{发行数量})}{\text{基期的市价总值(三年的平均数)}}\times 10 \qquad \text{(式 3.9)}$$

标准·普尔股价指数

由于加权因素，标准·普尔股票价格指数一般偏向于交易量较大的股票。它的优点在于：一是包括的股票多，采样股票覆盖面广，可以较全面地反映股票市场价格的变动；二是它是随机抽样，所选股票包括了上、中、下各种类型的股票，具有较充分的代表性和敏感性；三是由于它以发行加权计算股票市价总值，对于股票分割不需要调整；四是这种指数较能反映较长时期的股价走势，但对于每日股市行情的变化不能很敏感的反映；五是标准·普尔股价指数，以其股票多（市价总值占纽约证交所上市股票的75%）、权数明确、指数精确，具有高度连贯性，分类指数多，便于不同类型的投资者使用。所以，标准·普尔股价指数是反映美国股票市场价格变动全貌的综合性股价指数。

(三) 日经225指数

日经225指数是由日本经济新闻社编制并公布的，反映日本股票市场价格变动的股票价格平均数。该指数从1950年9月开始编制。最初根据东京证券交易所第一市场上市的225家公司的股票算出修正平均股价，当时称为“东证修正平均股价”。1975年5月1日，日本经济新闻社向道·琼斯公司买进商标，采用美国道·琼斯公司的修正法计算，这种股票指数也就改称“日经道·琼斯平均股价”。1985年5月1日在合同期满10年时，经两家商议，将名称改为“日经平均股价”。

按照计算对象的采样数目不同，该指数分为两种。一种是日经225种平均股价。其所选样本均为在东京证券交易所第一市场上市的225种股票，样本选定后，原则上不再更改。1981年定位了150家制造业、15家金融业、14家运输业和46家其他行业，用1950年算出的平均股价176.21元为基数计算求得。由于日经225种平均股价从1950年一直延续下来，因而其连续性和可比性较好，成为考察和分析日本股票市场长期演变及动态的最常用和最可靠的指标。该指数的另一种是日经500种平均股价。这是从1982年1月4日起开始编制的。由于其采样包括500种股票，约占东京证券交易所第一市场上市股票的一半，因而其代表性相对更为广泛，但它的样本是不固定的，每年4月份要根据上市公司的经营状况、成交量和成交金额、市价总值等因素对样本进行更换。

(四)《金融时报》股票价格指数

英国金融时报指数全称为“伦敦《金融时报》工商业普通股股票价格指数”，用以反映伦敦证券交易所行情变动的一种股票价格指数，由伦敦股票交易所编制，并在《金融时报》上发布。根据样本股票的种数，金融时报股票指数分为30种股票指数、100种股票指数和500种股票指数三种指数，反映伦敦股票交易所工业和其他行业股票价格变动情况。

通常所讲的英国金融时报指数指的是第一种，即由30种有代表性的工商业股票组成并采用加权算术平均法计算出来的价格指数。该指数以1935年7月1日为基期日，以该日股价指数为100点，以后各期股价与其比较，所得数值即为各期指数，该指数也是国际上公认的重要股价指数之一。

由于1888年创刊的英国《金融时报》每天都详细登载伦敦金融市场，特别是证券交易所的行情变化、市场动向及国内外的政治、经济动态，发行量很大。因此，该指数不仅是英国股票市场，而且也是世界金融市场上颇有影响的股价指数。

(五) 中国香港恒生指数

香港恒生指数是香港股票市场上历史最久、影响最大的股票价格指数，由香港恒生银行于1969年11月24日开始发表。恒生股票价格指数包括从香港500多家上市公司中挑选出来的33家有代表性且经济实力雄厚的大公司股票作为成分股，分为四大类：4种金融业股票、6种公用事业股票、9种地产业股票和14种其他工商业（包括航空和酒店）股票。这些股票占香港股票市值的63.8%，因该股票指数涉及香港的各个行业，具有较强的代表性。因此，恒生指数是目前香港股票市场最具权威性和代表性的股票价格指数。

恒生股票价格指数的编制以1964年7月31日为基期，因为这一天香港股票市场运行正常，成交值均匀，可以反映整个香港股票市场的基本情况，基点确定为100点。其计算方法是将33种股票按照每天的收盘价乘以各自的发行股数为计算日的市值，再与基期的市值相比较，乘以100，就得出当天的股票价格指数。为了进一步反映市场上各类股票的价格走势，恒生指数于1985年开始公布四个分类指数，把33种成分股分别纳入工商业、金融、地产和公共事业四个分类指数中。恒生指数计算公式为：

现时指数＝现时成分股的总市值/上市收市时成分股的总市值×上日收市指数

恒生指数成分股的选取主要根据以下四个标准：

第一，按照股票市值大小选择，必须居于占联交所所有上市普通股份总市值90%的排榜股票之列（市值指过去12个月的平均值）。

第二，按照成交额大小选择，必须居于占联交所所有上市普通股份成交额90%的排榜股票之列（成交额指过去24个月的成交总额）。

第三，必须在联交所上市满24个月以上。

根据以上标准初选出合格股票后，再按照以下准则最终选定样本股：第一，公司市值及成交额之排名。第二，四个分类指数在恒生指数内各占的比重需大体反映市场情况。第三，公司在香港有庞大业务。第四，公司的财政状况。

恒生指数任何一只指数成分股如连续停牌一个月，该成分股将会从指数中剔除。在非常特殊情况下，例如该成分股被认为极有可能在短时间内复牌，才有可能被保留在指数内。2008年10月6日起，恒生指数扩展到42只成分股。

四、国内主要股票价格指数

（一）上海证券交易所股票价格指数

1. 上证综合指数

上证综合指数全称是上海证券交易所股票价格综合指数，是以上海证券交易所挂牌的全部股票为计算范围，以发行量为权数的加权综合股价指数，反映上海证券交易所上市的全部A股和全部B股的股份走势。该指数是吸取国际重要股价指数编制经验，对原有上海静安指数进行分析的基础上，依据当时在交易所上市的所有股票为样本，以1990年12月19日为基期，以100点为基期指数进行编制的。该指数自1991年7月15日起开始实时发布。其计算公式为：

$$股价指数 = \frac{本日市价总值}{基期市价总值} \times 100 \qquad （式3.10）$$

式中：本日市价总值 $= \sum$ 本日收盘价 × 发行股数，基期市价总值 $= \sum$ 基期收盘价 × 发行股数。

在遇到不同情况时，上述计算公式需作调整。当股票增资扩股时，公式变为：

$$修正后本日股价指数=\frac{本日市价总值}{新基期市价总值}\times 100 \quad (式3.11)$$

$$新基期市价总值=\frac{修正前基期市价总值\times(修正前市价总值+市价总值变动额)}{修正前市价总值} \quad (式3.12)$$

随着上海股市的发展，上海证券交易所决定从1993年5月3日起发布上海证券交易所分类股价指数。将分类股价指数编制的基期日从原定的1990年12月19日改为1993年4月30日，并以这天上证综合指数收盘点位1358.78点作为计算基准。同时，上证综合指数仍照常编制。

根据上海证券交易所的规定，上证综合指数自2002年9月23日起新股上市首日即计入指数。新股计入指数的基准价格是以发行价来计算的。这次新股计入指数基准日的调整，对证券市场产生了积极的影响。

2. 上证180指数

上证成分指数又称上证180指数，是对原上证30指数进行调整和更名后产生的指数。目的在于通过科学客观的方法挑选出最具代表性的样本股票，建立一个反映上海证券市场概貌和运行状况，能够作为投资评价尺度及金融衍生产品基础的基准指数。180指数挑选样本的标准是股票在行业内有代表性，规模大，流动性好。具体过程为：①根据总市值、流通市值、成交金额和换手率对股票进行综合排名。②按照各行业的流通市值比例分配样本支数。③按照行业的样本分配支数，在行业内选取排名靠前的股票。④对各行业选取的样本作进一步调整，使成分股总数为180家。在指数的权数及计算公式方面，上证成分指数采用派许加权综合价格指数公式计算，以样本股的调整股本数为权数。

3. 上证50指数

上海证券交易所宣布2004年1月2日发布上证50指数。上证50指数是从上证180指数样本中挑选出规模大、流动性好的50只股票组成样本股，综合反映上海证券市场最具市场影响力的一批优质大盘股的整体状况，指数基日为2003年12月31日，基点为1000点，采用派许加权方法计算。

国外及中国香港证券市场上著名指数所选样本股的总流通市值和成交金额都较大，这是成分股选择中最基本和最核心的标准，也是样本股选择的主流标准。而上证50指数正是从这两个角度来选择样本股的，反映了上证50指数编制方法的国际先进性和科学性。上证50指数依据样本稳定性和动态跟踪相结合的原则，每半年调整一次成分股。调整时间与上证180指数一致。每次调整的比例一般情况下不超过10%。

（二）深圳证券交易所股票价格指数

1. 深证综合指数

深证综合指数全称是深圳证券交易所股票价格综合指数，是深圳证券交易所编制的，以深圳证券交易所挂牌上市的全部股票为计算范围，以发行量为权数的加权综合股价指数。该指数以1991年4月3日为基期，基期指数定为100点。深证综合指数综合反映深交所全部A股和B股上市股票的股价走势。此外还分别编制了反映全部A股和全部B股股价走势的深证A股指数和深证B股指数。

每当有新股在深圳证券交易所上市时，从上市的第二天开始列入样本股。当某一股票暂停买卖时，便将其剔除于计算之外。当某股票的数量与结构发生变化时，则以变动之日为新基期数计算，并用“连锁”方法将计算得到的指数追溯到原有基期，以保持指数的连续性。

“连锁”追溯计算公式如下：

$$当日即时指数=\frac{上一营业日收市指数\times 当日现时总市值}{上一营业日收市总市值} \qquad (式 3.13)$$

式中：当日现时总市值为各样本股市值与该股发行股数乘积的总和，上一营业日收市总市值是根据上一营业日样本股的股本或样本股的变动作调整后计算的总市值。

2. 深证成分指数

深证成分指数是深圳证券交易所从上市的所有股票中抽取具有市场代表性的40家上市公司的股票作为计算对象，并以流通股为权数计算得出的加权股价指数，综合反映深交所上市A股和B股的股价走势。该指数取1994年7月20日为基期，基期指数定为1000点。成分股指数于1995年1月23日开始试发布，1995年5月5日正式启用。成分指数计算公式为：

$$即日成分股指数=\frac{即日成分股可流通总市值}{基期成分股可流通总市值}\times 1000 \qquad (式 3.14)$$

深圳证券交易所选取成分股的一般原则是：有一定的上市交易时间；有一定的上市规模，以每家公司一段时期内的平均可流通股市值和平均总市值作为衡量标准；交易活跃，以每家公司一段时期内的总成交金额和换手率作为衡量标准。根据以上标准再结合下列各项因素评选出成分股：公司股票在一段时间内的平均市盈率；公司的行业代表性及所属行业的发展前景；公司近年来的财务状况、盈利记录、发展前景及管理素质等；公司的地区、板块代表性等。

3. 深证100指数

深证100指数，又称深证100总收益指数，是中国证券市场第一只定位投资功能和代表多层次市场体系的指数。由深圳证券交易所委托深圳证券信息公司编制，并于2003年1月3日正式对外发布，该指数以2002年12月31日为基期，基期指数为1000点。

深证100指数是以深圳市场全部正常交易的股票（包括中小企业板）作为选样范围，选取100只A股作为样本编制而成的成分股指数，并保证中小企业成分股数量不少于10只。成分股按照下列原则选取：①有一定上市交易日期（一般为六个月）；②非ST、PT股票；③公司最近一年无重大违规、财务报告无重大问题；④一段时期内股价无异常波动。成分股样本选择指标为一段时期（一般为前六个月）平均流通市值的比重和平均成交金额的比重。选样时先计算入围个股平均流通市值占市场比重和平均成交金额占市场比重，再将上述指标按2∶1的权重加权平均，然后将计算结果从高到低排序，选取排名在前100名的股票，构成深证100指数初始成分股。指数包含了深圳市场A股流通市值最大、成交最活跃的100只成分股，代表了深圳A股市场的核心优质资产，成长性强，估值水平低，具有很高的投资价值，属于描述深市多层次市场指数体系核心指数。

深证100指数的功能定位主要是向市场投资者（特别是机构投资者）提供客观的投资业绩基准和指数化投资标的，自发布以来该指数一直表现出良好的市场特性，并且在近三年跌宕起伏的股市中得到验证。深证100指数每半年调整一次，合理的调整幅度和科学的调整方法保证成分股普遍质地优良，盈利能力强，业绩良好，不断提高指数组合的投资价值。

任务二　证券即时行情解读

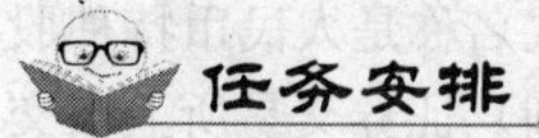

※　掌握我国证券市场证券交易品种及其代码；

※　掌握大盘和个股即时行情数据的基本含义；

※　了解股票交易的一些常用术语。

李先生利用网上下单系统交易了几次，但还是对行情图表中那些红红绿绿的曲线和指标数据不太理解。比如，什么是量比？什么是委比？大盘指数分时图中那两条黄白色曲线代表什么？……一连串的问题又使李先生作难了。

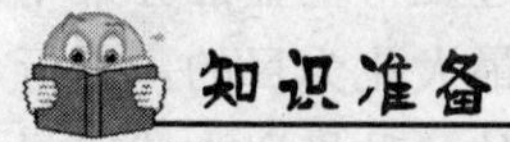

一、证券交易品种及代码

(一) 证券交易品种

目前，我国沪、深证券交易所上市的主要证券种类有：股票（A股、B股）、债券（国债、地方政府债、金融债、公司债、企业债、可转换公司债、债券回购）、证券投资基金（封闭式基金、ETF基金、LOF基金）、权证。如表3-1所列。

表3-1　　　　我国上市证券的种类

	股票	债券	证券投资基金	其他
上市证券种类	A股	记账式国债	封闭式基金	债券回购
	B股	地方债	LOF基金	权证
		公司债、企业债	ETF基金	
		可转换公司债		

1. 股票

股票是股份有限公司发行的，用以证明持有者股东身份和权益的所有权凭证。A股的正式名称是人民币普通股股票，是由我国境内公司发行的，供境内机构、组织和个人（不含我国港、澳、台投资者）以人民币认购和交易的股票。B股的正式名称是人民币特种股票，是以人民币标明面值，以外币认购和交易，在境内（上海、深圳）证券交易所上市交易的股票。

2. 债券

债券是发行人发行的，承诺在一定时期内支付利息和到期偿还本金的债权债务凭证。国债是中央政府发行的债券。地方债是各级地方政府发行的债券。公司债是由股份有限公司或有限责任公司发行的债券。企业债是由中央政府部门所属机构、国有独资企业或国有控股企业发行的债券。可转换公司债券是指发行人依照法定程序发行，持有人在一定期限内依据约定条件可以转换为该公司股票的债券。债券回购是指债券买卖双方在成交的同时就约定于未来某一时间以某一价格再进行方向交易的活动。

3. 证券投资基金

证券投资基金是一种利益共享、风险共担的集合投资方式，即通过发行基金证券集中投资者资金，由基金管理人管理、基金托管人托管，以持有人的利益最大化为目的，进行股票、债券等金融工具投资，投资者按投资比例分享收益并共担风险的一种投资方式。封闭式基金是指事先确定发行总额，在封闭期内基金单位总数不变，基金上市后投资者可以通过证券市场转让和买卖的一种证券投资基金。LOF基金全称是上市型开放式证券投资基金，是指可以在交易所上市交易的开放式基金，同时拥有在证券交易所内交易和场外申购、赎回两种交易方式。ETF基金全称是交易型开放式指数基金，又称交易所交易基金，基金资产中的股票种类与某一特定指数（如上证50指数）包含的成分股票相同，股票数量比例与该指数的成分股构成一致。ETF基金有两种交易方式：在证券交易所内交易和在场外申购、赎回，但申购和赎回的是一揽子股票而不是现金。

4. 权证

权证是指标的证券发行人或其以外的第三人发行的，约定持有人在规定期间内或特定到期日，有权按照约定价格向发行人购买或出售标的证券，或以现金结算方式收取结算差价的有价证券。其中“标的证券”或“基础证券”，即发行人承诺按约定条件向权证持有人购买或出售的证券。

（二）上市证券简称及代码

上市证券名称有全称、简称和代码三种，证券市场的每一种证券都有唯一的全称、简称和代码。

1. 证券简称

证券简称一般由三到四个汉字或大写字母构成，一般都是从全称中提炼出的，如东风汽车、深发展 A。比较特殊的情况有三种：①有些股票简称的前面都有大写字母“ST”或“＊ST”，ST 股票表示财务状况异常的股票，财务状况异常通常是上市公司连续两年亏损或者每股净资产低于股票面值。＊ST 股票是指存在终止上市风险的股票。②权证的简称。其代码简称的 8 个字位（四个汉字）中：第 1 至第 4 个字位用汉字、拼音或数字表示标的证券；第 5 个至第 6 个字位用两个大写字母表示发行人；第 7 个字位用一个字母 B 或 P 表示认购或认沽；第 8 个字位用一个数字或字母表示以标的证券发行的第几只权证，当超过 9 只时用 A 到 Z 表示第 10 只至第 35 只。例如，甲乙 ZJBX 表示以甲乙为标的证券认购权证的第 33 只。如宝钢 JTB1（580000）、茅台 JCP1（580990）、招行 CMP1（580997）等。③权证行权代码的简称。权证行权代码的简称为 8 个字位（四个汉字），其中：第 1 个字位用大写字母 A 或 E 表示美式行权或欧式行权；第 2 个字位用大写字母 S 或 C 表示行权时采用证券给付结算方式或现金结算方式；第 3 至第 8 个字位用 6 位数字表示权证到期的年月日。例如，AS060901 表示该权证行权方式为美式，行权结算方式为证券给付方式，该权证的到期期限为 2006 年 9 月 1 日。

2. 证券代码编码规则

证券交易所的每一只上市证券都有对应的唯一六位代码，证券与代码一一对应，且证券的代码一旦确定，就不再改变。这主要是便于电脑识别，使用时也比较方便。不同证券交易所证券代码分配及编码规则都不尽相同。

证券代码采用六位阿拉伯数字编码，取值范围为 000000～999999，上交所六位代码的前三位为证券种类标识区，后三位为顺序编码区（见图 3－1）；深交所六位代码的前两位为证券种类标识区，后四位为顺序编码区（见图 3－2）。每一类证券的代码规则如表 3－2 所示。

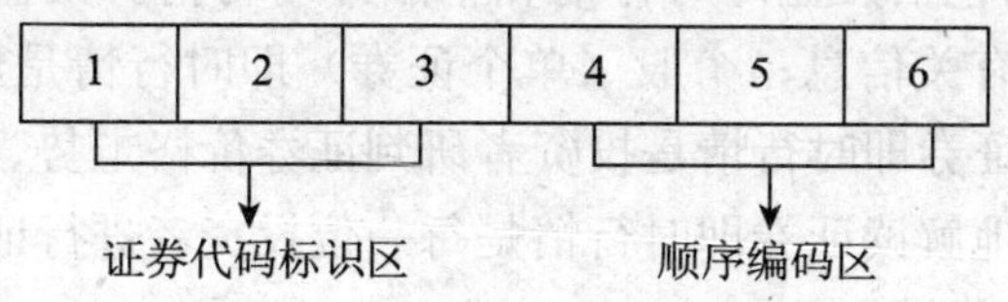

图 3－1　上交所证券代码编排

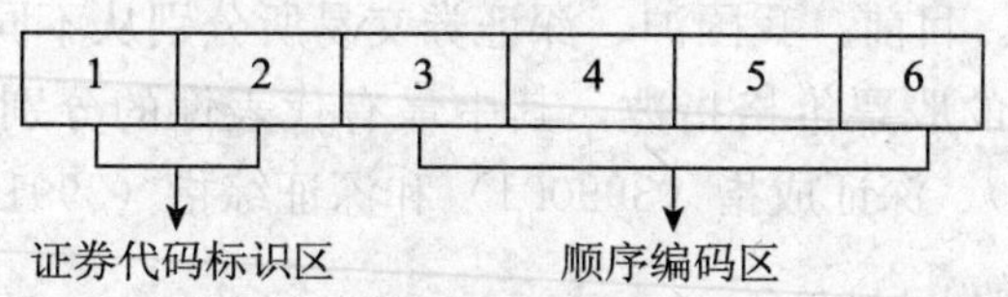

图 3－2　深交所证券代码编排

表 3-2　　上市证券代码编码规则

证券交易所上市证券代码	上交所	深交所
A 股股票	600＊＊＊	00＊＊＊＊ （2004 年起中小企业板 002＊＊＊）
B 股股票	900＊＊＊—9009＊＊	200＊＊＊—2009＊＊
上市债券		
国债	01＊＊＊＊ （2000 年以前国债代码 00＊＊＊＊）	10＊＊＊＊ （2001 年 15 期国债前代码 1019＊＊）
金融债、企业债	金融债 11＊＊＊＊ 企业债 12＊＊＊＊	企业债 11＊＊＊＊
可转债	100＊＊＊、110＊＊＊	120＊＊＊
	后三位为发行公司 A 股代码	
债券回购	国债回购：201＊＊＊ 企业债回购：20200＊	国债回购：13＊＊＊＊ 企业债回购：1319＊＊
上市基金		
封闭式基金	500＊＊＊	18＊＊＊＊
ETF 基金	510＊＊＊	1599＊＊
LOF 基金		160＊＊＊
上市权证	58＊＊＊＊	03＊＊＊＊

二、证券即时行情解读

证券即时行情是证券交易所实时对外公布的各种证券的交易信息（包括交易价格、成交量等）。证券即时行情包括大盘即时行情和个股即时行情。大盘即时行情是反映整个证券市场总体交易情况的有关信息；个股（单个证券）即时行情是反映具体的股票（证券）交易情况的有关信息。证券即时行情是投资者研判证券价格走势、选择买卖时机的重要依据，因此，准确、客观地解读证券即时行情是每一位投资者进行证券交易的前提。

（一）大盘即时行情解读

投资者进行证券投资应首先读懂大盘行情。大盘行情只是一种通俗的说法，就是指股票市场价格的总体走势。目前，我国沪、深证券交易所分别从不同角度编制并公布了多个反映市场价格总体走势的股票价格指数，其中最有代表性的分别是上证指数（1A0001）、上证 180 指数（1B0007）、深证成指（399001）和深证综指（399106）。下面以上证指数为例，解读大盘即时行情。

进入证券行情软件，在主界面状态下输入上证指数的代码（1A0001）或键入“03＋

Enter（F3）”，即可进入上证指数分时走势图，如图 3－3 所示。在分时走势图中，坐标的横轴是开市的时间，纵轴上半部分是股价或指数。

1. 粗横线

位于分时走势图中间的粗横线（见图 3－3）表示上一交易日指数的收盘点数，它是当日大盘上涨和下跌的分界线。它的上方是大盘的上涨区域；下方是大盘的下跌区域。

2. 红绿柱状线

粗横线上有与其垂直的很多细线，上边为红色柱状线，下边为绿色柱状线（见图 3－3）。红绿柱状线表示大盘即时所有股票买盘与卖盘在数量上的比率。大盘向上运行时，在粗横线上方会出现红色柱状线，红色柱状线出现的越多、越长，说明买盘力量越强，上涨力度越大；若渐渐减少、缩短，说明买盘力量逐渐减弱，上涨力度减少。大盘向下运行时，在横线下方会出现绿色柱状线。同样，绿色柱状线出现的越多、越长，说明卖盘力量越强，下跌力度越大；若渐渐减少、缩短，说明卖盘力量逐渐减弱，下跌力度减少。

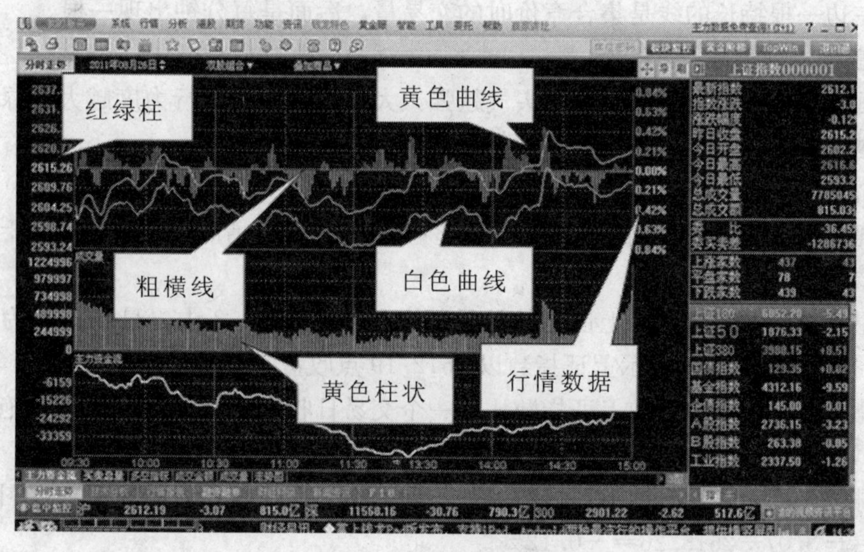

图 3－3　大盘分时走势

3. 白、黄色两条曲线

图 3－3 中有白色和黄色两条曲线，表示指数的分时走势。白色曲线表示证券交易所对外公布的通常意义上的大盘指数，也就是加权指数。黄色曲线是不含加权的大盘指数，也就是不考虑上市股票总股本的大小，而将所有的股票对上证指数的影响看做是相同的，采取的计算方法是简单平均法。在综合指数中，上市公司的总股本越大，在整个股票市场上所占的市值比例就越大，权重就越大，这样的上市股票称为大盘股。因此，一般认为白色曲线代表的是大盘股，黄色曲线代表的是小盘股。

小贴士

大盘分时图白、黄曲线的位置关系

参考白、黄色曲线的位置关系，投资者可以得到如下信息：当上证指数下跌时，黄色曲线仍在白色曲线之上，则表示小盘股的跌幅小于大盘股的跌幅；反之，小盘股的跌幅大于大盘股的跌幅。当上证指数上涨时，黄色曲线在白色曲线之上，表示小盘股的涨幅较大；反之，小盘股的涨幅小于大盘股的涨幅。

4. 黄色柱状线

在大盘分时走势图的下方的黄色柱线（见图 3－3）表示成交量，一条黄色柱状线用来表示一分钟的成交量。成交量大时，黄色柱状线就会拉长；成交量小时，黄色柱状线就会缩短。最左边一根特长的线是集合竞价时的交易量，后面是每分钟出现一根。

5. 红色框、绿色框

红色框比绿色框长度越长，表示买气越强，大盘指数往上运行力度越大；绿色框比红色框长度越长，表示卖压越大，大盘指数往下运行力度越大。

6. 行情数据

在大盘分时走势图的右侧信息栏（见图 3－3）是大盘行情的有关数据，从上往下依次排列的主要数据有：

（1）最新指数：表示当前上证指数的最新点位。在图 3－3 中，最新指数为收盘时点位，“最新指数 2612.19”表示上证指数以 2612.19 点收盘。

（2）指数涨跌：表示当前上证指数比前一个交易日收盘点位上涨或下跌的绝对数。在图 3－3 中，指数涨跌＝2612.19－2615.26＝－3.07。

（3）涨跌幅度：表示当前上证指数涨跌与前一交易日收盘点位的比值。在图 3－3 中，涨跌幅度＝－3.07÷2615.26＝－0.12％。

（4）昨日收盘：表示前一交易日上证指数的收盘点位。

（5）今日开盘：表示当天上证指数的开盘点位。

（6）今日最高：表示上证指数当天曾达到的最高点位。

（7）今日最低：表示上证指数当天曾达到的最低点位。

（8）总成交量（总手）：表示当日上海证券交易所从交易开始累计到目前的总成交量。图 3－3 中显示的是当天收盘后的大盘分时走势图，故总手是 77850450 手，是当天累计成交量。

（9）总成交额：表示当日上海证券交易所从交易开始累计到目前的总成交金额。图 3－3中显示的总成交额 815.03 亿，是当日累计总成交额。

（10）委比：是指委买手数、委卖手数之差与之和的比值，它是衡量一段时间内场内买、卖强弱的一种技术指标，其计算公式是：

委比＝（委买手数－委卖手数）÷（委买手数＋委卖手数）×100％

委比值的变化范围为－100％～＋100％。一般而言，当委比数值正值很大的时候，表示买方比卖方力量强，指数上涨概率大；当委比为负值的时候，表示卖方比买方力量强，指数下跌概率大。

（11）上涨家数：表示当前上海证券交易所上市公司股价高于前一交易日其收盘价的家数。图 3－3 中显示的是当日收盘时的上涨家数 437 家。

（12）平盘家数：表示当前上海证券交易所上市公司股价与前一交易日其收盘价相等的家数。图 3－3 中显示的是当日收盘时的平盘家数 78 家。

（13）下跌家数：表示当前上海证券交易所上市公司股价低于前一交易日其收盘价的家数。图 3－3 中显示的是当日收盘时的下跌家数 439 家。

（二）个股即时行情解读

运行行情软件，在主界面状态下，输入股票代码或股票简称拼音的第一个字母，即可查看到相应的个股行情。

1. 分时价位线

分时价位线就是个股分时走势图中的白色曲线（见图 3－4），表示该只股票的分时成交价格。

2. 分时均价线

分时均价线就是个股分时走势图中的黄色曲线（见图 3－4），表示该种股票的平均价格。它是从当日开盘到现在平均交易价格画成的曲线，其作用类似移动平均线。

3. 卖盘等候显示栏

在个股分时走势图和技术分析图右边的信息栏中有“卖一、卖二、卖三、卖四、卖五”，表示该个股当前时刻委托卖出的最低/次低/第三低/第四低/第五低价格。按照“价格优先，时间优先”的原则，谁卖出的报价低谁就排在前面，如卖出的报价相同，谁先报价谁就排在前面，而这一切都由电脑自动计算，绝对公平，不存在营私舞弊现象。其中卖一的出价最低，也是最易成交的一笔卖出委托。卖一、卖二、卖三、卖四、卖五后面的数字为价格，再后面的数字为等候卖出的股票手数。如图 3－4 中伊利股份卖盘等候显示栏“卖一 19.91 93”表示第一排等候卖出的报价是 19.91 元，共有 93 手股票，即有 9300 股在这个价位等候卖出。

4. 买盘等候显示栏

信息栏中有“买一、买二、买三、买四、买五”，表示该个股当前时刻委托买入的最高/次高/第三高/第四高/第五高价格。依次等候买进，与等候卖出相反，谁买进的报价高谁就排在前面，如果买进的报价相同，谁先报价谁就排在前面。如图 3－4 显示伊利股份：“买一 19.90 160”，表示在第一排等候买入的报价为 19.90 元，共有 160 手股票，即有 16000 股在这个价位等候买进。

5. 成交价格、成交量显示栏

图 3－4 中，成交价格、成交量显示栏有 16 项内容，只对其中重要的事项加以说明（不同的股票分析软件有可能显示的内容不同）。

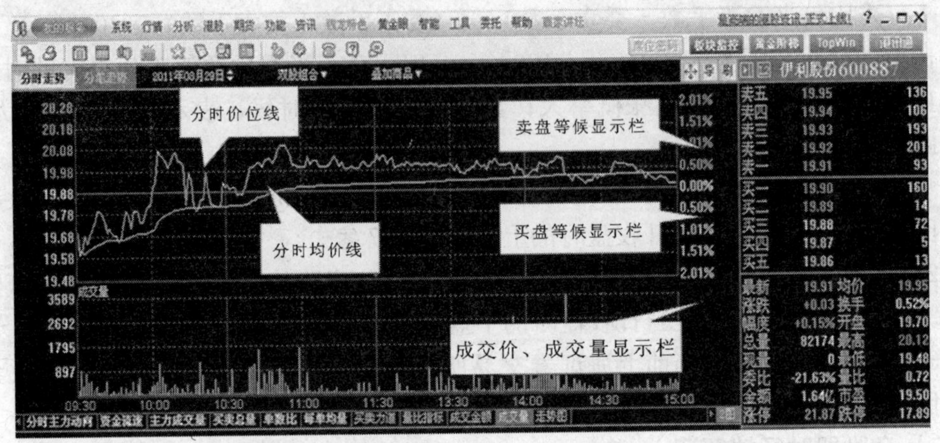

图 3-4　个股分时走势图

（1）最新：表示买卖双方的最新一笔成交价。当日收盘时的最后一笔成交价，为当日收盘价，图 3-4 中显示："最新 19.91"，则这个即时成交价是发生在 15：00 的最后一笔交易，因此，19.91 元就是该股当日的收盘价。

（2）涨跌：表示当日该股最新价与前一交易日收盘价相比上涨和下跌的绝对值，以元为单位。如图 3-4 显示："涨跌＋0.03"，表示当日该股与前一交易日 19.88 元相比上涨了 0.03 元。

（3）幅度：表示当日成交到现在的上涨或下跌的幅度。幅度的大小用百分比表示。若幅度为正值，数字颜色显示为红色，表示股价在上涨；若幅度为负值，数字颜色显示为绿色，表示股价下跌。收盘时涨跌幅度即为当日的涨跌幅度，如图 3-4 显示："幅度＋0.15%"，表示该股当日涨幅为 0.15%。

（4）总量：表示当日开始成交一直到现在为止总成交手数。收盘时"总量"，则表示当日成交的总手数。如图 3-4 显示："总量 82174"出现在收盘时，这就说明当日该股一共成交了 82174 手，即 8217400 股。

（5）现量：表示已经成交的最新一笔买卖的手数。收盘时，由于没有成交，现量为 0，如图 3-4。

（6）委比：表示衡量某一时段某股票买卖盘相对强度的指标，其大小每时每刻都随买入手数与卖出手数变化。委比的取值自－100 到＋100，＋100 表示全部的委托均是买盘，涨停的股票的委比一般是＋100，而跌停是－100。委比为 0，意思是买入（托单）和卖出（压单）的数量相等，即委买：委卖＝5：5。其计算公式为：

$$委比 = \frac{A-B}{A+B} \times 100\% \qquad (式 3.15)$$

其中：A 为该股票当前委托买入五档（买一、买二、买三、买四、买五）手数之和；B 为该股票当前委托卖出五档（卖一、卖二、卖三、卖四、卖五）手数之和。当委比数为正值时，表示委托买入手数大于委托卖出手数，买方力量较强，股价上涨的概率大；当委比值为负值时，表示委托卖出手数大于委托买入手数，卖方的力量较强，股价下跌的概率大。如图 3－4 显示，“委比－21.63％”出现在收盘时，说明该股收盘时卖出手数增加，股价在收盘时出现下跌。

(7) 金额：表示成交金额，对个股来说，成交金额表示到最近 1 笔成交为止该股的累计成交金额，单位为元。如图 3－4 显示：“金额 1.64 亿”出现在收盘时，这就说明当日该股共成交了 1.64 亿元。其计算公式为：

$$成交金额 = \sum 成交价格 \times 成交量 \quad (式 3.16)$$

(8) 均价：表示开盘到现在买卖双方成交的平均价格。其计算公式是：

$$成交均价 = \frac{该股当日成交金额}{该股当日成交量} \quad (式 3.17)$$

收盘时的均价为当日交易均价。如图 3－4 显示：“均价 19.95”出现在收盘时，所以，当日该股交易均价为 19.95 元。

(9) 换手：表示换手率，也称周转率，指在一定时间内股票转手买卖的频率，是反映股票流通性强弱的指标之一。其计算公式为：

$$换手 = \frac{成交股数}{流通股数} \times 100\% \quad (式 3.18)$$

股票的换手率越高，意味着该只股票的交投越活跃，人们购买该只股票的意愿越高，属于热门股；反之，股票的换手率越低，则表明该只股票很少人关注，属于冷门股。

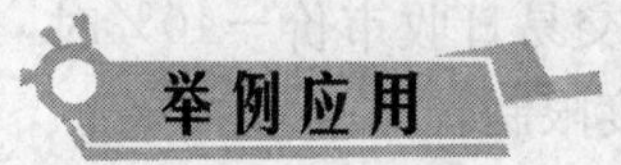

换手率指标的运用

邯郸钢铁（600001）流通股本 3.2 亿股，1998 年 1 月 22 日上市当天成交股数达 10919.24 万股。因此当日换手率为 34％（10919.24/32000），换手率不高，仅有 34％（高的一般达 70％）。因此其股价 1998 年全年一直在 7～8 元徘徊。将换手率与股价走势相结合，可以对未来的股价做出一定的预测和判断。某只股票的换手率突然上升，成交量放大，可能意味着有投资者在大量买进，股价可能会随之上扬。如果某只股票持续上涨了一个时期后，换手率又迅速上升，则可能意味着一些获利者要套现，股价可能会下跌。

(10) 开盘：表示当日的开盘价。开盘价是每个交易日的第一笔成交价。按上海证券交易所规定，如开市后某只股票半小时内无成交，则以该股上一个交易日的收盘价为当日开盘价。

(11) 最高：表示开盘到现在买卖双方成交的最高价格。收盘时“最高”后面显示的价格为当日成交的最高价格。

(12) 最低：表示开盘到现在买卖双方成交的最低价格。收盘时“最低”后面显示的价格为当日成交的最低价格。

(13) 量比：表示衡量相对成交量的指标。它是开市后每分钟平均成交量与过去 5 个交易日每分钟平均成交量之比。其计算公式为：

$$量比 = \frac{现成交总手数}{(5日平均总手 \div 240) \times 当前累计开市分钟} \times 100\% \qquad (式 3.19)$$

量比是投资者分析行情短期趋势的重要依据之一。若量比数值大于1，且越来越大时，表示现在这时刻的成交总手数较多，即成交量在放大；若量比数值小于1，且越来越小时，表示现在这时刻的成交总手数较少，即成交量在萎缩。这里要注意的是，并非量比大于1，且越来越大就一定对买方有利。通常，若股价上涨，价升量增，这当然是好事，投资者可积极看多、做多，但此时如果股价在往下走，价跌量增，这就不一定是好事了。总之，量比要同股价涨跌联系起来分析，这样才会减少失误，提高投资成功率。

(14) 市盈：表示市盈率，又称本益比，是某种股票每股市价与每股盈利的比值。市盈率反映投资者为每股股票愿意付出的成本。市盈率是估计普通股价值的最基本、最重要的指标之一。一般认为该比率保持在20～30倍是正常的，数值小说明股价低、风险小，值得购买；过大则说明股价高、风险大，购买时应谨慎。但高市盈率股票多为热门股，低市盈率股票可能为冷门股。市场广泛谈及的市盈率通常指的是静态市盈率。

(15) 涨停和跌停：为抑制投机行为，证监会对每交易日中每只股票的成交价格，相对于前一交易日收盘价的最大涨跌幅度作了一个限制，即涨跌幅限制。普通股票的涨跌幅度限制是10%，ST股票和S股票的涨跌幅度限制是5%。例如普通股票的涨跌幅度限制是10%，即当日成交价只能在前一交易日收市价±10%内，当成交价为前一交易日收市价+10%时，此成交价即为涨停板，亦即涨停；当成交价为前一交易日收市价－10%时，此成交价即为跌停板，亦即跌停。但新股上市当日股票无涨跌幅度限制。

三、常用证券交易术语

证券交易中，投资者了解证券行情时往往会遇到一些市场上的专业交易术语，以下介绍一些常用的，以供参考：

(1) 手：是证券交易的最基本单位，一般情况下，1手股票等于100股股票，1手债等于面值为1000元的债券。

(2) 价位：有两层含义，一是表示具体价格，二是表示报价的最小升降单位，如目前沪深交易所A股的最小升降单位是0.01元。

(3) 除权除息：上市公司经过一个会计年度的规范化运营后将产生若干未分配利润由公司股东进行分配，这一过程叫分红派息。公司在进行分红派息时必须确定一个股权登记日，股权登记日收市后在册的股东都享有分红派息的权利，股权登记日的下一个交易日称为除权除息日，在除权除息日的开盘之前必须计算除权除息参考价。

(4) 填权：股票除权除息后在K线图上会形成一个除权缺口，若该股票市场价格上涨，将除权缺口封闭掉，即称为填权。在牛市中填权的可能性较大。

(5) 贴权：股票除权除息后在K线图上会形成一个除权缺口，若该股票市场价格下跌，离股权登记日的价格越来越远，这一现象称为贴权。熊市中贴权可能性较大。

(6) 含权股票：凡是股东大会已通过分配方案但尚未实施的股票称为含权股票。

(7) 多头市场：是指在较长的时期（1年以上）内，市场大部分股票的价格呈上升趋势，其中虽有调整，但调整之后又屡创新高。

(8) 空头市场：是指在较长的时期（1 年以上）内，市场股价指数呈下跌趋势，其中虽有反弹，但以下跌为主。

(9) 牛市：即为长期多头市场，因为牛眼始终是向上的。

(10) 熊市：即为长期空头市场。

(11) 零股买卖：我国证券交易规定交易数额为 1 手的整数倍，每 1 手为 100 股，少于 100 股的为零股，可以卖出零股，不能买进零股。我国证券市场零股的产生是由于送配股而产生的。

(12) 龙头股：是指这样一只股票或一群股票，它们的上涨或下跌会带动市场其他股票的上涨或下跌。

(13) 指标股：是指对股票价格指数影响较大的股票，大多为蓝筹股。

(14) 热门股：是指在一定时期内交易活跃的股票，此类股票股性较活跃，短线机会较多。

(15) 冷门股：是指在一定时期内交易冷清的股票，是被市场遗忘的角落。

(16) 板块：在股票市场达到一定规模后，人为地按某种方法把股票进行分类，把性质相同或相近的股票归为一类即是板块。一般情况下，同一板块内一部分的股票涨跌会影响板块内其他股票的涨跌。

(17) 庄家、主力、机构：他们都是实力雄厚、资金庞大的大额投资者，拥有信息、资金和技术的优势。庄家偏重于对某一股票进行炒作，使用各种手段和方法，低价吸货，拉高出货，对倒是庄家常用的手法之一。主力的交易活动对整个市场有举足轻重的作用，机构和主力可以做庄，也可以不做庄。

(18) 大户：泛指投资金额较大的投资者。我国有些城市的证券公司把拥有人民币 100 万元以上资金的投资者称为大户，中小城市的证券公司也有把拥有人民币 50 万元以上资金的客户称为大户的。

(19) 中小散户：泛指资金数量少，买卖数量不大，无组织的投资者，但他们是整个市场的基石。

(20) 多头：指对后市看好或持股待涨的投资者。有的多头只知买进，而不管该股票涨多少，或者是跌多少，始终天天看好此只股票，俗称“死多头”。

(21) 空头：指对后市看淡或卖出持有股票的投资者。

(22) 多头陷阱：多头为了卖出股票，有意拉高，诱骗中小散户跟进，多头出货完毕，股价大跌。

(23) 空头陷阱：空头卖出股票，意在打压股价，使情绪不稳定的投资者卖出股票，之后股价不但不跌，还大幅上涨，空头被迫又补回股票，成为推动股价上升的动力。

(24) 逼空：又叫轧空，空头卖出股票后没有机会以低价买回，被迫以更高的价格买回的现象。

(25) 哄抬：以前经常在报纸上看到“哄抬物价”四个字，在股票市场上，少许机构大户用不正当的方法与手段，将股价往上推，就叫哄抬股价。哄抬的方法很多，如放出不实消息诱人上当等。

(26) 坐轿和抬轿：投资者低价买入股票，等待庄家拉升股价的过程称为坐轿；在拉抬股价的过程中，非庄家投资者高价买入股票以图获利，称为抬轿。

(27) 打压：这是庄家惯用的手法，大量低价卖出股票，故意制造恐慌气氛，目的是希望股价垮下去，以达到他们买进更多更便宜股票的目的。

(28) 洗盘：庄家为了达到其顺利炒作股价的最终目标，在低价吸货或拉升途中，利用各种手法让跟风买进的投资者卖出持有股票。

(29) 骗线：利用技术指标欺骗依据技术指标进行操作的投资者的行为。

(30) 跳空高开或跳空低开：开盘价高于上一交易日收盘价称为跳空高开，反之，开盘价低于上一交易日收盘价则为跳空低开。

(31) 开平盘：今日开盘价与上一交易日收盘价相同叫做开平盘。

(32) 盘坚：股价缓慢上升，称为盘坚。

(33) 盘软：股价缓慢下跌，称为盘软。

(34) 盘整：股价上下波动幅度有限，进行窄幅整理，也称为牛皮走势。

(35) 满堂红：在亚洲上涨多用红色表示，所有股票都上涨，就称为满堂红。

(36) 套牢：买进某一股票后，股票价格跌破买入价，就叫被套牢。

(37) 解套：原先被套牢的股票，经过一段时间后，股价又回升至买进价格的上方，称为解套。

(38) 斩仓：股票被套牢后，投资者以低于买入价的价格卖出，称为斩仓。

(39) 战略投资者：是指在股票发行市场上的法人投资者，其持股时间一般在一年以上，并与发行股票的公司有紧密的业务联系。

(40) 一般法人投资者：是指在股票发行市场上的法人投资者，其持股时间一般在三个月以上，一年以内，可能与发行股票的公司无直接业务联系。

项目检测

一、单项选择题

1. 世界上最早、最享盛誉和最有影响的股价指数是（　　）。

A. 道·琼斯股价指数　　B. 金融时报指数

C. 日经股价指数　　D. 恒生指数

2. 在大盘分时走势图中，白色曲线主要反映（　　）的走势。

A. 大盘股　　B. 小盘股　　C. 科技股　　D. 中小盘股

3. 在大盘分时走势图中，红色柱状增长表示（　　）。

A. 买方力量增强　　B. 买方力量减弱

C. 卖方力量增强　　D. 卖方力量减弱

4. 委比是衡量（　　）的指标。

A. 相对成交量　　B. 股票投资价值

C. 买卖盘相对强度　　　　　　　　D. 股票流动性强弱

5. 换手率是衡量（　　）的指标。

A. 相对成交量　　　　　　　　　　B. 股票投资价值

C. 买卖盘相对强度　　　　　　　　D. 股票流动性强弱

二、多项选择题

1. 深证成分股指数选取成分股的一般原则是（　）。

A. 有一定的上市交易时间

B. 有一定的上市规模，以每家公司一段时期内的平均可流通股市值和平均总市值作为衡量标准

C. 交易活跃，以每家公司一段时期内的总成交金额和换手率作为衡量标准

D. 公司在最近 3 年内无重大违法行为，财务会计报告无虚假记载

2. 我国沪、深证券交易所上市的主要证券种类有（　）。

A. A 股　　　B. B 股　　　C. 凭证式国债　　　D. 开放式基金

3. 上市证券名称包括（　　）内容。

A. 证券全称　　B. 证券简称　　C. 证券交易代码　　D. 证券类别

三、判断题

1. 证券交易所的每一只上市证券都有对应的唯一七位代码，证券与代码一一对应。（　　）

2. ST 股票是指存在终止上市风险的股票。（　　）

3. 个股分时走势图右边的信息栏中“卖一至卖五”是按照“价格优先，时间优先”的原则排序的，谁卖出的报价高谁就排在前面。（　　）

4. 股票的换手率越高，意味着该只股票的交投越活跃，人们购买该只股票的意愿越高。（　　）

5. 量比是开市后每分钟平均成交量与过去 10 个交易日每分钟平均成交量之比。（　　）

实训任务

证券交易品种和代码信息收集与熟记

★ 实训目的与要求

• 能够收集我国上市证券的种类、数量信息

• 能够识别和查询各类证券的代码

• 熟记若干证券的简称和代码

★ 实训步骤

• 我国上市证券种类信息收集

☆　进入上海证券交易所网站（http：//www. sse. com. cn/）

☆　收集上海证券交易所的上市证券品种

☆ 进入深圳证券交易所网站（http：//www. szse. cn/）

☆ 收集深圳证券交易所的上市证券品种

• 我国上市证券数量信息收集

☆ 进入某财经网站（如 http：//www. hexun. com/；http：//www. jrj. com. cn/）

☆ 收集上海（深圳）证券交易所的上市 A 股股票数量信息

☆ 收集上海（深圳）证券交易所的上市国债数量信息

☆ 收集上海（深圳）证券交易所的上市封闭式基金数量信息

• 证券代码识别、查询和熟记

☆ 进入上海和深圳证券交易所网站

☆ 查询各类证券代码

☆ 识别给定证券的上市地点、代码和品种

☆ 任选十只股票，熟记它们的代码

项目四　宏观经济运行分析

任务一　宏观经济指标分析

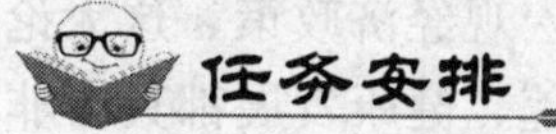

※　了解宏观经济分析的意义及方法；

※　掌握国内生产总值与证券市场的关系；

※　掌握通货膨胀与证券市场的关系；

※　掌握利率、汇率与证券市场的关系。

学习情境一　宏观经济分析概述

李先生发现周围的很多朋友、同事都通过炒股来实现资产保值增值。可是，李先生对股票投资还是摸不着门道。这时，他想到了那个被称为选股高手的朋友——老王。老王了解了李先生的想法后，首先告诉他，选股一定要掌握当期宏观经济形势。那么，宏观经济运行与证券市场有着怎样的关系呢？

知识准备

宏观经济分析主要探讨各经济指标和经济政策对证券价格的影响，是对宏观经济形势做出总体分析，这是证券投资活动赖以存在的大气候和总的背景条件。

一、宏观经济分析的意义

（一）把握证券市场的总体变动趋势

在证券投资领域中，宏观经济分析非常重要。这是因为只有把握住经济发展的大方向，才能做出正确的长期决策；只有密切关注宏观经济因素的变化，尤其是货币政策和财政政策因素的变化，才能抓住证券投资的市场时机。

（二）判断整个市场的投资价值

证券市场的投资价值与国民经济整体素质和结构变动息息相关。这里所说的证券市场的投资价值是指整个市场的平均投资价值，因为不同部门、不同行业与成千上万的不同企业相互影响、互相制约，共同作用于国民经济发展的速度和质量。所以从一定意义上说，整个证券市场的投资价值就是整个国民经济增长质量与速度的反映，宏观经济是个体经济的总和，企业的投资价值必然在宏观经济的总体中综合反映出来。所以，宏观经济分析是判断整个证券市场投资价值的关键。

（三）掌握宏观经济政策对证券市场的影响力度与方向

证券投资与国家宏观经济政策息息相关。在市场经济条件下，国家通过财政政策和货币政策来调节经济，或挤出泡沫，或促进经济增长，这些政策直接作用于企业，从而影响经济增长速度和企业效益。因此，进行证券投资时，必须认真分析宏观经济政策，这无论是对投资者、投资对象，还是对证券业本身乃至整个国民经济的快速、健康发展都具有非常重要的意义。

宏观经济——选择的力量

股市的大趋势主要取决于宏观经济的景气程度。在影响股市变动的诸多市场因素中，宏观经济周期的变动可算是最重要的因素之一，它对企业的经营以及投资者的信心具有极大的影响。不可否认，处于宏观经济不景气大背景下的股市中可能会有一些好的个股，如果你身怀“慧眼识英雄”的真功夫，在这样低迷的市场中不能说没有机会。但显而易见的是，如果你选择投资于一个处于繁荣增长的经济环境中的股票市场，在这个市场中选择到好股票的机会无疑要大得多，因此成功的机会也会大大增加。

如果你在1989年年末或1990年年初选择了美国股市、中国沪深股市或中国香港股市这样处于经济增长期的市场进行长线投资，按市场平均水平计算，你的财富应有5～10倍的增长。而若在同期，你选择了中国台湾或日本这样的宏观经济开始走下坡路的股市，那么按照市场平均水平，长线持股将会使你的财富大幅缩减50%～70%。

二、宏观经济分析的主要方法

（一）总量分析法

总量分析法是指对影响宏观经济运行总体指标的因素及其变动规律进行分析，如对国内生产总值、消费额、投资额、银行贷款总额及物价水平的变动规律进行分析，进而说明整个经济的状态和全貌。

（二）结构分析法

结构分析法是指对经济系统中各组成部分及其对比关系变动规律进行分析，如国内生产总值中三种产业的结构分析、消费和投资的结构分析、经济增长中各因素作用的结构分析等。

（三）指标分析法

经济指标是反映经济活动结果的一系列数据和比例的关系，通过这些指标进行计算、分析和对比就可以了解宏观经济的运行概况，并以此推断未来经济的发展趋势。我们把经济指标分为以下三类：先行指标、同步指标、滞后指标。

1. 先行指标

这类指标对将来的经济状况提供预示性的信息，可以用来判断经济在未来有限时间里的变动方向。当经济开始复苏的时候，这些领先指标会在经济活动之前呈现上升趋势，而在经济衰退之前显示出下降的趋势。先行指标主要包括货币供应量、股价指数、机器设备的订单数量和房屋建造许可证批准数量。

2. 同步指标

这类指标反映的是宏观经济目前的状况，同步指标的上升说明现阶段经济的走强，反之亦然。同步指标主要包括国内生产总值 GDP 和失业率。

3. 滞后指标

这类指标一般比实际经济活动反应慢，例如当经济已经开始衰退，滞后指标才表现出下降的趋势。滞后指标主要包括消费物价指数 CPI、生产成本、银行短期商业贷款利率和银行未收回贷款额等。

另外，同步指标和滞后指标的比率也可以作为一种领先指标预测未来经济的走向。

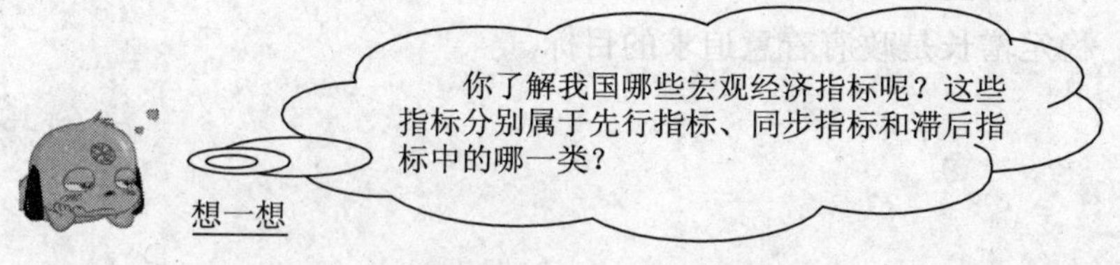

学习情境二 GDP 变动与证券市场的关系

情境设置

李先生看了有关国外证券市场的研究后发现：一国股票市场与其宏观经济的运行方向有 2/3 的时间段是一致的，另有大约 1/3 的时间段是方向相反的。那么，反映经济增长的关键指标 GDP 变动与证券市场的关系到底是怎样的呢？我国的 GDP 指标变动对证券市场价格走势又有什么必然的联系呢？

知识准备

GDP 是一国经济成就的根本反映，持续上升的 GDP 表明国民经济良性发展，制约经济的各种矛盾趋于或达到协调，人们有理由对未来经济产生好的预期；相反，如果GDP处于不稳定的非均衡增长状态，暂时的高产出水平并不表明经济运行状态良好，不均衡的发展可能激发各种矛盾，从而孕育很严重的经济衰退。证券市场作为经济的“晴雨表”，如何对GDP的变动作出反应呢？我们必须将GDP与经济形势结合起来进行考察。

一、国内生产总值（GDP）的含义

国内生产总值（GDP）是指一定时期内（一般按年统计）在一国国内新创造的产品和劳务的价值总额。

统计时，要将出口计算在内，但不计算进口。区分国内生产和国外生产一般以“常住居民”为标准，只有常住居民在一年内生产的产品和提供劳务所得到的收入才计算在本国的国内生产总值之内。常住居民是指居住在本国的公民、暂居外国的本国公民和长期居住在本国但未加入本国国籍的居民。因此，一国的国内生产总值是指在一国的领土范围内，本国居民和外国居民在一定时期内所生产的、以市场价格表示的产品和劳务的总值。也就是在一国的国民生产总值（GNP）中减去“国外要素收入净额”后的社会最终产值（或增加值）以及劳务价值的总和。计算公式如下：

GDP＝GNP－本国居民在国外的收入＋外国居民在本国的收入

＝GNP－国外要素收入净额

在宏观经济指标分析中，国内生产总值指标占有非常重要的地位，具有十分广泛的用途。国内生产总值的持续、稳定增长是政府着意追求的目标。

我国的GDP是如何确定的

国家统计局每年公布GDP数据计算需要经过以下几个过程：初步估计过程、初步核实过程和最终核实过程。初步估计过程一般在每年年终和次年年初进行。它得到的年度GDP数据只是一个初步数，这个数据有待于获得较充分的资料后进行核实。初步核实过程一般在次年的第二季度进行。初步核实所获得的GDP数据更准确些，但因仍缺少GDP核算所需要的许多重要资料，因此相应的数据尚需要进一步核实。最终核实过程一般在次年的第四季度进行。这时，GDP核算所需要的和所能搜集到的各种统计资料、会计决算资料和行政管理资料基本齐备。与前一个步骤相比，它运用了更全面、更细致的资料，所以这个GDP数据显得就更准确些。

此外，GDP数据还需要经过一个历史数据调整过程，即当发现或产生新的资料来源、新的分类法、更准确的核算方法或更合理的核算原则时，要进行历史数据调整，以使每年的GDP具有可比性，这是国际惯例。如美国在1929—1999年就进行过11次历史数据调整。

二、GDP 变动与证券市场的关系

一个国家或地区的社会经济是否能持续稳定地保持一定的发展速度，是影响证券市场股票价格能否稳定上升的重要因素。分析一国的经济增长主要看国内生产总值（GDP）的增长情况，它是反映经济增长的综合性指标。当国内生产总值指标保持一定发展速度时，表示经济运行态势良好，此时，企业的经营状况一般也较好，证券市场上的股票价格将上升；反之，股票价格会下降。也就是说，从长期看，在上市公司的行业结构与该国产业结构基本一致的情况下，股票平均价格的变动与 GDP 的变化趋势是相吻合的，如图 4-1 所示。

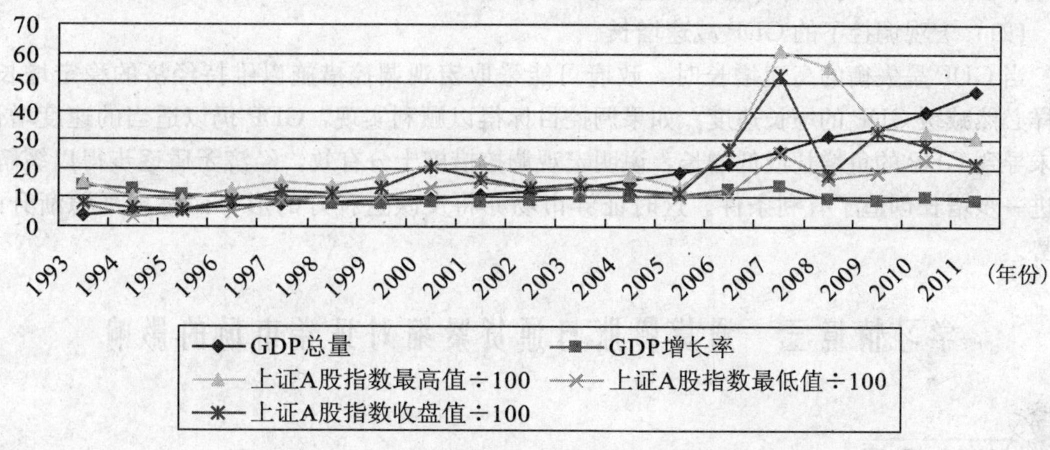

图 4-1　我国 GDP 总量及其增长率与上证 A 股指数对比图

从图 4-1 可以看出，我国的 GDP 增长率与上证 A 股有时是同步变动，有时是相反变动。所以，不能简单地认为 GDP 增长，证券市场就必将伴之以上升的走势，证券市场的变化主要与预期 GDP 的变化相适应，两者之间的关系具体表现如下。

（一）持续、稳定、高速的 GDP 增长

在这种情况下，社会总需求与总供给协调增长，经济结构逐步合理并趋于平衡，经济增长来源于需求刺激并使闲置的或利用率不高的资源得到更充分的利用，从而表明经济发展的良好势头，这时证券市场将基于以下原因而呈现上升走势。

一是伴随总体经济成长，上市公司利润持续上升，股息和红利不断增长，企业经营环境不断改善，产销两旺，投资风险也越来越小，从而使公司的股票和债券得到全面升值，价格上扬。

二是人们对经济形势形成了良好的预期，投资积极性得以提高，从而增加了对证券的需求，促使证券价格上涨。

三是随着 GDP 的持续增长，国民收入和个人收入都不断得以提高，收入增加也将增加证券投资的需求，从而使证券价格上涨。

(二) 高通胀下的 GDP 增长

当经济处于严重失衡下的高速增长时，总需求大大超过总供给，这将表现为高的通货膨胀率，这是经济形势恶化的征兆，如不采取调控措施，必将导致未来的“滞胀”（即通货膨胀与增长停滞并存）。这时经济中的矛盾会突出地表现出来，企业经营将面临困境，居民实际收入也将降低，因而失衡的经济增长必将导致证券市场下跌。

(三) 转折性的 GDP 增长

如果 GDP 一定时期以来呈负增长，当负增长速度逐渐减缓并呈现向正增长转变的趋势时，表明恶化的经济环境逐步得到改善，证券市场走势也将由下跌转为上升。当 GDP 由低速增长转向高速增长时，表明低速增长中，经济结构得到调整，新一轮经济高速增长已经来临，证券市场亦将伴之以快速上涨之势。

(四) 宏观调控下的 GDP 减速增长

当 GDP 呈失衡的高速增长时，政府可能采取宏观调控措施以维持经济的稳定增长，这样必然减缓 GDP 的增长速度。如果调控目标得以顺利实现，GDP 仍以适当的速度增长而未导致 GDP 的负增长或低增长，说明宏观调控措施十分有效，经济矛盾逐步得以缓解，为进一步增长创造了有利条件。这时证券市场亦将反映这种好的形势而呈现平稳渐升的态势。

学习情境三　通货膨胀与通货紧缩对证券市场的影响

李先生在查阅我国近几年经济数据时发现，从 2009 年年底开始，我国通货膨胀率由负转正，拉开了新一轮通货膨胀的序幕，在 2010 年和 2011 年，抑制通货膨胀成为首要的宏观经济目标。同时，沪深股市也震荡下行，股票市值大幅缩水。那么，通货膨胀必然引起股市下跌吗？

知识准备

一般来说，通货膨胀与通货紧缩都会对经济的长期发展产生负面的影响。尽管在短期内通货膨胀有利于经济增长，但是从长期来看，通货膨胀对经济增长有百弊而无一利。相反，通货紧缩在短期中有利于人们生活的改善，但是因为生产受到了挫伤，失业率不断上升，长期的物价水平仍然会上升，所有有利影响都将走向它们的反面。所以，分析通货膨胀与通货紧缩对证券市场的影响一定要具体情况具体分析，比较不同时期通货膨胀和通货紧缩的原因、程度、经济背景以及政府可能采取的干预措施等，实事求是地得出一个切合实际的结论。

一、通货膨胀和通货紧缩

所谓通货，是指一国的法定货币。在没有价格管制、价格基本由市场调节的情况下，通货变动与物价总水平是同义语，所以，一般用消费物价指数（CPI）来估算通货变动。通货变动一般包括通货膨胀和通货紧缩两类。

（一）通货膨胀

通货膨胀是指一般物价水平的持续普遍上涨，一般物价水平就是指各类商品和劳务的价格加总在一起的加权平均数，包括所有商品和劳务的价格在内。因此，局部的或个别的商品或劳务价格上涨及季节性、偶然性和暂时性的价格上涨都不能称为通货膨胀。

按照通货膨胀形成原因划分，可以将通货膨胀分为需求拉动型、成本推动型和结构变动型三种。需求拉动型通货膨胀，又称超额需求通货膨胀，是指总需求超过总供给所引起的一般价格水平的持续显著的上涨；成本推动型通货膨胀，又称供给通货膨胀，是指在没有超额需求的情况下，由于供给方面成本的提高所引起的一般价格水平持续显著的上涨；结构变动型通货膨胀是指在没有需求拉动和成本推动的情况下，只是由于经济结构因素的变动而出现的一般价格水平的持续上涨。

按照通货膨胀的程度划分，存在三种通货膨胀类型：一种是温和的通货膨胀，指每年物价上升的比例在10%以内；一种是奔腾的通货膨胀，是指通货膨胀率在10%以上和100%以内；还有一种是超级通货膨胀，是指通货膨胀率在100%以上。

（二）通货紧缩

通货紧缩一般是指商品和劳务的货币价格总水平持续下降的经济现象。

有些学者还把货币供应量的持续下降和经济增长的持续下降或经济衰退与物价水平的持续下跌并列在一起，用两个或三个因素来定义通货紧缩。如加拿大一家投资公司的首席经济学家G. 莱斯根的观点很有代表性，他认为，通货紧缩不只是价格下降，还包括货币数量减少和货币流通速度下降，以及经济萧条。不过，在西方国家大多数普及版的经济学教科书和一些权威的经济学大辞典中，都把通货紧缩定义为物价水平的持续下降，是与通货膨胀相对应的一个概念，而将货币供应量的下降和经济萧条作为通货紧缩的原因及后果。

二、通货膨胀对证券市场的影响

1. 不同类型通货膨胀对证券市场的影响

通货膨胀因其原因不同，会对股价产生不同的影响。需求拉动型通货膨胀会使以生产投资品为主的上市公司，如钢铁、石化、建材、机械等公司的账面盈利因产品价格上涨而增多，消费类如家电、轻工、商业等上市公司也将大受其惠。成本推动型通货膨胀往往会使企业生产的产品因成本的增加而涨价，使消费者购买欲望下降，从而造成销售减少，公司成本增加，利润减少，股价出现下跌。

如果通货膨胀是温和的，而且是在经济的可容忍范围之内，经济通常会持续增长，证券市场上的股价也将持续上升；但通货膨胀提高了债券的必要收益率水平，从而引起债券

价格下跌。当发生恶性通货膨胀时，货币加速贬值，人们将会囤积商品、购买房地产以期对资金保值，这可能从两个方面影响证券价格：其一，资金流出金融市场，引起股价和债券价格下跌；其二，经济扭曲和失去效率，企业一方面筹措不到必需的生产资金，同时，原材料、劳务价格等飞涨，使企业经营严重受挫，盈利水平下降，进而导致证券市场上的股价下跌。

2. 不同时期通货膨胀对证券市场的影响

通货膨胀的发展阶段有早期、中期、晚期之分。在通货膨胀早期，表现为温和的、慢速的、需求拉动的状态，人们有货币幻觉，企业家因涨价而盈利，因盈利增加而追加投资，就业随之增长，收入随之增长，消费者投资于证券的资金增加。通货膨胀中期表现为结构性为主、需求拉动和成本推进的混合状态，一些部门的产品价格经过结构性投资变动价格上涨快，影响到证券品种之间价格发生结构性调整。在通货膨胀晚期，也就是在严重的通货膨胀下，货币大幅贬值，政府收紧银根，利率提高，投资收益下降，经济衰退，资金离场，证券价格下跌。因此，长期通胀必然造成经济衰退，证券价格下跌。

讨论通货膨胀对证券市场的影响有时会得出互为矛盾的结论，这就需要分析通胀发生不同阶段的影响。因为通胀并不会导致所有商品价格与工资同步变动，这就是相对价格的变化。这种变化导致社会财富和收入的再分配，以及产量和就业的扭曲，一部分公司获利而另一些公司受损，上市公司的证券价格也会相应发生变动。通胀使得各种商品价格具有更多不确定性，使企业未来经营具有更大的风险性，从而影响投资者的心理和预期，增加了投资的风险，并可能导致证券价格暴涨或暴跌；通胀对公司的微观影响可以从“税收效应”、“负债效应”、“存货效应”、“波纹效应”等短期效应中具体分析，但是长期的通胀增长，必然恶化经济环境、社会环境，导致证券市场价格下跌，从而抵消通胀在短期中对证券市场的积极效应。例如，石油危机导致世界性的通货膨胀，工业原料、产品的价格普遍提高，最初拥有这些物资的厂商由于库存原料低价进、高价出，而意外增加了利润，短期公司业绩上涨带动公司股价上扬；但是，通胀的长期存在致使公司有限的库存消耗殆尽，最后导致股价回到起点，甚至进一步滑坡。

显然，在适度通胀的刺激下，人们为了避免损失，将资金投入证券市场，同时通胀初期物价上涨，也刺激了企业利润增加，证券价格相应看涨；但是持续通胀的存在，提高了企业成本，遏制了商品需求，企业收支状况恶化，证券价格下跌。此时政府再采用严厉的紧缩政策，必然使企业雪上加霜、证券价格难免在恐慌中狂跌。

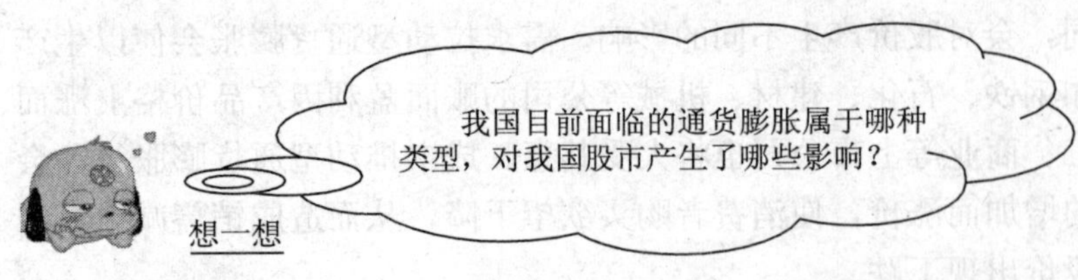

三、不同程度通货紧缩对证券市场的影响

通货紧缩主要是指物价水平普遍持续下降的经济现象。尽管从表面上看，物价水平的下降可以提高货币的购买力，增强公众的消费能力，但是，物价的普遍持续下降又会引起商品销售额减少和企业收入下降，这时，企业只能缩小生产规模，这样就会使就业相应减少。所以在通货紧缩的初期，虽然货币购买力的增强、公众消费和投资的增加，会带动证券市场的价格的上涨，但是随着通货紧缩的加剧，社会就业机会减少，公众对未来的收入预期趋于悲观，他们将相应减少支出，企业商品积压明显增加，就业形势进一步恶化。此时房地产和商业的经营状况率先不佳，导致这些行业股票价格下跌，这个领域的投资者遭受损失。随着通货紧缩的加剧，需求不足可能遍及所有的生产领域，企业经营状况恶化，证券市场进入长期低迷，大部分投资者都可能损失惨重。造成通货紧缩的原因很多，可能是国外金融危机导致对出口商品需求的减少，也可能是国内居民消费和投资的不振，更可能是两者的共同作用。通货紧缩的直接原因是货币供给增长速度的下降，因为总需求的不足导致商业银行的“惜贷”，中央银行宽松的货币政策也难以作用到位。

学习情境四　利率、汇率变动对证券市场的影响

李先生最近一直在阅读国外证券市场投资的代表著作，一天他看到了美国股票操作大师保罗·麦肯有句名言：“股市，看着利率的脸色行事。”他认为这句话形象而深刻地描述了利率变动与股市涨跌的关系。但是，利率是如何影响股票价格的呢？汇率的变动又会对股市产生怎样的影响呢？

知识准备

在所有影响证券价格的宏观经济因素中，利率是最为敏感的因素。一般来说，利率哪怕是极微小的变化，都会引起证券的价格变动。由于利率的总体走势对证券市场的影响非常大，了解利率走势和证券市场价格波动的关系对投资者选择证券的买卖时机有重要的参考价值。具体说来，研判利率走势的顶和底，对寻找证券行情走势的底或顶具有极为重要的参考价值，这实际上也是一种从宏观角度捕捉证券市场投资机会的方法。

一、利率变动对证券市场的影响

一般来说，利率下降时，股票的价格就上涨；利率上升时，股票的价格就会下跌。因此，利率的高低以及利率同股票市场的关系，是股票投资者据以买进和卖出股票的重要依据。

(一) 利率变动对证券市场产生影响的三种途径

(1) 利率上升，一部分资金可能从股票市场转而投向银行储蓄和债券，从而会减少市场上的资金供应量，减少股票需求，股票价格下降；反之，利率下降，股票市场资金供应增加，股票价格将上升。

(2) 利率对上市公司经营的影响，进而影响公司未来的估值水平。贷款利率提高会加重企业利息负担，从而减少企业的盈利，进而减少企业股票的分红派息，受利率提高和股票分红派息降低的双重影响，股票价格必然会下降。相反，贷款利率下调将减轻企业利息负担，降低企业生产经营成本，提高企业盈利能力，使企业可以增加股票的分红派息。受利率降低和股票分红派息增加的双重影响，股票价格将大幅上升。

(3) 利率变动对股票内在价值的影响。股票资产的内在价值是由资产在未来时期中所接受的现金流决定的，股票的内在价值与一定风险下的贴现率呈反比关系。如果将银行间拆借、银行间债券与证券交易所的债券回购利率作为参考的贴现率，则贴现率的上扬必然导致股票内在价值的降低，从而也会使股票价格相应下降。股指的变化与市场的贴现率呈现反向变化，贴现率上升，股票的内在价值下降，股指将下降；反之，贴现率下降，股价指数上升。

(二) 预测利率走势时，应注意的几个因素

既然利率与股价运动呈反向变化是一般情形，那么投资者就应该密切关注利率的升降，并对利率的走向进行必要的预测，以便在利率变动之前，抢先一步就对股票买卖进行决策。对利率的升降走向进行预测，在我国应侧重注意以下几个因素的变化情况：

1. 贷款利率的变化情况

由于贷款的资金是由银行存款来供应的，因此，根据贷款利率的下调可以推测出存款利率必将出现下降。

2. 市场的景气动向

如果市场过旺，物价上涨，国家就有可能采取措施来提高利率水准，以吸引居民存款的方式来减轻市场压力。相反地，如果市场疲软，国家就有可能以降低利率水准的方法来推动市场。

3. 国际金融市场的利率水准

国际金融市场的利率水准往往也能影响到国内利率水准的升降和股市行情的涨跌。在一个开放的市场体系中是没有国界的，如果海外利率水准低，一方面，对国内的利率水准产生影响；另一方面，也会引致海外资金进入国内股市，拉动股票价格上扬。反之，如果海外的利率水准上升，则会发生与上述相反的情形。

我国利率与股市的关系

根据 2007—2011 年国家 16 次对存贷款利率调整及调整后首个交易日沪指表现所做的

对比图 4-2，我们可以看出一些端倪。就短期而言，我国的利率变动对股价的走势很难判断相关性；就中长期而言，利率的升降与股市的涨跌也并不是简单的负相关的关系。也就是说，中国股市的走势不仅受利率的因素影响，而且对经济增长因素，非市场宏观政策等也很敏感。如果其他因素的影响大于利率对股市的影响，股市的走势就会与利率的走势相背离。

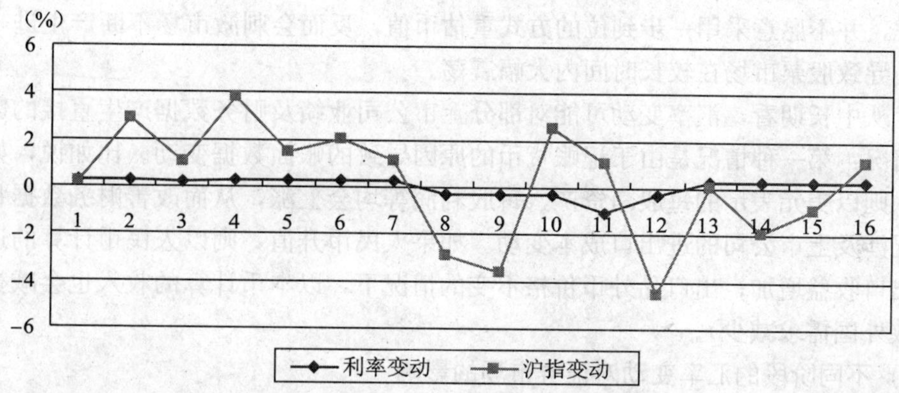

图 4-2　利率变动与沪指变动对比图

利率与股价运动呈反向变化是一般情况，我们不能将此绝对化。在股市发展的历史上，有一些相对特殊的情形。当形势看好时，股票行情暴涨的时候，利率的调整对股价的控制作用就不会很大。同样，当股市处于暴跌的时候，即使出现利率下降的调整政策，也可能会使股价回升乏力。美国在 1978 年就曾出现过利率和股票价格同时上升的情形。当时出现这种异常现象主要有两个原因：一是许多金融机构对美国政府当时维持美元在世界上的地位和控制通货膨胀的能力没有信心；二是当时股票价格已经下降到极低点，远远偏离了股票的实际价格，从而大量的外国资金流向了美国股市，引起了股票价格上涨。在香港，1981 年也曾出现过同样的情形。从图 4-2 可以看出，我国利率与股市之间的关系时而是正相关，时而是负相关，没有稳定的对应关系。所以，预测利率变动对股市的影响应十分谨慎。

二、汇率变动对证券市场的影响

在当代国际贸易迅速发展的潮流中，汇率对一个国家的经济的影响越来越大。任何一国的经济在不同程度上都受到汇率变动的影响。随着中国对外开放的不断深入，以及世界贸易开放程度的不断提高，中国经济受汇率的影响也越来越显著。

汇率是外汇市场上一国货币与他国货币相互交换的比率，也可以将其看做是以一国货币表示的另一国货币的价格。一般来说，国际金融市场上的外汇汇率是由一国货币所代表的实际社会购买力平价和自由市场对外汇的供求关系决定的。

汇率变动对证券市场的影响是多方面的。具体表现为以下几种情况：

(一) 不同期限的汇率变动对证券市场的影响

汇率变动对股市的影响可以分为短期影响和中长期影响。

(1) 从短期看，主要是汇率变动预期导致投机性热钱流动，影响股票市场资金供给，从而对包括股票在内的资产价格产生同向作用。如果不存在政府干预，市场汇率调整通常会在较短时间内达到相对稳定的水平，此时有关汇率变动的想象空间消失，股票市场也随即趋向稳定。在实行外汇管制且汇率错误定价程度较大的国家，政府可能出于稳定宏观经济的考虑，并不愿意采用一步到位的方式重估币值，反而会刺激市场不断产生进一步的重估预期，导致股票市场在较长时间内大幅震荡。

(2) 从中长期看，汇率变动可能对部分上市公司业绩及财务数据产生直接的影响。这分两种情况：第一种情况是由于记账货币的原因导致的账面数据变动。比如说，如果人民币升值，则以美元表示的每股净资产、每股利润等均会上涨，从而改善财务数据状况。第二种情况涉及上市公司的进出口成本变动。如果人民币升值，则以人民币计算的进口成本下降，出口收益增加；出口品外币价格不变的情况下，以本币计算的收入也会减少（或者直接导致外国需求减少）。

(二) 不同阶段的汇率变动对证券市场的影响

在汇率变动的不同阶段，对股价变动的影响程度也是有差别的。

在本币升值幅度较小或升值趋势不明显的阶段，汇率可能并不成为影响股价的主要因素。但是，在本币长期且大幅度升值期间，人们容易形成强烈的本币升值预期，该预期可能会传导到其他金融资产价格，受此影响，股价可能会对汇率的变动做出强烈的反应。由于人们对汇率变动的预期不同，从而使股价和汇率变动在汇率变动的不同阶段呈现出不同的关系。

当本币大幅度升值时，投资或投机资本会大量购买以本币计价的金融资产，其中资本的一个主要流向就是股市。包括国外投资或投机资本在内的巨额资本流入股市，一方面会推高本国股票价格，另一方面会促使本币进一步升值。而本币升值以及本国资产价格的上涨，使资本流入的获利更高，从而使资本加速流入。上述过程形成自我强化的循环，结果是本币升值过程伴随着股票价格的上涨过程。

一个比较开放的资本市场，在本币较长期升值的刺激下，国外资本会大量、持续流入，从而成为推动股价上涨的重要力量。由于本币升值降低了进口设备或其他流入企业的资产的资金成本，而且使以本币计价的资产价值得到提升，同时降低了以外币计价的负债，因此，这些行业的估值水平得到一定程度的提升，股价升值幅度明显超过其他行业。从我国人民币升值以来股价提升幅度较大的行业看，也大体如此。

在现阶段，我国资本市场的开放程度还不高。尽管 QFII 的额度日益放大，但与迅速扩容的股市相比，还不成比例。因此，在人民币升值情况下，国外资本流入对股价的拉动作用还不是特别明显。不过，随着资本市场对外开放进程的加快，这种拉动作用会逐步增强。所以，在宏观经济稳定增长和资本市场制度建设日趋完善的情况下，中国的股市会受人民币升值的长期影响。

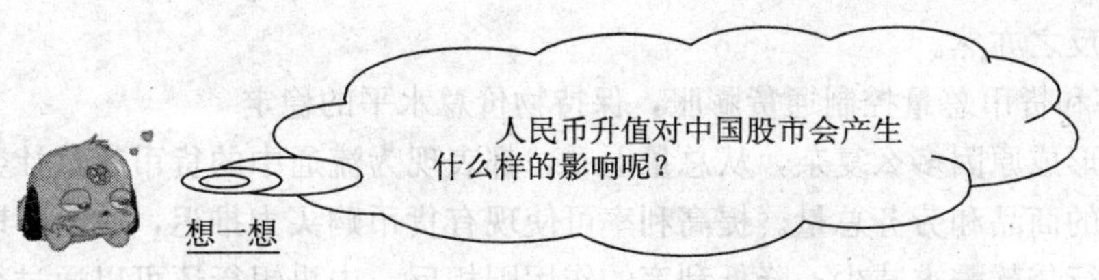

任务二 宏观经济政策分析

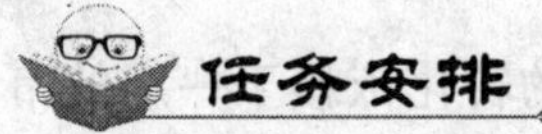

※ 掌握货币政策对证券市场的影响；

※ 掌握财政政策对证券市场的影响。

学习情境一 货币政策对证券市场的影响

李先生非常佩服前美联储主席格林斯潘通过巧妙运用货币政策使美国经济在20世纪90年代获得了飞速发展，同时，使美国股市达到了历史最高点。那么，货币政策是如何影响证券市场的变化呢？

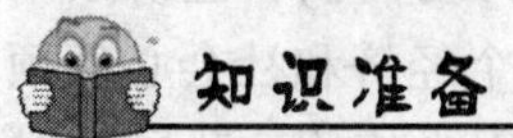

一、货币政策及政策工具

(一) 货币政策的作用

货币政策是指政府为实现一定的宏观经济目标而制定的关于货币供应和货币流通组织管理的基本方针和准则。货币政策对经济的调控是总体上和全方位的。货币政策的调控作用表现在以下几点：

1. 通过调控货币供应量保持社会总供给与总需求的平衡

在现代经济社会中，社会总需求总是表现为货币的总需求，没有货币供给总量的增加，社会总需求的增长不可能实现。货币政策可通过调控货币供应量达到对社会总需求和总供给两方面的调节，使经济达到均衡。当总需求膨胀导致供求失衡时，可通过控制货币量达到对总需求的抑制；当总需求不足时，可通过增加货币供应量，提高社会总需求，使经济持续发展。同时，货币供给的增加有利于贷款利率的降低，可减少投资成本，刺激投

资增长和生产扩大。反之亦然。

2. 通过调控利率和货币总量控制通货膨胀，保持物价总水平的稳定

无论通货膨胀的形成原因多么复杂，从总量上看，都表现为流通中的货币超过社会在不变价格下所能提供的商品和劳务总量。提高利率可使现有货币购买力推迟，减少即期社会需求，同时也使银行贷款需求减少；降低利率的作用则相反。中央银行还可以通过金融市场直接调控货币供应量。

3. 调节国民收入中消费与储蓄的比重

货币政策通过对利率的调节能够影响人们的消费倾向和储蓄倾向。低利率鼓励消费，高利率有利于储蓄。

4. 引导储蓄向投资的转化并实现资源的合理配置

储蓄是投资的来源，但储蓄不能自动转化为投资，储蓄向投资的转化依赖于一定的市场条件。货币政策可以通过利率的变化影响投资成本和投资的边际报酬率，提高储蓄转化的比重，并通过金融市场有效运作实现资源的合理配置。

（二）货币政策工具

货币政策是通过操作货币政策工具来实施的。货币政策工具又称为货币政策手段，是指央行为调控中介指标而实现货币政策目标所采用的政策手段。

1. 一般性货币政策工具

中国人民银行的货币政策工具中的一般性政策工具包括：法定存款准备金率、公开市场业务、再贴现率等。其中对股票市场及股票价格影响最为强烈的就是法定存款准备金率。

（1）法定存款准备金率，是指中央银行规定的金融机构为保证客户提取存款和资金清算需要而准备的在中央银行的存款占其存款总额的比例。法定存款准备金率变动是指经济萧条，降低准备金率，提高货币供应量，使利率降低，可能刺激经济形势好转；经济繁荣则相反。该政策工具效果过于猛烈，它的调整会在很大程度上影响整个经济和社会心理预期。法定存款准备金率对经济调整来说是“一剂猛药”，发达国家已很少使用，我国金融体制形成有其特殊的历史过程，商业银行存有大量的超额准备金，调整法定存款准备金率对经济的影响相对小得多，因此 2006 年以来该工具也被央行多次使用，且未来仍有调整空间。

（2）再贴现率，是指中央银行对商业银行用持有的未到期票据向中央银行融资所作的政策规定，再贴现率一般着眼于短期政策效应。中央银行通过调整再贴现率，影响商业银行借入资金成本，进而影响商业银行对社会的信用量，从而调整货币供给总量。

（3）公开市场业务，是指中央银行在金融市场上公开买卖有价证券（一般是政府债券），以此来调节市场货币供应量的政策行为。

我国存款准备金率与股市的关系

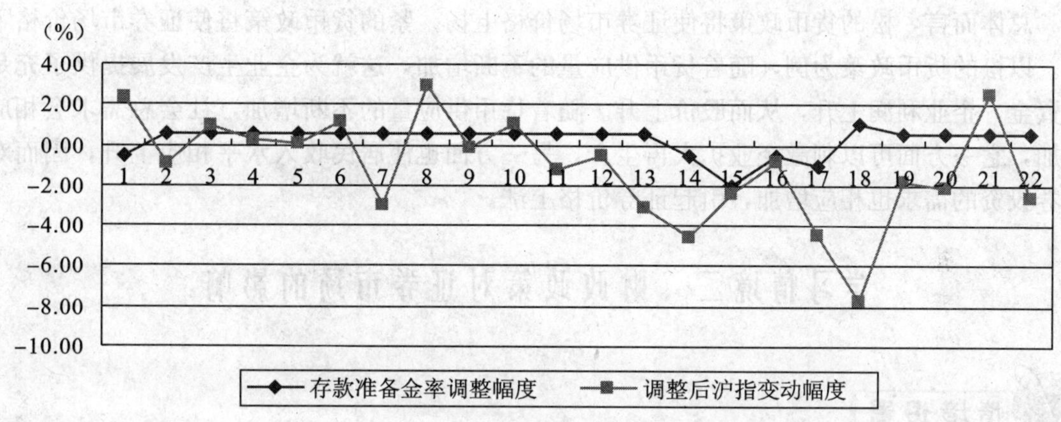

图 4-3　存款准备金率调整与沪指变动对比图

根据2008—2011年国家22次对存款准备金率调整及调整后首个交易日沪指表现所做的对比图4-3，我们可以看到，存款准备金率与股市有11次同方向变动，11次反方向变动，两者之间的相关性很难判断。但这不等于说关注存款准备金率没用，因为存款准备金率的变动通常是我国政府近期将采用货币政策类型的前兆。如果上调存款准备金率，那么近期采用紧缩的货币政策的概率很高，相反，如果下调存款准备金率，那么近期采用宽松的货币政策的概率很高，这对股市未来走势意义深远。

2. 选择性货币政策工具

随着中央银行宏观调控作用的加强，货币政策工具也趋向多元化，出现了一些选择性的政策工具。选择性货币政策工具包括直接信用控制、间接信用指导。

（1）直接信用控制，是指中央银行以行政命令或其他方式，直接对金融机构尤其是商业银行的信用活动进行控制，具体手段包括：规定利率限额与信用配额、信用条件限制、规定金融机构流动性比率和直接干预等。

（2）间接信用指导，是指中央银行通过道义劝告、窗口指导等办法间接影响商业银行等金融机构行为的做法，主要反映中央银行的意愿和调控方向。

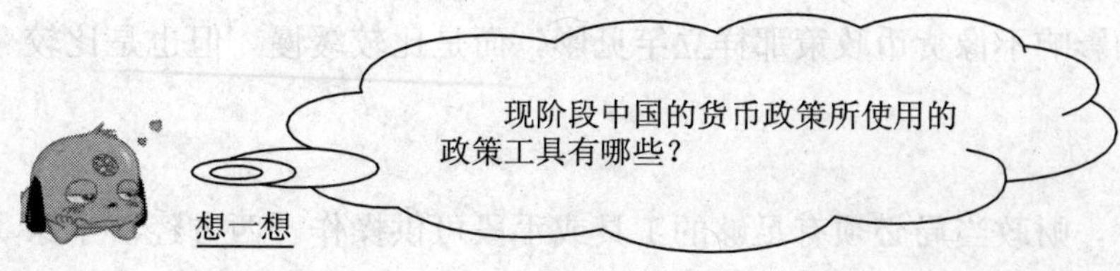

二、货币政策对证券市场的影响

货币政策的运作主要是指中央银行根据客观经济形势采取适当的政策措施调控货币量和信用规模，使之达到预定的货币政策目标，并以此影响经济的运行。根据运作方向可以将货币政策分为松的货币政策和紧的货币政策。

总体而言，松的货币政策将使证券市场价格上扬，紧的货币政策将使证券市场价格下跌。以松的货币政策为例，随着货币供应量的不断增加，这就为企业生产发展提供了充足的资金，企业利润上升，从而股价上升。随着货币供应量的不断增加，社会总需求会相应增加，它一方面可以刺激企业扩大再生产，另一方面也使居民收入水平相应上升，因而对证券投资的需求也相应增加，引起证券价格上涨。

学习情境二　财政政策对证券市场的影响

李先生了解到我国目前对股票只开征印花税，以后可能与国际接轨，开征股票交易所得税。这对抑制股市中频繁短线的过度投机是有益的，但同时会增加股票的交易成本。那么，税率变动对投资者和企业来说到底是利好消息还是利空消息？

在社会经济主体中，财政政策的收支规模最大，收支方向对经济运行的影响也最大。进行证券投资分析必须要清楚地判断财政收支影响证券市场的力度和途径，以及对证券市场的短期和长期效应。

一、财政政策及政策工具

(一) 财政政策的含义

财政政策是政府依据客观经济规律制定的指导财政工作的一系列方针、政策和措施的总称。财政政策是通过财政收入和财政支出的变动来影响宏观经济活动水平的经济政策。财政政策的主要手段有三个：一是改变政府购买水平，二是改变政府转移支付水平，三是改变税率。财政政策是以实体经济为媒介，通过控制财政收入和支出，经过企业的投入与产出来影响总需求，其传导过程比较长，从而会出现一定的时滞。财政政策这种较长的时滞性决定了它对证券市场的影响不像货币政策那样立竿见影，而是比较缓慢，但也是比较持久的。

(二) 财政政策工具

为了实现财政政策目标，财政当局必须有足够的工具或手段可供操作。西方经济学家一般把财政政策工具分为三大类，即预算、财政支出和财政收入。财政支出包括购买性支出和转移性支出，财政收入包括税收和公债。因此，财政政策工具主要包括预算政策工具、购买性支出政策工具、转移性支出政策工具、税收政策和公债工具等五大类。这些工具既可以单独使用，也可以相互配合协调使用。

二、财政政策对证券市场的影响

（一）改变政府购买水平

政府购买是社会总需求的一个重要组成部分，通过增加财政支出可以增加总需求，使公司业绩上升、经营风险下降。例如，增加政府在道路、桥梁、港口等基础设施的投资，可直接增加对相关产业如水泥、钢铁、建材、机械等产业的产品需求，这些产业的发展又形成对其他产业的需求，以乘数的方式促进经济发展。这样，公司的利润增加，居民的收入水平也得到提高，从而可促使证券价格上扬。反之，实行紧缩性财政政策，减少财政支出，可减少社会总需求，使过热的经济受到抑制，从而使公司业绩下滑、居民收入减少，这样，证券市场价格就会下跌。

（二）改变政府转移支付水平

改变政府转移支付水平主要从结构上改变社会购买力状况，从而影响总需求，也会对股票价格形成影响。提高政府转移支付水平，如增加社会福利费用，增加为维持农产品价格而对农民的拨款等，会使一部分人的收入水平得到提高，也间接促进了公司利润的增长，因此有助于证券价格的上扬；反之，降低政府转移支付水平将使证券价格下跌。

（三）改变税率

（1）改变公司税。公司税的调整将在其他条件不变的情况下，直接影响公司的净利润，并进一步影响到公司扩大生产规模的能力和积极性，从而影响公司未来成长的潜力。当公司税提高时，直接减少了企业的利润，降低了企业的估值；同时利润的减少使公司扩大生产的积极性降低，利润减少导致的分红减少也压制了投资者的投资需求，从而导致股票价格下跌。反之，公司税下调时，则导致股票价格上升。

（2）改变个人所得税。个人所得税将直接影响居民个人的实际收入水平，实际收入水平的变化将直接影响大众用于投资的数量，从而改变了证券市场的供求关系。如果提高个人所得税，直接减少了公众的实际收入水平，公众可以用于投资的数量减少，对证券的需求减弱，导致股票价格下跌。反之，个人所得税下调时，则导致股票价格上升。

（3）改变证券交易税。证券交易税直接关系到证券交易的成本，因而证券交易税的调整能对证券市场产生迅速而持久的影响。在其他条件不变的情况下，税率的提高会提高证券交易的成本，减少证券投资的利润，尤其对于短期交易影响较为明显，从而抑制证券交易行为，导致股票价格下跌。反之，证券交易税的降低有助于证券价格的上扬。

印花税税率变动对中国股市的影响

中国股票交易印花税税率变动后，几次形成新一轮行情的启动点或起到压制过热行情的作用。1991年10月，为了刺激低迷的股市，深市将印花税税率调整到3‰。1991年10月10日，上交所对股票买方、卖方实行双向征收，税率为3‰。大牛市从这里启动，当月上证综指大涨20.8%，之后一个月再升13%；半年后，上证综指从180点飙升至1992年5月的1429点，升幅高达694%。1999年6月1日，为了活跃B股市场，国家税务总局再次将B股交易税率降低为3‰，上证B指一个月内从38点升至62.5点，升幅高达50%以上。B股由此摆脱了长期委靡不振的弱势，步入牛市行情。而2001年11月16日，印花税率调低至2‰后，股市产生一波100多点的波段行情。2005年1月24日，在财政部将证券（股票）交易印花税税率由2‰调整为1‰的利好消息下，上证综指和深证成指放量上行，成交量达156.64亿元。2007年5月3日，在股票交易印花税税率由1‰调整为3‰的利空消息影响下，上证综指和深证成指暴跌，5个交易日下跌达20%以上。2008年4月24日，在股票交易印花税税率由3‰调整为1‰的利好消息影响下，上证综指和深证成指跳空上涨，缺口幅度都在5%以上。

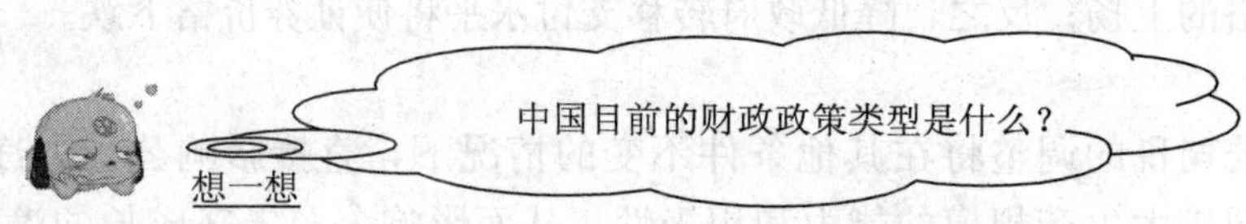

任务三 宏观经济趋势分析

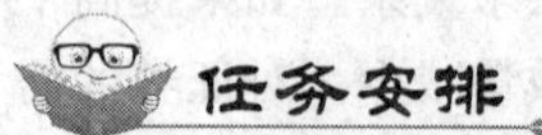

※ 了解经济周期的含义；

※ 掌握宏观经济周期性变动对证券市场的影响。

李先生在学习中发现，国外不少市场人士认为“股市是经济的晴雨表”，而国内不少市场人士及投资者对此持否定态度，认为“政策市”才是中国股市的特色。那么，宏观经济趋势与中国证券市场的关系到底是怎样的呢？

一、经济周期的含义

经济周期也称商业周期、商业循环、景气循环，它是指经济运行中周期性出现的经济扩张与经济紧缩交替更迭、循环往复的一种现象，是有周期性、规律性的经济波动，是国民总产出、总收入和总就业的波动。1946 年，韦斯利·米切尔和亚瑟·F. 伯恩提出了经济周期的定义："经济周期是一些国家总量经济活动中可以发现的一种波动。在这些国家中，工作主要以实业企业的形式来组织：一个周期包括同时发生在许多经济活动中的扩展，接下来是同样一般性的衰退、紧缩和复苏，复苏又融入下一周期的扩张中，这一系列的变化是周期性的，但并不是定期的。在持续时间上各周期不同，从多于一年到十年或二十年不等，它们不能被再分为更多的具有相同特征的周期。"

二、宏观经济的周期性变动对证券市场的影响

宏观经济的周期性的变化表现在许多宏观经济统计数据的周期性波动上，如国内生产总值、消费总量、工业生产指数等。由于 GDP 是最常见的综合性最强的衡量宏观经济的指标，因此，宏观经济的周期性波动通常用 GDP 的系列统计数据表示。宏观经济的周期一般要经历四个阶段，即萧条、复苏、繁荣、衰退，也就是说，如果从 GDP 开始下降算起，那么，它首先经历 GDP 增长率下降的衰退阶段，下降至最低点为萧条阶段，然后经过不断回升的复苏阶段，达到欣欣向荣的繁荣阶段，繁荣之中又孕育着衰退的再次来临。如此循环往复，周而复始，其中每四个阶段构成一个经济周期。经济周期对证券市场走势的影响可以从它的四个阶段的运行轨迹来分析（见下表）。

不同经济周期阶段的市场表现

周期阶段	周期市场的表现
萧条时期	经济衰退至尾声，百业不振，投资者已远离股票市场，每日成交寥寥无几；有识之士默默吸纳股票，股价渐升
复苏时期	经济，渐复苏时股价已升至一定水平，股价不停攀升
繁荣时期	有识之士悄然抛出股票，虽还涨，但供需渐渐转变
衰退时期	投资者认清经济形势，股价开始下跌

（一）萧条阶段

在萧条阶段，经济下滑至低谷，百业不振，公司经营情况不佳，证券价格低位徘徊。由于预期未来经济状况不佳，公司业绩得不到改善，大部分投资者都已离场观望，只有那些富有远见且不断地收集和分析有关经济形势，并合理判断经济形势即将好转的投资者在

默默地吸纳。

（二）复苏阶段

当经济走出萧条步入复苏阶段时，公司经营状况开始好转，业绩上升，资信提高。此时，由于先知先觉投资者的不断吸纳，证券价格实际上已经回升至一定水平，初步形成底部反转之势。随着各种媒介开始传播衰退即将结束，经济日渐复苏的消息，投资者的认同感不断增强，投资者身处的境遇也在不断改善，从而推动证券价格不断走高，完成对底部反转趋势的确认。

（三）繁荣阶段

随着经济的日渐活跃，繁荣阶段就会来临，公司的经营业绩也在不断提升，并通过增资扩大生产规模，占有市场。由于经济的好转和证券市场上升趋势的形成得到了大多数投资者的认同，投资者的投资回报也在不断增加，因此，投资者的投资热情高涨，推动证券市场价格大幅上扬，并屡创新高，整个经济和证券市场均呈现一派欣欣向荣的景象。此时，一些有识之士在充分分析宏观经济形势的基础上认为经济高速增长的繁荣阶段即将过去，经济将不会再创高潮，因而悄悄地卖出所持有的证券。证券价格仍在不断上扬，但多空双方的力量在逐渐发生变化，因此，价格的上扬已成强弩之末。

（四）衰退阶段

由于繁荣阶段的过度扩张，社会总供给开始超过总需求，经济增长减速，存货增加，同时经济过热造成工资、利率等大幅上升，使公司营运成本上升，公司业绩开始出现停滞甚至下降趋势，繁荣之后衰退的来临不可避免。在衰退阶段，更多的投资者基于对衰退来临的共同认识加入到抛出证券的行列，从而使整个证券市场完成中长期筑顶，形成向下的趋势。

证券市场价格的变动周期虽然大体上与经济周期一致，但在时间上并不与经济周期完全相同。从实证上来看，证券市场走势一般会提前于经济周期几个月到半年时间。也就是说证券市场走势对宏观经济运行具有预警作用。这就是通常所说的“证券市场是经济的‘晴雨表’”的原因所在，也是在经济指标分析中证券价格指数作为先行指标的理由。当然，证券市场的“晴雨表”功能是就其长期趋势而言的，证券市场的每一次波动，特别是短期波动，并不表示宏观经济状况的变好或趋坏。

纵观经济周期性波动与证券市场价格波动的相互关系，我们可以得到以下几点启示：

（1）经济总是处于周期性运动中。股价伴随经济相应地波动，但股价的波动超前于经济运动，股市的低迷和高涨不是永恒的。

（2）收集有关宏观经济资料和政策信息，随时注意动向。正确把握当前经济发展处于经济周期的何种阶段，对未来做出正确判断，切忌盲目从众。

（3）把握经济周期，认清经济形势。不要被股价的“小涨”、“小跌”驱使而追逐小利或回避小失，配合技术分析的趋势线进行研判大有裨益。

（4）景气来临之前首当其冲上涨的股票往往在衰退之时首当其冲下跌。典型的情况是，能源、设备等股票在上涨初期将有优异表现，但其抗跌能力差；反之，公用事业股、消费弹性较小的日常消费品部门的股票则在下跌末期发挥较强的抗跌能力。

三、宏观经济周期性变动与中国股市历史变动的考察

我国股市二十多年来的股价波动规律表明，在政策表象的背后，真正决定股价长期波动趋向的因素仍然是宏观经济周期性变动的影响，“股市是经济的晴雨表”对中国也不例外。实践证明，政策性调控对股市的短期或中期波动确实产生重大影响，但股市有其自身的规律，其长期趋势不是靠政策可以调控的。

宏观经济景气循环变动对股票市场产生最基本、最本质的影响，是决定股市长期变动的根本性因素。宏观经济的衰退与繁荣，必然会牵动上市公司整体经营业绩的起伏，引起上市公司市值的变动。在中国股市建立的初期，宏观经济与中国股市的关联性并不大。随着中国股市的发展以及各项金融制度的完善，宏观经济与中国股市的关联性不断增加，“股市是经济的晴雨表”的论断得以确立，具体可参看图 4－4，GDP 增长率与 A 股市值对比图。

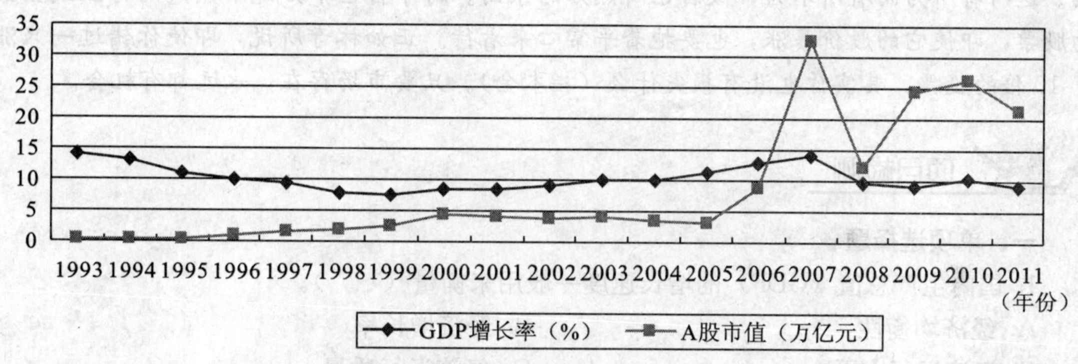

图 4－4 GDP 增长率与 A 股市值对比图

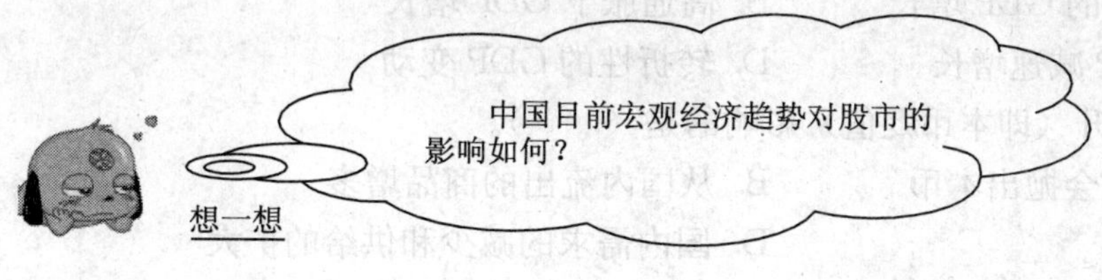

基本分析在我国为什么作用不明显

基本分析方法的确立以 1934 年本杰明·格雷尼姆（Benjamin Graham）和大卫·多德（David Dodd）的《证券分析》一书出版为标志，此后又演变出以沃伦·巴菲特为代表的价值投资流派和以彼得·林奇为代表的增长投资流派。基本分析法的理论依据是证券价格由证券价值决定，通过分析证券价格的基本条件和决定因素，判断和预测证券价格今后的

发展趋势，而忽略了那些引起价格短期波动的因素。基本分析主要从宏观经济状况、行业状况、公司状况三个层次对国民经济活动进行了从大到小、从整体到一般的分析。

沃伦·巴菲特与彼得·林奇在基本分析方面已为世人树立了毋庸置疑的典范。但从我国的现实情况来说，用基本分析法来选股是一件很难的事。问题出在哪里呢？首先，上市公司公布的资料的真实性不太可靠。有些公司为了上市进行“包装”甚至“伪装”；有些公司为保配股资格在业绩中注入水分；有些公司为迎合庄家炒作对业绩等方面做了大幅度的技术处理。其次，广大中小投资者对上市公司形不成约束力，根本无法通过走访等方式了解到上市公司的真实情况。另外，我国股市时常出现这样的情形，ST股乱涨，绩优股反而徘徊不动。因此，许多股民都怀疑基本分析的实用价值，都迷信庄家的神通。

虽然基本分析存在很多的局限与难点，但却是证券投资必备的最重要工具之一。尤其在我国证券市场监管逐步走向规范化的今天，基本面分析无疑将会显示越来越大的效力。林奇主张只买自己熟悉的行业或企业的股票，最好做自己身边所熟悉的产品制造商的股票。这叫有所为而有所不为，做自己所熟知的东西。对于自己不知晓不熟悉的行业或企业的股票，即使它的股价暴涨，也要抱着平常心来看待。正如林奇所说，即使你错过一只涨了10倍的股票，其实你也没有损失什么（指本金）。只要市场存在，永远都有机会。

项目检测

一、单项选择题

1. 国内生产总值（GDP）的增长速度一般用来衡量（　　）。

A. 经济均衡性　　B. 经济增长率

C. 经济运行水平　　D. 经济运行质量

2. 在下列何种情况下，证券市场将呈现下跌走势（　　）。

A. 持续、稳定、高速的GDP增长　　B. 高通胀下GDP增长

C. 宏观调控下的GDP减速增长　　D. 转折性的GDP变动

3. 以下不属于汇率上升（即本币贬值）影响的是（　　）。

A. 国外的本币持有人会抛出本币　　B. 从国内流出的商品增多

C. 出口量扩大　　D. 国内需求的减少和供给的扩大

4. 扩张性财政政策对证券市场的影响有（　　）。

A. 增发国债导致流向股票市场的资金增加

B. 减少税收可导致证券市场价格的下跌

C. 扩大财政支出可造成证券市场价格上涨

D. 增加财政补贴可使整个证券市场价格上涨

5. 以下关于宏观经济运行对证券市场影响的说法不正确的是（　　）。

A. 利率水平的降低和征收利息税的政策，将会促使部分资金由银行投资变为储蓄从而影响证券市场的走向

B. 无论从长期看还是从短期看，宏观经济环境是影响公司生存的因素

C. 居民收入水平的提高，会直接促进证券市场投资需求

D. 当宏观经济趋好时，投资者预期公司效益和自身的收入水平会上升，证券市场自然人气旺盛，从而推动市场平均价格走高

二、多项选择题

1. 下列说法正确的是（　　）。

A. 在其他条件不变时，利率上浮，引起存款增加

B. 在其他条件不变时，利率上浮，引起贷款下降

C. 在其他条件不变时，利率上浮，企业生产成本增加

D. 在其他条件不变时，利率降低，会引起需求和供给的双向扩大

2. 下列说法正确的是（　　）。

A. 通货膨胀会使股票的价格下降

B. 增加财政补贴可以扩大社会总需求和刺激供给增加

C. 回购部分短期国债有利于股票价格上扬

D. 提高法定存款准备金率有利于股票价格上扬

3. 对一国经济来说，严重的通货膨胀将影响（　　）。

A. 收入和财富的分配　　　　B. 商品相对价格

C. 政府的经济政策　　　　D. 资源配置效率

4. 中央银行的货币政策影响股票价格的具体体现是（　　）。

A. 松的货币政策导致股价下跌

B. 松的货币政策导致股价上涨

C. 紧的货币政策导致股价上涨

D. 紧的货币政策导致股价下跌

5. 货币政策的选择性政策工具是（　　）。

A. 计划信用控制　　　　B. 市场信用控制

C. 直接信用控制　　　　D. 间接信用指导

三、判断题

1. 宏观经济分析的意义在于把握证券市场的总体变动趋势、判断整个证券市场和个别证券的投资价值、掌握宏观经济政策对证券市场的影响力度与方向。（　　）

2. 中央银行降低法定存款准备金率会起到降低通货膨胀压力的效果。（　　）

3. 货币政策的运作主要是指商业银行根据客观经济形势采取适当的政策措施调控货币供应量和信用规模，使之达到预定的货币政策目标。（　　）

4. 股票市场作为经济的晴雨表，总是同步反映经济形势的变化。（　　）

5. 证券市场一般提前对 GDP 的变动做出反应，也就是说，证券市场是反映预期的 GDP 变动，而 GDP 的实际变动被公布时，证券市场只反映实际变动与预期变动的差别。（　　）

实训任务

实训一　主要宏观经济指标对我国证券市场股价走势的影响

★ 实训目的与要求

- 能够通过近几年宏观经济指标的变动客观评价当前宏观经济运行
- 能够通过宏观经济指标变动客观判断其对证券市场股价走势的影响

★ 实训步骤

- 进入国家统计局网站 http：//www. stats. gov. cn/，收集我国主要宏观经济指标近三年的数值
- 比较分析近三年我国证券市场股价指数的历史走势与主要宏观经济指标变动之间的关系

实训二　我国证券市场宏观经济政策分析

★ 实训目的与要求

- 能够客观判断和评价当前国家宏观经济政策取向
- 能够正确判断宏观经济政策对证券市场股价走势的影响

★ 实训步骤

- 进入中国人民银行网站 http：//www. pbc. gov. cn/和财政部网站 http：//www. mof. gov. cn/，了解目前我国宏观经济政策
- 结合收集的相关资讯，分析目前我国宏观经济政策对股市行情走势的影响

实训三　我国证券市场宏观经济趋势分析

★ 实训目的与要求

- 能够客观判断和评价当前和未来国家宏观经济运行趋势
- 能够对证券市场进行正确的宏观经济趋势分析

★ 实训步骤

- 进入行情软件查看大盘走势，了解目前我国股市的整体趋势
- 进入某财经网站（如：http：//www. hexun. com/；http：//www. jrj. com. cn/），查看财经资讯
- 结合收集的相关资讯，分析影响目前我国股市行情走势的各种宏观经济因素

项目五 行业分析

任务一 上市公司行业分类

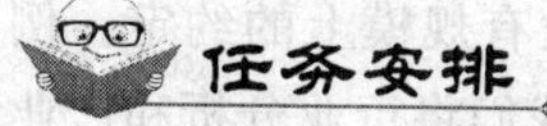

任务安排

※ 了解行业的概念及其与产业的区别；

※ 熟悉上市公司行业分析的意义；

※ 掌握上市公司行业划分的方法。

学习情境一 上市公司行业分析概述

情境设置

李先生看了沃伦·巴菲特传记后，对股王巴菲特四十多年的投资经验津津乐道，但是对于其中“选择优势行业，是投资制胜的重要环节，对于没有什么前途的行业，再好的管理人员也无济于事”这一条不理解。那么，上市公司行业分析真的很重要吗？行业分析对股票投资有什么帮助呢？

知识准备

在证券投资中，行业分析主要分析行业本身所处的发展阶段、行业在国民经济中的地位，分析影响行业发展的各种因素及其影响力度，判断行业的未来发展趋势，为投资者提供投资决策依据。

一、行业与产业

所谓行业，是指由从事国民经济中同性质的生产或其他经济社会活动的经营单位和个体等构成的组织结构体系，如运输业、制造业、银行业及房地产业等。

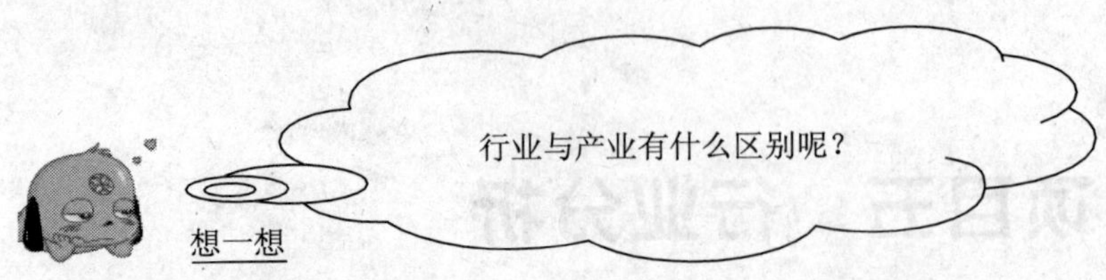

按照产业经济学的定义，产业指的是具有某种同类属性的相互作用的经济活动的集合或系统。严格来说，两者是有一定区别的。产业一般具有以下特点：

（1）规模化，即产业的企业数量、产品或服务的产出量达到一定的规模；

（2）职业化，即形成了专门从事这一产业活动的职业人员；

（3）社会功能性，即产业在社会经济活动中承担一定的角色，而且是必不可少的。

行业虽然也拥有职业人员，也具有特定的社会功能，但一般没有规模上的约定。例如，国家机关和党政部门就不构成一个产业。在证券投资分析中，我们将行业分析和产业分析认为是一个概念，关注的都是具有相当规模的行业。

二、上市公司行业分析的意义

行业经济是宏观经济的构成部分，宏观经济是行业经济活动的总和。行业经济活动是介于宏观经济活动和微观经济活动中的经济层面，是中观经济分析的主要对象之一。宏观经济运行分析为证券投资提供了背景条件，但没有为投资者解决如何投资的问题，要对具体投资对象加以选择，还需要进行行业分析和公司分析。分析上市公司所属行业与股票价格变化关系的意义非常重大。

（一）行业分析是宏观经济形势分析的具体化

在分析宏观经济运行时，根据国民生产总值等指标可以知道或预测某个时期整个国民经济的状况。当整个经济形势好时，只能说明大部分行业的形势较好，而不能说明每个行业都好；反之，经济整体形势恶化，则可能是大多数行业面临困境，而可能某些行业的发展仍然较好。分析国民经济形势也不能知道某个行业的兴衰发展情况，不能反映产业结构的调整。只有进行行业分析，才能更加明确地知道某个行业的发展状况，以及它所处的行业生命周期的位置，并据此作出正确的投资决策。

（二）进行行业分析可以为更好地进行公司分析奠定基础

行业是由许多同类企业构成的群体。如果只进行企业分析，则无法通过横向比较知道目前企业在同行业中的位置，而这在充满着高度竞争的现代经济中是非常重要的。另外，行业所处生命周期的位置制约着或决定着企业的生存和发展。如果某个行业已处于衰退期，则属于这个行业中的企业，不管其资产多么雄厚，经营管理能力多么强，都不能摆脱其阴暗的前景。投资者在考虑新投资时，不能投资“夕阳”行业，在选择股票时，不能被眼前的景象所迷惑，而要分析和判断企业所属的行业是处于初创期、成长期，还是稳定期或衰退期，要对具体投资对象加以选择，挖掘最具投资潜力的行业，进而在此基础上选出最具投资价值的上市公司。

(三）行业分析可为投资者提供更为详尽的行业投资建议

行业分析的主要任务包括：

(1) 解释行业本身所处的发展阶段及其在国民经济中的地位；

(2) 分析影响行业发展的各种因素以及判断对行业影响的力度；

(3) 预测并引导行业的未来发展趋势；

(4) 判断行业投资价值，揭示行业投资风险。

基于此，行业分析可以为政府部门、投资者及其他机构提供决策依据或投资依据。

学习情境二　上市公司行业分类

李先生查阅了大量资料发现，目前有许多种产业分类方法，如三次产业分类法、联合国标准产业分类法、我国的国民产业分类法等。这些分类方法一般是适应宏观经济管理的需要，根据产业的技术特点来进行分类的。从证券投资的角度来看，一般的投资者既不可能懂得各种各样的技术，也不实际参与公司的经营管理，因而按技术特征进行产业分类对证券投资分析意义不大。那么，证券投资者需要的是什么样的行业分类呢？

知识准备

行业的划分方法从某种意义上说，取决于行业研究的角度和根据不同的研究角度所确定的分类标志。对证券投资分析者来说，行业划分方法主要包括以下两类：

一、国际通用的证券市场的行业划分方法

(一）道·琼斯行业分类法

道·琼斯分类法是在19世纪末为选取在纽约证券交易所上市的有代表性的股票而对各公司进行的分类，是证券指数统计中最常用的分类法之一。

道·琼斯分类法将大多数股票分为三类：工业、运输业和公用事业，然后选取有代表性的股票。虽然入选的股票并不包括这类产业中的全部股票，但所选择的这些股票足以表明产业的一种趋势。在道·琼斯指数中，工业类股票选取了工业部门的30家公司。如包括了采掘业、制造业和商业。这些产业有些扩张，有些则下降，有些增长率超过国民生产总值的增长率，还有一些的增长率低于国民生产总值的增长率。运输业包括了航空、铁路、汽车运输和航运业。作为计算道·琼斯股价指数的股票类别，公用事业这类产业直到1929年才被确认添加进来。公用事业的增长率一般是稳定的。公用事业类主要包括电话公司、煤气公司和电力公司。

(二）国际标准行业分类法

为了便于汇总各国的统计资料并进行互相对比，联合国经济和社会事务统计局制定的

《全部经济活动国际标准行业分类》，建议各国采用。

首先，它将各种经济生产活动划分为10个主要部门：

(1) 农业、畜牧狩猎业、林业和渔业；

(2) 采矿业及土石采掘业；

(3) 制造业；

(4) 电、煤气和水；

(5) 建筑业；

(6) 批发和零售业、饮食和旅馆业；

(7) 运输、仓储和邮电通信业；

(8) 金融、保险、房地产和工商服务业；

(9) 政府、社会和个人服务业；

(10) 其他。

其次，再将各部门划分为许多行业。例如，制造业部分分为食品、饮料和烟草制造业等9个大类，在每一层次上，该行业的主要活动都能更精确地得到描述。

标准行业分类体系不仅对行业进行划分归类，而且还提供信息，诸如行业中的企业数量、该行业中的雇员和生产规模、产品的总值及其他重要的数据材料。在美国，这些信息大多是通过统计局的《制造业调查报告》公布的，以便投资者都能据以估计各行业在不同时期的规模和范围。

二、我国的行业划分方法

(一) 我国国民经济的行业分类

为适应社会主义市场经济的发展，正确反映国民经济内部的结构和发展状况，并为国家宏观管理、各级政府部门和行业协会的经济管理以及进行科研、教学、新闻宣传、信息咨询服务等提供统一的行业分类和编码，《中华人民共和国国家标准（GB/T 4754—1994)》第一次对我国国民经济行业分类进行了详细的划分。2002年，从前期准备开始，经历了论证、立项、调研、修订以及专家评审等过程，历时近4年的新《国民经济行业分类》国家标准（GB/T 4754—2002）终于被制定出来。新标准借鉴了联合国的《国际标准产业分类》的分类原则和结构框架，对原采掘业和制造业进行了删减，并为与国际标准衔接，新增或调整了部分行业类别，增减相抵，比1994年的标准新增4个门类、3个大类、28个中类、67个小类。经过调整与修改，新标准共有行业门类20个，行业大类95个，行业中类396个，行业小类913个，基本反映出我国目前行业结构状况。

其中，大的门类从A到T分别为：

A. 农、林、牧、渔业；

B. 采矿业；

C. 制造业；

D. 电力、燃气及水的生产和供应业；

E. 建筑业；

F. 交通运输、仓储和邮政业；

G. 信息传输、计算机服务和软件业；

H. 批发和零售业；

I. 住宿和餐饮业；

J. 金融业；

K. 房地产业；

L. 租赁和商务服务业；

M. 科学研究、技术服务与地质勘察业；

N. 水利、环境和公共设施管理业；

O. 居民服务和其他服务业；

P. 教育；

Q. 卫生、社会保障和社会福利业；

R. 文化、体育等娱乐业；

S. 公共管理和社会组织；

T. 国际组织。

(二) 我国证券市场的行业分类

我国证监会于 2001 年 4 月 4 日公布了《上市公司行业分类指引》(以下简称《指引》)。《指引》是以中国国家统计局《国民经济行业分类与代码》(GB/T 4754—1994)为主要依据，在借鉴联合国国际标准产业分类、北美行业分类体系有关内容的基础上编制而成的。《指引》将上市公司分成 13 个门类：农、林、牧、渔业，采掘业，制造业，电力、煤气及水的生产和供应业，建筑业，交通运输、仓储业，信息技术业，批发和零售贸易，金融、保险业，房地产业，社会服务业，传播与文化产业，综合类，以及 90 个大类和 288 个中类。

分类结构与代码：

A 农、林、牧、渔业

A01 农业

A03 林业

A05 畜牧业

A07 渔业

A09 农、林、牧、渔服务业

B 采掘业

B01 煤炭采选业

B03 石油和天然气开采业

B05 黑色金属矿采选业

B07 有色金属矿采选业

B09 非金属矿采选业

B49 其他矿采选业

B50 采掘服务业

C 制造业

C0 食品、饮料

C1 纺织、服装、皮毛

C2 木材、家具

C3 造纸、印刷

C4 石油、化学、塑胶、塑料

C5 电子

C6 金属、非金属

C7 机械、设备、仪表

C8 医药、生物制品

C99 其他制造业

D 电力、煤气及水的生产和供应业

D01 电力、蒸汽、热水的生产和供应业

D03 煤气生产和供应业

D05 自来水的生产和供应业

E 建筑业

E01 土木工程建筑业

E05 装修装饰业

F 交通运输、仓储业

F01 铁路运输业

F03 公路运输业

F05 管道运输业

F07 水上运输业

F09 航空运输业

F11 交通运输辅助业

F19 其他交通运输业

F21 仓储业

G 信息技术业

G81 通信及相关设备制造业

G83 计算机及相关设备制造业

G85 通信服务业

G87 计算机及应用服务业

H 批发和零售贸易

H01 食品、饮料、烟草和家庭用品批发业

H03 能源、材料和机械电子设备批发业

H09 其他批发业

H11 零售业

H21 商业经纪与代理业

I　金融、保险业

I01 银行业

I11 保险业

I21 证券、期货业

I31 金融信托业

I41 基金业

I99 其他金融业

J　房地产业

J01 房地产开发与经营业

J05 房地产管理业

J09 房地产中介服务业

K　社会服务业

K01 公共设施服务业

K10 邮政服务业

K20 专业、科研服务业

K30 餐饮业

K32 旅馆业

K34 旅游业

K36 娱乐服务业

K37 卫生、保健、护理服务业

K39 租赁服务业

K99 其他社会服务业

L　传播与文化产业

L01 出版业

L05 声像业

L10 广播、电影电视业

L15 艺术业

L20 信息传播服务业

L99 其他传播、文化产业

M　综合类

(三) 上海证券交易所上市公司行业分类调整

上海证券交易所与中证指数有限公司于 2007 年 5 月 31 日公布了调整后的沪市上市公司行业分类。本次调整是上海证券交易所和中证指数有限公司对沪市上市公司行业分类进行的例行调整，其依据是沪市上市公司 2006 年年报显示的部分公司经营范围的改变。本次行业分类调整将作为上证 180 指数下一次调整样本股时的参照。

该行业分类是参照摩根士丹利和标准普尔共同发布的全球行业分类标准（GICS），结合我国上市公司的实际情况而确定的，具体是以上市公司各行业的营业收入比重作为分类标准：当公司某类业务的营业收入大于或等于50％，则将其划入该业务相对应的类别；当公司没有一类业务的营业收入比重大于或等于50％时，如果某类业务收入比重比其他收入比重均高出30％，则将该公司划入此类业务相对应的产业类别，否则将其划入综合类。行业主要类别如表5－1所示。

表5－1　　上海证券交易所上市公司行业分类

行业名称	行业主要类别
能　源	能源设备与服务、石油与天然气
原材料	化学产品、建筑材料、容器与包装、采矿、纸与木材品
工　业	宇航与国防、房屋产品、建筑与工程、电力设备、综合性工业、机械制造、工业品贸易与销售、商业服务、航空货运与快递、定期航班、海运、公路和铁路、运输基础设施
可选消费	车零部件、汽车、家庭耐用消费品、休闲设备及产品、纺织品和服饰、餐饮住宿和休闲、媒体、批发、零售、因特网和邮购、直销等清单销售、专业零售
主要消费	食品药品零售、饮料生产加工、食品生产加工、烟草、家庭用品、个人用品
医药卫生	健康护理设备与消耗品生产、健康护理的提供和服务、生物技术、制药
金　融	银行、保险、房地产、多样化金融
信息技术	仪器、办公电子设备、半导体设备和产品
电　信	电信设备、多样化电信服务、无线电信服务
公用事业	电力、气体、水、多种公用事业

我国证券市场实际应用的行业划分

目前我国证券市场上被业内分析人士和广大投资者接受并获广泛应用的行业分类方法是为进行投资时分析方便而逐渐形成的，其中应用最多的有行业分类和板块分类。

1. 行业分类

根据上市公司主营业务的营业范围来划分，业内人士和投资者通常把上市公司分为以下行业：科技行业、房地产行业、家电行业、电子信息行业、化工行业、能源行业、汽车行业、金融行业、农林牧副渔业、酿酒食品饮料行业、医药行业、冶金行业、纺织行业、机械行业、纸业包装行业、建材行业、公用事业、商业行业等。

2. 板块分类

股票市场的板块效应是我国证券市场的特殊现象，在我国证券市场发展的各个阶段都产生过重要的影响。板块分类标准不一，如可按地域划分，有北京板块、深圳板块、上海板块（单列一个浦东板块）、西藏板块、天津板块（含滨海新区）、成渝特区板块等；也可以上市公司的经营业绩来划分，包括绩优板块、ST板块等；根据行业分类划分有高科技板块、金融板块、房地产板块、酿酒板块、建材板块等；按照上市公司的经营行为划分有重组板块等。随着上市公司的不断发展及数量的日益增多，划分板块的标准也越来越多，各个板块之间的相互联动关系也日趋复杂。只要一个名称能成为市场炒作的题材，就能以此名称冠名一个板块。

任务二　行业的一般特征分析

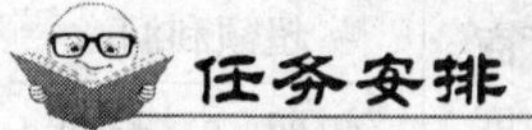

※ 掌握行业的市场结构类型及行业市场竞争结构特点；

※ 掌握行业与经济周期变化的关系；

※ 掌握行业各生命周期的投资特点。

学习情境一　行业的市场结构分析

李先生在有投资价值行业的寻找过程中发现，由于各行业上市公司生产的产品、经营规模、行业中企业数量等因素都大相径庭，行业利润率、市场竞争与垄断程度也不一致，那么，怎样选择那些有发展潜力和投资价值的行业呢？

行业的市场结构是指一个行业内部买方和卖方的数量及其规模分布、产品差别的程度和新企业进入该行业的难易程度的综合状态，也可以说是某一市场中各种要素之间的内在联系及其特征，包括市场供给者之间、需求者之间、供给和需求者之间以及市场上现有的供给者、需求者与正在进入该市场的供给者、需求者之间的关系。

一、行业的市场结构类型

划分一个行业属于什么类型的市场结构，主要依据有以下三个方面。

第一，本行业内部的生产者数目或企业数目。如果本行业就一家企业，那就可以划分为完全垄断市场；如果只有少数几家大企业，那就属于寡头垄断市场；如果企业数目很多，则可以划入完全竞争市场或垄断竞争市场。一个行业内企业数目越多，其竞争程度就越激烈；反之，一个行业内企业数目越少，其垄断程度就越高。

第二，本行业内各企业生产者的产品差别程度。这是区分垄断竞争市场和完全竞争市场的主要区别。

第三，进入障碍的大小。所谓进入障碍，是指一个新的企业要进入某一行业所遇到的阻力，也可以说是资源流动的难易程度。一个行业的进入障碍越小，其竞争程度越高；反之，一个行业的进入障碍越大，其垄断程度就越高。

根据以上三个因素，行业基本上可分为以下四种市场结构类型：完全竞争、垄断竞争、寡头垄断和完全垄断（见表5－2）。

表5－2　　行业的市场结构类型

市场类型	厂商数量	产品性质	典型企业	对价格控制程度	新厂商加入度	超额利润	
						短期	长期
完全竞争	很多	无差别	农产品	无	容易	有	无
垄断竞争	较多	有差异	轻加工业	有一定控制	较易	有	无
寡头垄断	几家	有差异或同质	石油、钢铁、民航等	有相当控制	难度较大	一般有	一般有
完全垄断	一家	产品独特	公用事业	程度较高	很难	有	有

（一）完全竞争

完全竞争型市场是指竞争不受任何阻碍和干扰的市场。其特点是：

（1）生产者众多，各种生产资料可以完全流动。

（2）产品不论是有形的还是无形的，都是同质的、无差别的。

（3）没有一个企业能够影响产品的价格，企业永远是价格的接受者。

（4）企业的盈利基本上由市场对产品的需求来决定。

（5）生产者可自由进入或退出这个市场。

（6）市场信息对买卖双方都是畅通的，生产者和消费者对市场情况非常了解。

在现实经济生活中，完全竞争的市场类型几乎不存在，初级产品（如农产品）的市场类型较类似于完全竞争市场。投资处于完全竞争市场结构的行业只能获得市场的平均利润率。

（二）垄断竞争

垄断竞争型市场是指既有垄断又有竞争的市场。在垄断竞争型市场上，每个企业都在市场上具有一定的垄断力，但它们之间又存在激烈的竞争。其特点是：

（1）生产者众多，各种生产资料可以流动。

（2）生产的产品同种但不同质，即产品之间存在着差异。产品的差异性可以是各种产品之间存在实际或想象上的差异。这是垄断竞争与完全竞争的主要区别。

（3）由于产品差异性的存在，生产者可以树立自己产品的信誉，从而对其产品的价格有一定的控制能力。

可以看出，垄断竞争型市场中有大量企业，但没有一个企业能有效影响其他企业的行为。在国民经济各行业中，制成品（如纺织、服装等轻工业产品）的市场类型一般都属于垄断竞争。生产者对产品的控制力越高，就能获得越多的超额利润，就越值得投资。

（三）寡头垄断

寡头垄断型市场是指相对少量的生产者在某种产品的生产中占据很大市场份额，从而控制了这个行业的供给的市场结构。

该市场结构得以形成的原因有：

（1）这类行业初始投入资本较大，阻止了大量中小企业的进入。

（2）这类产品只有在大规模生产时才能获得好的效益，这就会在竞争中自然淘汰大量的中小企业。

在寡头垄断市场上，由于这些少数生产者的产量非常大，因此它们对市场的价格较易具有一定的垄断能力。因此，在这个市场上，通常存在着一个起领导作用的企业，其他企业跟随该企业定价与经营方式的变化而相应地进行某些调整。资本密集型、技术密集型产品（如钢铁、汽车等重工业）以及少数储量集中的矿产品（如石油）等的市场多属于这种类型，处于寡头垄断市场结构的行业比较适合投资。

（四）完全垄断

完全垄断型市场是指一家企业生产某种特质产品的情形，即整个行业的市场完全处于一家企业所控制的市场结构。特质产品是指那些没有或缺少相近的替代品的产品。完全垄断型市场结构的特点是：

（1）市场被独家企业所控制，其他企业不可以或不可能进入该行业。

（2）产品没有或缺少相近的替代品。

（3）垄断者能够根据市场的供需情况制定理想的价格和产量，在高价少销和低价多销之间进行选择，以获取最大的利润。

（4）垄断者在制定产品的价格与生产数量方面的自由性是有限度的，要受到反垄断法和政府管制的约束。

当前的现实生活中没有真正的完全垄断型市场，每个行业都或多或少地引进了竞争。公用事业（如发电厂、煤气公司、自来水公司和邮电通信等）和某些资本、技术高度密集型或稀有金属矿藏的开采等行业接近完全垄断的市场类型。完全垄断的行业适合投资，但要综合考虑其受政府的控制程度。

行业的四种市场结构的相互关系可归结为：按照完全竞争—垄断竞争—寡头垄断—完全垄断的顺序，竞争程度是依次递减的。一般说来，竞争程度越高，投资壁垒越少，进入成本越低，其产品价格和企业利润受供求关系影响越大，而且企业倒闭的可能性也越大，因此投资风险也越大。反之，垄断性行业由于企业对产品和价格控制能力很强，投资获利良好，风险较小，但投资壁垒较多，投资机会较少，进入成本较高。

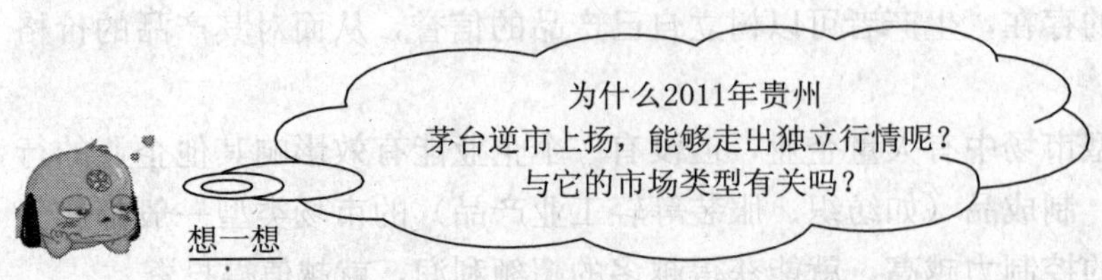

二、行业的市场竞争结构分析

行业的市场结构差异会从多个方面影响到行业的竞争力。美国哈佛商学院的著名战略管理学者迈克尔·波特教授在20世纪90年代末，将传统的产业组织理论与企业战略结合起来，形成了竞争战略与竞争优势的理论。根据他的观点，在一个行业中，存在五种基本的竞争力量，即潜在的进入者、替代品、购买者、供应者以及行业中现有的竞争者之间的抗衡，彼此之间相互作用。在一个行业里，这五种基本竞争力量的状况及其综合强度，引发行业内在经济结构上的变化，从而决定行业内部竞争的激烈程度，决定行业中获得利润的最终潜力。波特将这五种竞争力量建立模型如图5-1所示，该模型被称为波特模型。

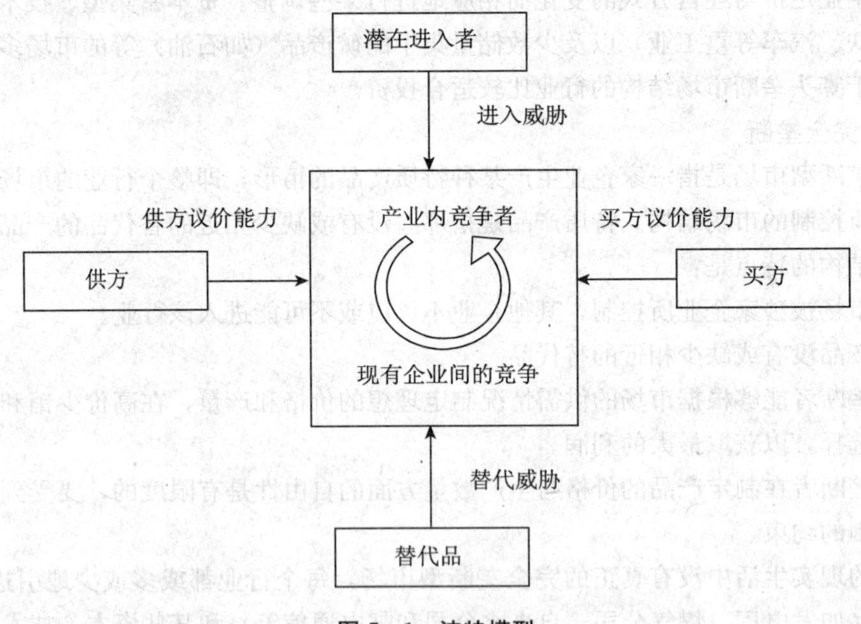

图5-1 波特模型

（一）竞争者进入的威胁

行业的新进入者会对该行业的价格和利润造成影响。即使没有企业进入该行业，这种新进入者的威胁性也会对该行业的价格和利润造成向下的压力，因为过高的价格和利润会对新竞争者的进入形成引诱效应。因此，行业进入的壁垒是行业竞争力的一个重要因素。显然，不同的市场结构在行业进入的壁垒上存在显著的不同，竞争程度越高的行业，其竞争者进入的威胁越大；反之，垄断程度越高的行业，其竞争者进入的威胁越小。

（二）现有企业之间的竞争

如果一个行业内部存在几个竞争者时，那么由于每个竞争者都寻求扩大自身的市场份额，因此行业内部的价格竞争程度会加剧，行业利润率会趋于下降。如果这个行业的扩张速度减慢，处于这个行业中的企业之间的竞争程度会随之加剧，因为每个企业只有通过从其他对手那里夺得市场份额才能扩大自身规模；如果生产成本中固定成本所占比例较高，企业为能够充分利用生产能力，将会使企业之间价格竞争的程度加大；如果行业内部企业生产的产品相似程度较高，由于企业无法通过产品的差异性进行竞争，这也会使企业之间的价格竞争程度加大。如我国几大彩电巨头近十几年来的不断削价竞争，致使企业利润大幅下降。

（三）替代品对产品价格的压力

替代品意味着企业面临着来自相关产业产品的竞争。可供选择的替代品对该产品的价格构成了一定程度的约束性，替代品的范围越大，这种约束性的程度就越高。

（四）购买方讨价还价的力量

如果一个购买者购买了一个行业产出的绝大部分，这个购买者将拥有较大的讨价还价的力量，从而可以压低产品价格，降低该行业的利润率。例如，汽车生产企业是汽车零配件生产企业的主要购买者，因此汽车生产企业对所购买的汽车零配件的价格的影响较大，从而降低了汽车零配件生产行业的盈利能力。显然，行业产品的专一性越强，其产品价格受到购买方的约束力就越大；购买方形成的行业垄断程度越高，它们对所购买产品的价格约束力也越高。

（五）供应商讨价还价的力量

如果产品中某种关键原材料的供应商在这种原材料的生产中处于垄断地位，那么供应商能够对这种原材料要较高的价格，从而提高生产这种产品企业的生产成本，降低产品利润。决定供应商讨价还价力量的关键因素是这种原材料的可替代性。如果这种原材料存在替代品，那么供应商讨价还价的力量就会被大大削弱。

学习情境二　行业的敏感度分析

李先生在进行行业板块分析时发现，有些行业（如钢铁行业、汽车行业等）与国民经济总体的周期性变动有着密切的关系，有的（如医药行业、公用事业等）则关系不大，那么，这种行业对经济周期的敏感程度会怎样影响投资者进行行业选择和投资呢？

知识准备

经济周期的变化会对行业的发展产生影响，但影响程度不尽相同：有的行业与经济周期同步，有的则与经济周期关系不大。根据行业对经济周期的敏感程度不同，行业分为以下几类：

一、增长型行业

增长型行业的运动状态与经济活动总水平的周期和运行幅度无关。这些行业收入增长的速率相对于经济周期的变动来说，并未出现同步变化，因为它们主要依靠技术的进步、新产品推出及更优质的服务，来完成连续性经常性的增长。

在证券市场上，此类行业的上市公司的股票就表现为长期走牛，并不受制于大盘的走势，因为大盘是整体经济形势的综合表现。比较典型的如部分应用软件及系统集成行业的上市公司，在近几年的整体走势一直领先于大盘，表明其行业具有不同于经济形势的长期的发展性。增长型行业是投资的最佳选择，不过此类行业的持续增长性，也使投资者在进行具体投资时很难把握较为精确的购买时机，因为其整体价格很难呈现周期性波动。

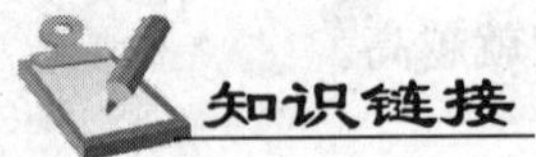
知识链接

增长型行业——行业投资的选择

关于行业投资的选择，北京大学经济学院教授萧国亮在 2011 年 11 月由东方红资产管理与北京大学经济学院联合举行的“东方红·中国经济与资本市场沙龙”第四次研讨会上从经济学史的角度给予深入阐释。

19 世纪初，铁路成为了美国经济发展的主导产业，铁路里程由 1839 年的 3000 英里，快速猛增至 1900 年的 20 万英里，年均增长率远远高于 GDP 增速，并拉动了钢铁、煤炭、蒸汽机车等产业的发展；20 世纪初，汽车产业、房地产等成为主导产业，美国也被称为“车轮上的国家”。可见，在一国的工业化过程中，主导产业发展的趋势表现为产值、产业链以及需求的飞跃式增长，不仅能令身处其中的企业获得迅猛发展，甚至能带动整个国家经济快速发展。

假如我们能比其他人更早一些认识到哪些是增长型行业，自然更有机会获得收益；假如我们挑选的公司能在行业发展历程中不断做大做强，那么，我们的投资有时甚至会有数十倍的收益。事实上，投资大师们正是这么做的。

二、周期型行业

周期型行业与经济周期的波动紧密相关。当经济处于上升时期，这些行业会紧随其扩张；当经济衰退时，这些行业也相应衰落。产生这种现象的原因是，当经济上升时，对这些行业相关产品的购买相应增加；当经济衰退时，对这些行业相关产品的购买被延迟到经济改善之后。

比较典型的周期型行业，主要有消费品业、耐用品制造业及其他需求收入弹性较高的行业。周期型行业适合在经济繁荣时期和复苏时期投资。

三、防守型行业

防守型行业的经营状况在经济周期的上升和下降阶段都很稳定。这种运动形态的存在是由于该类型行业的产品需求相对稳定，需求弹性小，经济周期处于衰退阶段，对这种行业的影响也比较小。甚至有些防守型行业在经济衰退时期还会有一定的实际增长。

该类型行业的产品往往是生活必需品或是必要的公共服务，公众对其产品有相对稳定的需求，因而行业中有代表性的公司盈利水平相对较稳定。例如，食品行业、医药行业和公用事业就属于防守型行业。也正是因为这个原因，投资于防守型行业一般属于收入型投资，而非资本利得型投资。防守型行业适合在经济衰退和萧条时投资。

哪些因素决定行业对经济周期的敏感性

正如前面提到的，并非所有的行业对经济周期的敏感程度都是一样的。哪些因素决定了一个行业对于经济周期的敏感性呢？

一是销售量对于经济周期的敏感性。必需品的销量对于经济周期的敏感性是很低的，比如食品、药品以及医疗服务。相反，钢铁、汽车等行业的公司对宏观经济状况的敏感程度则要大得多。

二是经营杠杆的大小，即产品生产成本中固定成本与可变成本所占的比例。生产成本中可变成本所占比例与固定成本相比较高的公司对经济周期的敏感程度较小，这是因为在经济的下调期，这些公司可以随着销售的减小而相应降低产出，继而降低生产成本。相反，生产成本中固定成本所占比例与可变成本相比较高的公司在经济衰退期时其利润所受影响较大，因为生产成本的变动比例低于销售的变动比例，从而导致利润的大幅度下调。

三是财务杠杆，公司总资产中债务所占比例的大小决定了其财务杠杆的大小。因为不管销量如何，公司需要付出的利息数额却是一定的。当经济处于衰退期时，如果资产回报率小于利息率，那么公司资产中债务所占比例越高，公司的亏损额也越大；反之，当经济处于高涨时，由于资产回报率高于利息率，那么公司资产中债务所占比例越高，公司股东的股权收益率也就越高。

学习情境三　行业生命周期分析

"问君能有几多愁，恰似买了中石油"，李先生在证券营业部听到的这则顺口溜令他很疑惑，为什么在行业中具有垄断地位、发展处于成熟期的中石油的股票价格还不如一些新兴产业的中小型上市公司呢？投资者在选择行业进行投资时，应选择处于什么样生命周期的行业作为目标呢？

知识准备

行业的生命周期指行业从出现到完全退出社会经济活动所经历的过程。行业的生命周期主要包括四个发展阶段：幼稚期（也叫初创期）、成长期、成熟期、衰退期。下面分别介绍行业不同发展阶段的情况。图 5－2 为行业生命周期特征图。表 5－3 为行业生命周期特征表。

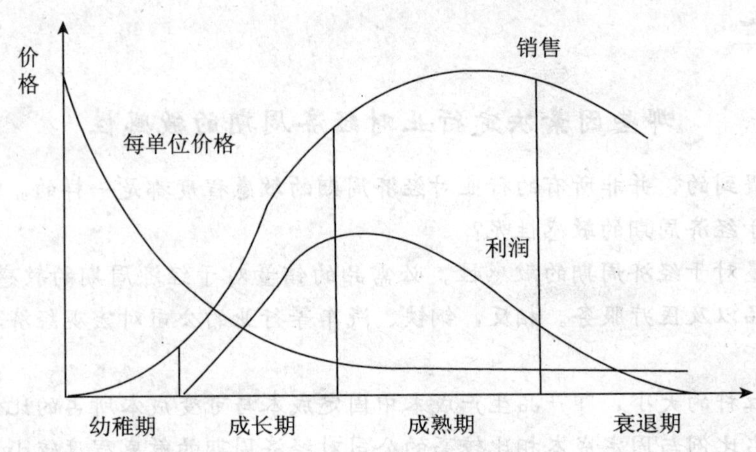

图 5－2　行业生命周期特征图

表 5－3　行业生命周期特征表

发展阶段	幼稚期	成长期	成熟期	衰退期
公司数量	少	增加	减少	少
产品价格	高	下降	稳定	—
利润	亏损	增加	高	减少→亏损
风险	高	高	降低	增大

一、幼稚期

幼稚期指行业的产生期，是行业发展的初级阶段。在这一阶段，只有为数不多的投资公司投资于这个新兴的行业。另外，创业公司的研究和开发费用较高，而大众对其产品尚缺乏全面了解，致使产品市场需求狭小，销售收入较低。因此，这些创业公司财务上可能不但没有盈利，反而出现较大亏损。同时，较高的产品成本和价格与较小的市场需求还使这些公司面临很大的投资风险，还可能因财务困难而引发破产。

针对幼稚期的行业，投资者要对该行业的性质和社会、经济发展形势做出综合分析，从而预见该行业未来的发展状况和生命力，不要局限于眼前行业的盈利或亏损。幼稚期行业的股价因为暂时的低利润、高风险以及人们极少关注和了解而偏低，这时投资，一旦行业发展到下一阶段，将获得高额的股票差价收益。

幼稚期行业的股份有限公司，由于创立不久，收益较少，甚至亏损，因而在传统的主板市场上是不符合上市条件的。为了满足其对资本的需求，推进经济结构的调整和升级，除风险投资基金外，许多国家和地区近年来纷纷创立上市条件有别于传统证券市场的、便于新兴行业上市融资的新型证券市场，如美国的NASDAQ市场、香港和深圳的创业板市场等，最重要的上市条件之一就是公司未来发展的前景看好，尽管目前的状况可能不佳。正是基于对未来高成长的预期，一些处于幼稚期行业的股票表现常常极为出色，然而由于这种价格的大幅上扬没有业绩基础，因此，这类股票更适合投机者而非投资者。

在幼稚期后期，随着行业生产技术的成熟、生产成本的降低和市场需求的扩大，新行业便逐步由高风险、低收益的幼稚期迈入高风险、高收益的成长期。

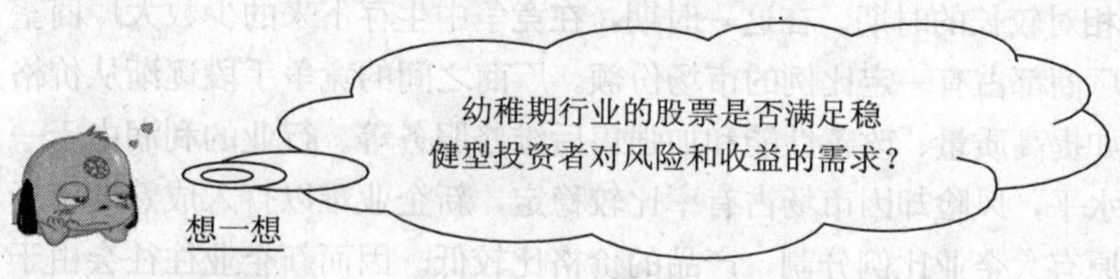

二、成长期

行业的成长实际上就是行业的扩大再生产。各个行业成长的能力是有差异的。成长能力主要体现在生产能力和规模的扩张、区域的横向渗透能力以及自身组织结构的变革能力上。

判断一个行业的成长能力，可以从以下几个方面考察：

(1) 需求弹性。一般而言，需求弹性较高的行业成长能力也较强。

(2) 生产技术。技术进步快的行业，创新能力强，生产率上升快，容易保持优势地位，其成长能力也强。

(3) 产业关联度。产业关联度强的行业，成长能力也强。

(4) 市场容量与潜力。市场容量和市场潜力大的行业，其成长空间也大。

(5) 行业在空间的转移活动。行业在空间的转移活动停止，一般可以说明行业成长达到市场需求边界，成长期也就进入尾声。

(6) 产业组织的变化活动。在行业成长过程中，一般伴随着行业中企业组织不断向集团化、大型化方向发展。

在成长期的初期，企业的生产技术逐渐成形，市场认可并接受了行业的产品，产品的销量迅速增长。市场逐步扩大，然而企业可能仍然处于亏损或者微利状态，需要外部资金注入以增加设备、人员，并着手下一代产品的开发。进入加速成长期后，企业的产品和劳务已为广大消费者接受，销售收入和利润开始加速增长，新的机会不断出现，但企业仍然需要大量资金来实现高速成长。进入成长期后期，生产厂商不仅依靠扩大产量和提高市场份额来获得竞争优势，同时还需不断提高生产技术水平，降低成本，研制和开发新产品，从而战胜或紧跟竞争对手、维持企业的生存。

在这一时期，企业的利润虽然增长很快，但所面临的竞争风险也非常大，破产率与合并率相当高。在成长期的后期，由于产业中生产厂商与产品竞争优胜劣汰规律的作用，市场上生产厂商的数量在大幅度下降之后便开始稳定下来。由于市场需求基本饱和，产品的销售增长率减慢，迅速赚取利润的机会减少，整个产业开始进入成熟期。

处于成长期的行业由于利润快速成长，因而其股票价格也呈现快速上扬趋势。由于股票价格的上涨有业绩为基础，因而这种股票价格的上涨是明确的，并且具有长期性质。股票价格也会因对未来成长的过度预期和对这种过度预期的纠正而出现中短期波动。另外，由于在行业快速成长的同时行业内部会出现厂商之间的分化，相应地，证券价格也表现为在某一成长性行业的股票价格快速上涨的同时，个别股票却表现不佳。

三、成熟期

行业的成熟阶段是一个相对较长的时期。在这一时期，在竞争中生存下来的少数大厂商垄断了整个行业的市场，每个厂商都占有一定比例的市场份额。厂商之间的竞争手段逐渐从价格手段转向各种非价格手段，如提高质量、改善性能和加强售后维修服务等。行业的利润由于一定程度的垄断达到了很高的水平，风险却因市场占有率比较稳定，新企业难以打入成熟期市场而较低，其原因是市场已被原有大企业比例分割，产品的价格比较低。因而新企业往往会由于创业投资无法很快得到补偿或产品销路不畅，资金周转困难而倒闭或转产。

成熟期行业的特点主要有：

(1) 企业规模空前，地位显赫，产品普及程度高。

(2) 行业生产能力接近饱和，市场需求也趋于饱和，买方市场出现。

(3) 构成支柱产业地位，其生产要素份额、产值、利税份额在国民经济中占有一席之地。

在行业成熟阶段，行业增长速度降到一个更加适度的水平。在某些情况下，整个行业的增长可能会完全停止，其产出甚至下降。由于丧失其资本的增长，因而行业的发展很难较好地与国民生产总值保持同步增长，当国民生产总值减少时，行业甚至蒙受更大的损失。但由于技术创新的原因，某些行业或许实际上会有新的增长。在短期内很难识别一个行业何时真正进入成熟期。

处于成熟期的行业是蓝筹股的集中地。由于处于成熟期的行业垄断已经形成，行业发展的空间已经不大，因而行业快速成长的可能性已经很小。但一般能保持适度成长，而且垄断利润丰厚，所以，其股票价格一般呈现稳步攀升之势，大涨和大跌的可能性都不大，颇具长线持筹的价值。

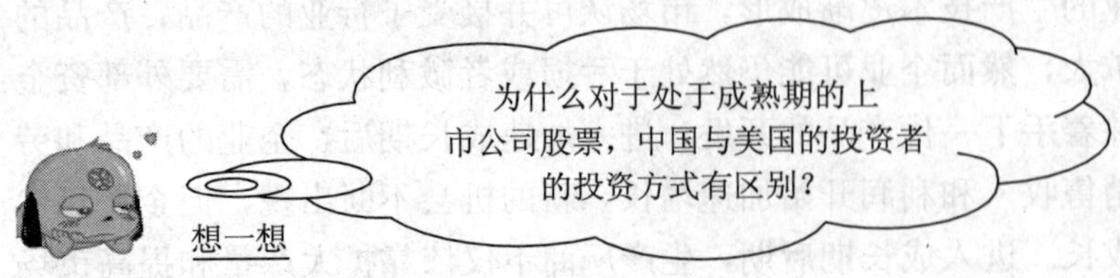

四、衰退期

衰退期出现在较长的成熟期之后，由于新产品和大量替代品的出现，原行业的市场需求开始减少，产品的销售量也开始下降，某些厂商开始向其他更有利可图的行业转移资金，原行业出现了厂商数目减少、利润下降的萧条景象。至此，整个行业便进入了生命周期的最后阶段。在衰退阶段，厂商的数目逐步减少，市场逐渐萎缩，利润率停滞或不断下降。当正常利润无法维持或现有投资折旧完毕后，整个行业便逐渐解体。

从衰退的原因来看，有四种类型的衰退，分别是：资源型衰退，即由于生产所依赖的资源的枯竭所导致的衰退；效率型衰退，即由于效率低下的比较劣势而引起的行业衰退；收入低弹性衰退，即因需求—收入弹件较低而衰退的行业；聚集过度性衰退，即因经济过度聚集的弊端所引起的行业衰退。

处于衰退期的行业由于已丧失发展空间，因而在证券市场上全无优势，是绩差股、垃圾股的摇篮。一般情况下，这类行业的股票常常是低价股，不引人关注，只具有证券市场的结构性功能，投资者不应选择处于该阶段的企业的证券进行投资。但在中国目前的现实情况下，由于上市资格控制较严，而且向国有企业倾斜，因此衰退型行业的上市股票虽然也常常为低价股、绩差股，但常常因买壳、借壳或资产重组而出现飙升行情，这一状况未来将会随着证券发行审核制度的改革而逐步改变。

上述行业生命周期四个阶段的说明只是一个总体状况的描述，它并不适用于所有行业的情况。行业的实际生命周期由于受行业性质、政府干预、国外竞争和能源结构的变化等许多因素的影响复杂很多。有些行业出于创业投资需求量小，产品比较符合消费者需求，因而幼稚期可能很短，甚至一开始就可能盈利，这些行业如投资少、见效快的轻工或手工产业。尽管如此，上述有关行业生命周期的说明概括了众多行业的增长形态，以便投资者在选择投资行业时做仔细的审度和慎重的考虑。

投资者该怎样判断增长股票

在分析行业生命周期时，投资者应特别注意处于成长期的行业。一般来说，值得投资的行业，其生产和销售的增长至少应与国民生产总值、消费者可支配收入以及以其他指标表示的经济增长率保持同步。但是仅有高速增长未必能产生即时高收益。早期增长阶段过后，较长的成熟期可能提供稳定的收益。从投资的角度看，增长不仅指销售、资产、雇员等数量，而且要看投资收益率以及股票市场价值的增长。增长股票的主要特征有：

(1) 销售量的持续增长引起收益的持续增长，从而带来较高的投资收益率；

(2) 大量利润再投资；

(3) 大部分收益投入研制和开发新产品。

这些特点使处于行业增长期的公司股票价格以高于平均收益倍数的价格出售。

增长的基本标志我们可以举出以下指数：就地理位置和产品而言的市场扩展；劳动生产率的增长；以单位成本表示的工作效率的提高；投资持续增长而收益并不减少等。

任务三　影响行业兴衰的主要因素

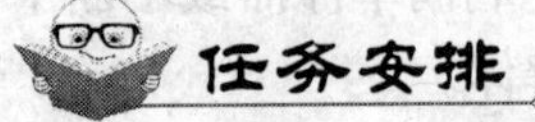

※ 了解行业兴衰的实质；

※ 掌握影响行业兴衰的主要因素。

李先生在查阅“四川长虹”等家电类股票的历史股价时发现，家电类行业股票的价格走势与该行业在中国的发展兴衰密切相关，该行业的实际生命周期由于受技术进步、政府政策及社会习惯的改变等许多因素的影响，使其股票投资也变得较为复杂。那么，股票的价格与行业的兴衰有关吗？哪些因素会影响行业兴衰呢？

知识准备

行业兴衰的实质是行业在整个产业体系中的地位变迁，也就是行业经历“幼稚产业—先导产业—主导产业—支柱产业—夕阳产业”的过程，是资本在某行业领域“形成—集中—大规模聚集—分散”的过程，是新技术的“产生—推广—应用—转移—落后”的过程。影响行业兴衰的主要因素包括技术进步、产业政策、产业组织创新、社会习惯改变和经济全球化等。

一、技术进步

技术进步在行业的发展过程中起着非常重要的作用，其效应可分为两个方面：一方面，技术进步推动现有行业产品的技术升级，从而使现有产品的成本和价格下降，社会需求扩大，生产增长，并促使行业由幼稚期进入快速成长期；另一方面，技术进步将创造新产品，开拓新的市场，从而使新行业不断出现，一些落后的行业进入衰退期。例如，IT技术的发展，E-mail通信方式被广泛采用，使得传统的邮政通信行业进入衰退期。在科学技术飞速发展的时代，技术进步不仅为经济发展提供强大的技术基础，而且也促进了行业的结构调整，一些以新兴技术为基础的行业进入快速成长期，而那些落后于时代的行业则被淘汰。

投资分析人员应不断地考察一个行业产品生产线的前途，分析其被优良产品的消费需求替代的趋势。当然，行业追求技术进步也是时代的要求，一旦科学发明转化为技术，在新的产业中得到应用，这些新产品被定型和大批量生产，市场价格将会大幅度下降，从而很快地被消费者使用。因此，投资者充分了解各种行业技术发展的状况和趋势是至关重要的。

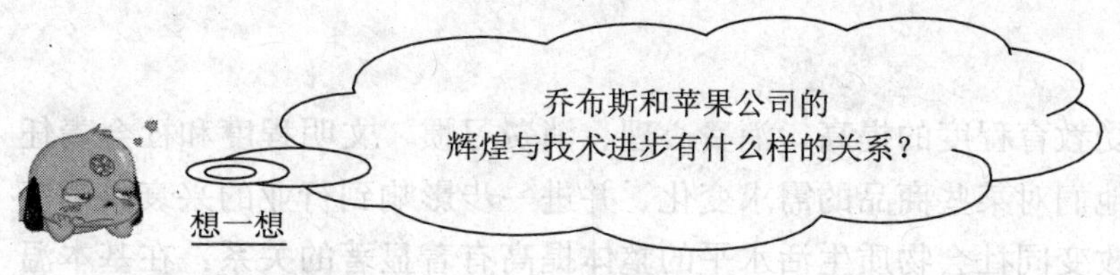

二、产业政策

政府实行的产业政策是影响行业发展的另一个必须加以考虑的重要因素。政府对于行业的管理和调控主要是通过产业政策来实现的。产业政策是国家干预或参与经济的一种形式，是有关产业发展的政策目标、政策措施的总和。一般认为，产业政策包括产业结构政策、产业组织政策、产业技术政策和产业布局政策。

产业政策通过以下作用对投资活动产生直接的影响：一是促进和维护一国幼稚产业的发展；二是加快资源配置的优化过程，促使资本向有利于国民经济的产业流动；三是促进市场机制和市场结构的完善；四是给企业提供一个透明度较高的发展环境；五是使产业结构能不断适应世界科学技术的新发展等。产业政策的突出特点是有区别地对待不同行业，因此，了解国家不同时期产业政策的特点对于证券投资的决策将有重要作用。对于国家积极鼓励发展的产业，由于受到政府各种优惠政策的扶持，一定会前途光明，投资者从长远角度考虑，应该向这些产业投资；对于国家限制发展的产业，其前景将是暗淡的，故投资者在向这些产业投资时应十分慎重。

三、产业组织创新

产业组织是指同一产业内企业的组织形态和企业间的关系，包括市场结构、市场行为、市场绩效三方面内容。产业组织与产业结构息息相关，是连接产业结构与产业政策的纽带。因此，产业组织创新是推动产业结构升级的重要力量之一。

产业组织创新是指同一产业内企业的组织形态和企业间关系的创新。产业组织又与企业组织密切相关，是具有某种同一性的互动范畴。因此，产业组织的创新不仅仅是产业内企业与企业之间垄断抑或竞争关系平衡的结果，更是企业组织创新与产业组织创新协调与互动的结果。

缺乏产业组织创新的行业，如中国20世纪末期的建筑业、纺织业等，由于技术壁垒较低，市场竞争以价格竞争为主，其行业平均利润水平较低，缺乏增长潜力。产业组织创新活跃的行业主要有，计算机行业、生物医药行业、通信行业等，新技术和新产品不断涌现，该行业能够获得超额创新利润。

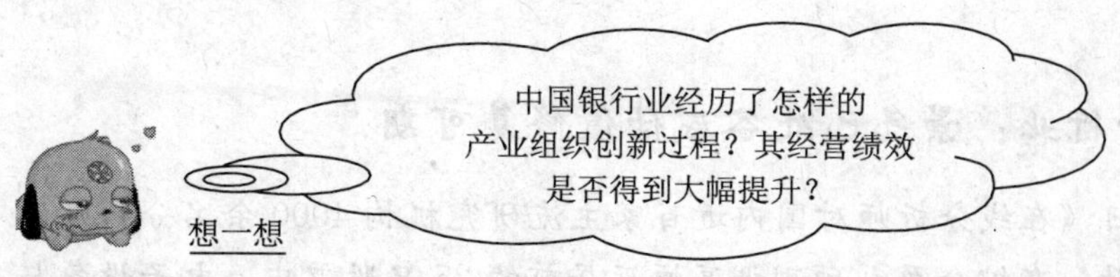

四、社会习惯改变

随着人们生活水平和受教育程度的提高，消费心理、消费习惯、文明程度和社会责任感会逐渐改变，从而引起他们对某些商品的需求变化，并进一步影响到行业的兴衰。消费者消费心理和消费习惯的改变同社会物质生活水平的整体提高有着显著的关系：在基本温饱解决之后，人们更注重生活的质量，不受污染的天然食品和纺织品备受人们青睐；智力投资和丰富的精神生活成为人们消费追求的目标，这使旅游、音乐会成为新的消费热点；生活节奏的加快又会带动超市、快餐业等行业的蓬勃发展；消费者社会责任感的加强又使人们提高了对环境保护的关注，一些发达国家的工业部门每年都要花费巨资来研制和生产与环境保护有关的各种设备，以便使工业排放的废渣、废水和废气能够达到符合规定的标准，而这些措施会带动环保产业的发展。

因此，投资分析人员必须对这些影响行业内企业的经营活动、生产成本和利润等方面的社会因素进行分析，因为它们足以使一些不再适应社会需要的行业衰退，从而激发新的行业的发展。

五、经济全球化

所谓经济全球化，是指商品、服务、生产要素与信息跨国界流动的规模与形式不断增加，通过国际分工，在世界市场范围内提高资源配置效率，从而使各国经济的相互依赖程度有日益加深的趋势。经济全球化使每一个行业和企业都置身于全球性竞争中，同时也使各行业各企业获得全球性的市场和资源。分析经济全球化对行业的影响，关键要看经济全球化是否有利于这一行业整合全球性的资源、是否有利于这一行业面向全球性的市场满足全球性的需求。

随着高新技术行业逐渐成为发达国家的主导产业，传统的密集型行业甚至是低端技术的资本密集型行业将加快向发展中国家转移，使得原本在发达国家进入衰退期的行业得以存活下来，甚至还能得到进一步的发展。选择性发展将是未来各国形成优势产业的重要途径。因为一个国家受到技术水平、资源潜力的限制，不可能在所有领域都取得领先优势。

就我国而言，在经济全球化的趋势下，劳动密集型行业将一定程度摆脱反倾销诉讼、配额限制等各种不利影响，利用劳动力的价格优势，进一步加大出口量，从而获得进一步发展；其他如进出口贸易行业、运输及港口行业、中成药行业等也在经济全球化中得到利益；但是，诸如石油化工、钢材、农业等行业将会受到不同程度的冲击。

电子行业：景气已处谷底估值修复可期

根据2012年2月18日《在线分析师对国内近百家主流研究机构4000余名分析师的盈利预测数据》进行的统计，在综合盈利预测调高幅度居前的25只股票中，电子设备与仪器以5家入围而雄居榜首之列，化工品、家庭耐用消费品则分别以4家和3家入围而分列榜眼、探花之位，其余则分布在食品生产与加工、机械制造、电力设备、金属与采矿等行业当中。近期以电子股票为主的纳斯达克指数创下11年新高，而A股市场上的相关电子板块亦风生水起。

光大证券近期进行了一系列的行业调研，亦印证了电子行业景气度一季度见底的观点。从周期长度方面来看，自2010年9月行业高峰至今，行业已处于16个月的下降通道。按历史上2～3年完整周期来看，应该基本见底。首先，当前订单更多来自补库存。受需求不振影响，各厂商在2011年下半年进入了清库存周期，使得2011年三季度出现了旺季不旺的情况。经过半年多的消化，产业链库存已处于较低水平。其次，2012年二季度终端需求将回暖。在2011年二、三季度，终端厂商将推出大量新产品，从而提升上游元器件行业的景气度。手机行业需求一直强劲，高通、博通、苹果等公司最近的表现确认了手机行业景气度将持续健康发展。受硬盘缺货影响严重，电脑行业在上季和本季的景气低迷。在二季度，这一问题将有所缓和。最后，宏基等电脑厂商大幅下调芯片售价。

正是在行业景气见底回暖的支撑下，2012年1月电子行业绝地反攻，创造了不小的涨幅。近期通过各种信息与数据验证电子行业景气已处谷底，低估值的周期股股价有望随着景气反弹预期提升，迎来一波快速估值修复与盈利上调。

（登载此文出于传递更多信息之目的，并不意味着赞同其观点或证实其描述。文章内容仅供参考，不构成投资建议。投资者据此操作，风险自担。）

资料来源：新浪财经、中国证券网。

项目检测

一、单项选择题

1. 根据中国证监会于2001年4月4日公布的《上市公司行业分类指引》，当公司没有一类业务的营业收入比重大于或等于50%时，如果某类业务营业收入比重比其他业务收入比重均高出（　　），则将该公司划入此类业务相对应的行业类别；否则，将其划为综合类。

A. 25%　　B. 30%　　C. 33%　　D. 40%

2. 资本密集型、技术密集型产品，如钢铁、汽车等重工业以及少数储量集中的矿产品如石油等的市场多属于（　　）。

A. 完全竞争　　B. 垄断竞争　　C. 寡头垄断　　D. 完全垄断

3. 太阳能、某些遗传工程等行业正处于行业生命周期的（　　）。

A. 幼稚期　　B. 成长期　　C. 成熟期　　D. 衰退期

4. 石油冶炼、超级市场和电力等行业已进入（　　）阶段。

A. 幼稚期　　B. 成长期　　C. 成熟期　　D. 衰退期

5. （　　）是国家干预或参与经济的一种形式，是国家（政府）系统设计的有关产业发展的政策目标和政策措施的总和。

A. 产业政策　　B. 收入政策　　C. 财政政策　　D. 货币政策

二、多项选择题

1. 根据该行业中企业数量的多少、进入限制程度和产品差别，行业基本上可分为（　　）。

A. 完全竞争　B. 垄断竞争　C. 寡头垄断　D. 完全垄断

2. 一般地，行业的生命周期可分为（　　）。

A. 幼稚期　B. 成长期　C. 成熟期　D. 衰退期

3. 以下关于行业幼稚期的说法正确的是（　　）。

A. 在这一阶段，由于新行业刚刚诞生或初建不久，只有为数不多的投资公司投资于这个新兴的行业

B. 创业公司的研究和开发费用较高，而大众对其产品尚缺乏全面了解，市场需求狭小，销售收入较低

C. 这类企业不适合投机者和创业投资者

D. 在幼稚期后期，随着行业生产技术的成熟、生产成本的降低和市场需求的扩大，新行业逐步由高风险、低收益的幼稚期迈入高风险、高收益的成长期

4.（　　）行业处于行业生命周期的成长期。

A. 石油冶炼　B. 无线通信　C. 生物医药　D. 超级市场

5. 行业兴衰的实质是行业在整个产业体系中的地位变迁，一个行业的兴衰会受到（　　）等因素的影响而发生变化。

A. 技术进步　　B. 产业政策

C. 产业组织创新　　D. 社会习惯改变和经济全球化

三、判断题

1.《上市公司行业分类指引》是在借鉴联合国国际标准行业分类、北美行业分类体系有关内容的基础上制定而成的。（　　）

2. 生产的产品同种但不同质，即产品之间存在差异。产品的差异性是指各种产品之间存在实际或想象上的差异。这是寡头垄断与完全竞争的主要区别。（　　）

3. 石油冶炼、超级市场和电力等行业处于行业生命周期的成长期。（　　）

4. 社会习惯的改变也可能影响某一行业的发展。（　　）

5. 经济全球化使传统的劳动密集型（如纺织服装、消费类电子产品）甚至是低端技术的资本密集型行业（如中低档汽车制造）将加快向发展中国家转移。（　　）

实训任务

实训一　行业板块的划分

★ 实训目的与要求

- 能够通过行情软件了解我国证券市场上行业和板块的划分情况
- 能够掌握上市公司行业分类的基本应用

★ 实训步骤

- 确定给出的股票所属的门类、大类和中类
- 选择一个门类
- 在门类中选择一个次类（制造业门类中才有，其他门类直接在门类中选择一个大类）
- 在次类中选择一个大类
- 在大类中选择一个中类
- 列出该中类中主营业务相同或相近的上市公司

实训二　行业一般特征分析

★ 实训目的与要求

- 能够掌握行业一般特征分析的基本应用
- 能够分析行业的市场结构、行业与经济周期的关系以及行业所处的生命周期

★ 实训步骤

- 选择一个行业
- 定性分析该行业的市场结构
- 定性分析该行业与经济周期的关系
- 定性分析该行业所处的生命周期

项目六 公司分析

任务一 上市公司基本素质分析

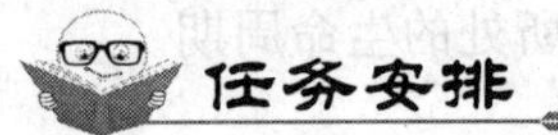

※ 了解公司分析的含义；

※ 掌握上市公司基本素质分析。

李先生掌握了宏观经济和行业分析后，想要入市看看究竟，但是面对沪深股市两千多只股票，李先生一时无所适从。李先生心想："对宏观经济和行业分析倒是知道一些，但是，具体选择哪只股票呢？如何进行上市公司分析呢？"

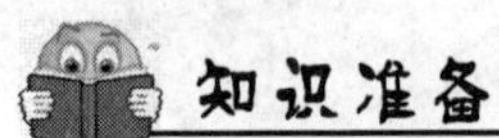

美国证券投资之父格雷厄姆指出："当投资是以最靠近企业的方式来进行时，投资是最明智的。"正是由于对这一原则的信奉，巴菲特开创了辉煌的事业，并建立了自己庞大的金融王国。以最靠近企业的方式投资，意味着人们不但要把股票市场当做目标本身，而且要考虑股票所代表的公司本质。所以，公司拥有什么样的资产，人、财、物、技术、品牌等资质状况如何，直接决定了投资的收益和风险，当然对投资成败至关重要。

一、公司分析的含义

从经济学角度来看，所谓公司是指依法设立的从事经济活动并以营利为目的的企业法人。当然，由于社会习惯、经济、文化及法律的差异，各国对公司的定义也各不相同。我国现行法律没有对公司作直接的定义。但根据《中华人民共和国公司法》（以下简称《公司法》）有关条款所揭示的公司本质特征，我国的公司应指全部资本由股东出资构成，股东以其认缴的出资额或认购的股份为限对公司承担责任，公司以其全部财产对公司债务承担责任的依《公司法》成立的企业法人。

公司股票按其是否上市流通为标准，可以分为上市公司和非上市公司。根据我国《公司法》的规定，我国上市公司是指其所发行的股票在证券交易所上市交易的股份有限公司。

在实际投资活动中，投资者对于上市公司的了解是必要的，否则其收益将面临很大的风险。因此，无论是进行判断投资环境的宏观经济分析，还是进行选择投资领域的行业分析，具体投资对象的选择最终都将落实在微观层面的公司分析上。公司分析侧重对公司的竞争能力、盈利能力、经营管理能力、发展潜力、财务状况、经营业绩以及潜在风险等进行分析，借此评估和预测证券的投资价值、价格及其未来变化的趋势。上市公司分析的逻辑一般是按照上市公司基本分析、公司财务分析、公司重大事项分析的顺序来进行。

二、上市公司基本素质分析的主要内容

上市公司基本素质分析的主要内容包括公司行业地位分析、公司经济区位分析、公司产品分析、公司经营管理能力分析以及公司成长性分析五个方面。

1. 公司行业地位分析

公司在行业中的竞争地位分析是进行公司分析的首要任务。在大多数行业中，无论其行业平均盈利能力如何，总有一些公司比其他公司具有更强的获利能力，它们在这个行业中处于优势地位。对于公司间的比较，只有放在行业背景下才能得出比较客观的结果。行业地位分析的目的在于找出公司在所处行业中的竞争地位，例如其是否为领导企业，在价格上是否具有影响力，是否有竞争优势等。公司的行业定位决定了其盈利能力高于还是低于行业平均水平，决定了其行业内的竞争地位。衡量公司行业竞争地位的主要指标是行业综合排序和产品的市场占有率。

2. 公司经济区位分析

经济区位是指地理范畴上的经济增长点及其辐射范围。不同的上市公司处于不同的地理位置和行政区域，而不同区位的自然条件、资源状况、产业政策等方面都不相同，因此，必须将上市公司的价值分析与区位经济的发展联系起来，从区位内的自然条件与基础设施、区位内的产业政策和区位内的经济特色三个方面进行分析，以便分析上市公司未来发展的前景，确定上市公司的投资价值。

3. 公司产品分析

(1) 产品的竞争能力分析。一个公司的产品竞争能力可体现在三个方面：成本优势、技术优势和质量优势。

成本优势是指公司的产品依靠低成本获得高于同行业其他企业的盈利能力。企业一般通过规模经济、专有技术、优惠的原材料和低廉的劳动力实现成本优势。在很多行业中，成本优势是决定竞争优势的关键因素，理想的成本优势往往成为同行业价格竞争的抑制力。技术优势是指企业拥有的比同行业其他竞争对手更强的技术实力及其研究与开发新产品的能力。这种能力主要体现在生产技术水平和产品的技术含量上。质量优势是指企业的产品以高于其他企业同类产品的质量赢得市场，从而取得竞争优势。不断提高企业产品的质量，是提升企业产品竞争力行之有效的方法。在与竞争对手成本相等或相近的情况下，具有质量优势的上市公司往往在该行业中占据领先地位。

(2) 产品的市场占有率。产品的市场占有率在衡量企业产品竞争力方面居于重要地

位。产品的市场占有率可以从两个方面进行考察。

第一是公司产品销售市场的地域分配情况，是地区性、全国性还是世界范围的销售市场，可以用产品覆盖率来说明，从而判断一个公司的经营能力和实力。

产品覆盖率＝产品行销地区÷同种产品行销地区总数

第二是公司产品在同类产品市场上的占有率。市场占有率是指一个公司的产品销售量占该类产品整个市场销售总量的比例，即：

产品市场占有率＝产品销售量÷同种产品的市场销售总量

小贴士

产品市场占有率和市场覆盖率的组合评价

二者的组合可产生以下四种情况：

第一，市场占有率和市场覆盖率都较高。这说明公司产品的销量和广度在同行业中占有优势地位，产品竞争力较强。

第二，市场占有率和市场覆盖率都较低。这说明公司产品前途不佳。

第三，市场占有率低而市场覆盖率高。这说明公司销售网络比较完善，但产品竞争力可能不强。

第四，市场占有率高而市场覆盖率低。这表明公司产品在一定范围内竞争力较强，但大范围内的竞争优势不明显。公司产品往往是地方性产品或生活必需品。这种公司比较有竞争潜力。

公司的市场占有率是利润之源。市场占有率是对公司的实力和经营能力的较精确的估计。不断地开拓进取挖掘现有市场潜力并不断进军新的市场，是扩大市场占有份额和提高市场占有率的主要手段。

(3) 品牌战略。品牌是一个商品名称和商标的总称，它可以用来辨别一个卖者或者卖者集团的货物或劳务，以便同竞争者的产品相区别。一个品牌不仅是一种产品的标志，而且是产品质量、性能、满足消费者效用的可靠程度的综合体现。品牌竞争是产品竞争的深化和延伸，当某产业进入成熟阶段，产业竞争充分展开时，品牌就成为产品及企业竞争力的一个非常重要的因素。品牌具有创造市场、联合市场、巩固市场的功能。

4. 公司经营管理能力分析

公司的经营效率和管理能力直接影响公司的盈利和长期发展，是投资者选择投资对象时必须要考虑的因素之一。规范的公司法人治理结构以及经理层、从业人员的素质和创新能力是公司保持较高经营管理能力的保证。

(1) 公司法人治理结构。公司的法人治理结构有狭义和广义之分。狭义的法人治理结构是指有关公司董事会和股东权利等方面的制度安排；广义的法人治理结构是指有关企业控制权和剩余索取权分配机制的一整套法律、文化和制度安排，包括人力资源管理、收益分配和激励机制、财务制度、内部制度和管理等。健全的公司法人治理机制至少包括以下几个方面：

①股权结构。股权结构是公司法人治理结构的基础，许多上市公司的治理结构出现问题都与不规范的股权结构有关。规范的股权结构包括三层含义：一是降低股权集中度，改变“一股独大”的局面；二是流通股股权适度集中，发展机构投资者、战略投资者，发挥它们在公司治理中的积极作用；三是股权的普遍流通性。

②董事会决策机制。董事会作为公司的决策机构，对于公司法人治理机制的完善具有重要作用。既要赋予董事会合理充分的权力，也要建立对董事会的约束机制，好的董事会能够代表全体股东的利益，并且引导公司走向良性发展之路。

③独立董事制度。在董事会中引入独立董事制度，可以加强公司董事会的独立性，有利于董事会对公司的经营决策做出独立判断。2001 年 8 月，中国证监会发布了《关于在上市公司建立独立董事制度的指导意见》，要求上市公司在 2002 年 6 月 30 日之前建立独立董事制度。这对于我国上市公司独立董事制度的建立无疑具有重大的指导意义。

④监事会的独立性和监督责任。一方面，应该加强监事会的地位和作用，增强监督制度的独立性和加强监督的力度，限制大股东提名监事候选人和作为监事会召集人；另一方面，应该加大监事会的监督责任。

⑤利益者的共同治理。相关利益者包括员工、债权人、供应商和客户等主要利益相关者。相关利益者共同参与的共同治理机制可以有效地建立公司外部治理机制，以弥补公司内部治理机制的不足。

(2) 公司经理层的素质。所谓素质，是指一个人的品质、性格、学识、能力、体质等方面特性的总和。经理层人员应当通晓现代化管理的理论知识，具有实际的管理经验，有开拓进取精神，工作态度严谨，具备较强的组织指挥能力，熟悉企业的生产工艺流程和经营的状况，能够合理地安排生产计划，灵活处理各种意外情况。因此，经理人员的素质是决定企业能否取得成功的一个重要因素。在一定意义上，是否有卓越的企业经理人员和经理层，直接决定着企业的经营成果。

(3) 人员素质和创新能力。公司的经营任务要通过业务人员加以完成。因此，公司业务人员的素质对公司的发展起到很重要的作用。员工的素质主要体现在专业技术能力、对企业的忠诚度、责任感、团队合作精神和创新能力等。

5. 公司成长性分析

公司的价值在于长久维持好的盈利能力，这取决于公司的成长性。公司的成长性分析包括公司经营战略分析、公司规模变动特征分析以及扩张潜力分析。

(1) 公司经营战略分析。战略是企业面对激烈的竞争与严峻挑战的环境，为求得长期生存和不断发展而进行的总体性谋划。经营战略是在服从和保证实现企业使命的前提下，在充分利用环境中存在的各种机会和创造新机会的基础上，确定企业同环境的关系，规定企业从事的经营范围、成长方向和竞争对策，合理调整企业结构和分配企业的资源。经营战略具有全局性、长远性和纲领性，它从宏观上规定了企业的成长方向、成长速度及其实现方式。由于经营战略直接牵涉到企业未来的发展方向，其决策对象是复杂的，所以常常面对突发性和难以预料的问题。因此，对公司经营战略的评价比较困难，难以标准化。

（2）公司规模变动特征以及扩张潜力分析。新古典经济学认为企业可以通过调整规模而达到利润最大化，这就是企业对规模经济追求的动力。在技术一定的情况下，企业可以调整产量达到最优规模的水平。但并不是规模越大越好，它会受到技术条件的制约。因此，为了实现利润最大化，企业必须有一个适当的规模。公司规模变动及扩张潜力一般与其所处的行业发展阶段、市场结构、经营战略密切相关，它是从微观方面具体考察公司的成长性。可以从以下几方面进行分析：

①规模扩张是由供给推动还是由市场需求拉动所致，是通过公司的产品创造市场需求还是生产产品去满足市场需求，是依靠技术进步还是依靠其他生产要素等，以此找出企业发展的内在规律。

②分析公司历年的销售、利润、资产规模等数据，把握公司的发展趋势，是加速发展、稳步扩张，还是停滞不前。

③将收入、利润、资产规模等数据及其增长率与行业平均水平及主要竞争对手的数据进行比较，了解其行业地位的变化。

④预测公司主要产品的市场前景及公司未来的市场份额，分析公司的投资项目，并预计其销售和利润水平。

⑤分析公司的财务状况以及公司的投资和筹资潜力。

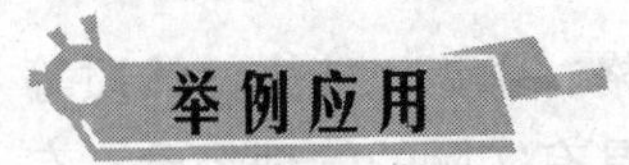

金种子酒（600199）产能扩张潜力分析

长城证券分析师预计公司2010年和2011年每股收益分别为0.28元和0.53元，相当于2010年和2011年市盈率分别为31.4和16.6倍，估值低于可比上市公司的水平，给予其“推荐”的投资评级。

分析师指出，公司白酒业务快速扩张。公司白酒业务在1999年时销售收入即达到52550万元及10万吨的顶峰，随后收入逐步萎缩；2006年公司处理了低效资产，确立了以白酒为核心主业的产业定位。公司近三年区域市场快速扩张，销量增长较快，2006年销量达3000吨，2008年达5000吨左右，2010年更达1万吨。

分析师认为，公司白酒的省内市场仍有较大的增长空间。安徽省内白酒消费规模在80亿元左右，安徽省第一品牌口子窖在阜阳的销售额就达到了5亿元左右。公司目前仅占安徽省内市场份额的4.27%；金种子酒曾经达到10万吨的销量，销售区域覆盖了大部分省份，具有一定的知名度和消费基础，因而在安徽省内市场仍有较大的增长空间。

同时，金宇高速也不再拖累公司业绩。金宇高速自通车以来一直亏损，2009年金宇高速出售资产获利3.81亿元，公司对金宇投资基本实现盈亏平衡，因而其拖累公司业绩的包袱得以解除。此外，公司生化制药业务基本维持盈亏平衡。公司持有这部分业务92%的权益，主营药品流通。目前该部分业务的利润来源主要是自产药品，该部分规模较为稳定，但盈利能力较差，预计未来仍将逐年缩小。

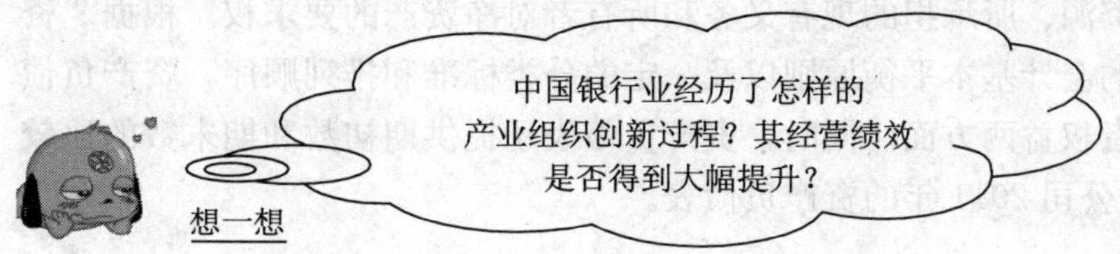

任务二 上市公司财务分析

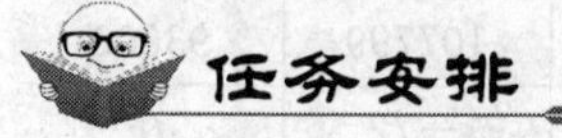

※ 熟悉上市公司的主要财务报表；
※ 了解上市公司财务分析的方法；
※ 掌握财务比率分析法。

学习情境一 上市公司财务分析概述

李先生收集到许多上市公司的财务资料，但看到那一排排密密麻麻的数字，一个个纵横交织的表格，又感到力不从心，不知从何下手。李先生知道进行财务分析需要具备一定的财务知识，但作为一般投资者，是否就真的不能看懂财务报表呢？

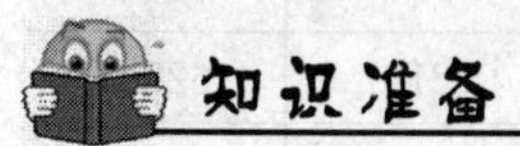

一、上市公司的主要财务报表

消费者通过商品的说明书了解商品的性能与品质，而投资者则可以通过财务报表获取上市公司信息，判断上市公司的内在价值。财务报表是上市公司最重要的信息披露渠道，是投资者了解上市公司财务状况和经营状况的基本途径。一般来说，中小投资者主要从上市公司公布的年报、中报、季报等不同时期的财务报表以及招股说明书、上市公告书、重要事件公告等财务报告上获得关于上市公司的财务信息，其中，上市公司三大主要财务报表资产负债表、利润表和现金流量表是重中之重。因此，如何研读上市公司的财务报表，并通过对财务报表进行分析以判断上市公司的价值趋向，就成为公司财务分析应关注的核心问题。

1. 资产负债表

资产负债表是反映企业在某一特定日期财务状况的会计报表，它表明在企业某一特定

日期所拥有或控制的经济资源、所承担的现有义务和所有者对净资产的要求权。根据“资产＝负债＋所有者权益”的会计基本平衡原则以及一定的分类标准和排列顺序，资产负债表分为资产和负债及所有者权益两方面。同时，资产负债表还提供期初数和期末数的比较资料。表 6－1 所列为兴业公司 2011 年的资产负债表。

表 6－1 **资产负债表**

编制单位：兴业公司 2011 年 12 月 31 日 单位：万元

资　产	期末余额	期初余额	负债及股东权益	期末余额	期初余额
流动资产：			流动负债：		
货币资金	87789	72861	短期借款	107799	93600
交易性金融资产	0	160	交易性金融负债	－72	0
应收票据	19234	19274	应付票据	26903	29647
应收账款	148122	76975	应付账款	52097	40534
预付款项	38583	35217	预收款项	11904	11839
应收利息	0	0	应付职工薪酬	897	867
应收股利	0	0	应缴税费	－5350	8380
其他应收款	51602	85893	应付股利	0	0
存货	83071	65609	应付利息	0	0
一年内到期的非流动资产	0	0	其他应付款	77003	28012
其他流动资产	0	0	一年内到期的非流动负债	0	10000
流动资产合计	428401	355988	其他流动负债	0	0
非流动资产：			流动负债合计	271181	222933
可供出售金融资产	0	0	非流动负债：		
持有至到期投资	0	0	长期借款	72187	62247
长期应收款	0	0	应付债款	0	0
长期股权投资	107493	107493	长期应付款	0	0
投资性房地产	0	0	专项应付款	0	0
固定资产	77176	76023	预计负债	0	0
在建工程	3183	2424	递延所得税负债	4128	0
工程物资	0	3436	其他非流动负债	0	0
固定资产清理	0	0	非流动负债合计	76315	62247
生产性生物资产	0	0	负债合计	347496	285180
油气资产	0	0	股东权益：		
无形资产	4230	3735	股本	50000	50000
开发支出	0	0	资本公积	59936	59936

续 表

资 产	期末余额	期初余额	负债及股东权益	期末余额	期初余额
商誉	0	0	减：库存股	0	0
长期待摊费用	0	0	盈余公积	23199	23199
递延所得税资产	3680	1944	未分配利润	143732	132728
其他非流动资产	0	0	股东权益合计	276867	265863
非流动资产合计	195962	195055			
资产总计	624363	551043	负债及股东权益总计	624363	551043

2. 利润表

利润表是反映企业一定期间生产经营成本的会计报表，表明企业运用所拥有的资产进行获利的能力。利润表把一定期间的营业收入与其同一会计期间相关的营业费用进行配比，以计算企业一定时期的净利润（或净亏损）。

我国一般采用多步式利润表格式。表 6 - 2 为 2011 年兴业公司的利润表。利润表主要反映以下几方面的内容：

（1）构成主管业务利润的各项要素。

（2）构成营业利润的各项要素。

（3）构成利润总额（或亏损总额）的各项要素。

（4）构成净利润（或净亏损）的各项要素。

表 6 - 2 **利润表**

编制单位：兴业公司 2011 年 12 月 31 日 单位：万元

项 目	本期金额	上期金额
一、营业收入	234419	80260
减：营业成本	195890	63599
营业税金及附加	6	160
销售费用	13077	10596
管理费用	8574	5247
财务费用	3539	2507
资产减值损失	0	0
加：公允价值变动收益（损失以“—”号填列）	72	0
投资收益（损失以“—”号填列）	63	5657
其中：对联营企业和合营企业的投资收益	0	0

续 表

项 目	本期金额	上期金额
二、营业利润（亏损以“—”号填列）	13468	3808
加：营业外收入	19	301
减：营业外支出	88	3
其中：非流动资产处置损失	29	—131
三、利润总额（亏损总额以“—”号填列）	13399	4106
减：所得税费用	2395	434
四、净利润（净亏损总额以“—”号填列）	11004	3672
五、每股收益		
（一）基本每股收益		
（二）稀释每股收益		
六、其他综合收益		
七、综合收益总额		

3. 现金流量表

现金流量表反映企业一定期间现金的流入和流出情况，表明企业获得现金及现金等价物的能力，更为清晰地揭示企业资产的流动性和财务状况。现金流量表主要包括经营活动、投资活动和筹资活动产生的现金流量三个部分。表 6－3 为 2011 年兴业公司的现金流量表。

表 6－3　　现金流量表

编制单位：兴业公司　　2011 年 12 月 31 日　　单位：万元

项 目	本期金额	上期金额
一、经营活动产生的现金流量：		
销售商品、提供劳务收到的现金	197817	89237
收到的税费返还	0	0
收到其他与经营活动有关的现金	186	304
经营活动现金流入小计	198003	89541
购买商品、接受劳务支付的现金	169045	68745
支付给职工以及为职工支付的现金	6718	4018
支付的各项税费	4638	318
支付其他与经营活动有关的现金	10311	10977

续 表

项 目	本期金额	上期金额
经营活动现金流出小计	190712	84058
经营活动产生的现金流量净额	7291	5483
二、投资活动产生的现金流量：		
收回投资收到的现金	223	996
取得投资收益收到的现金	0	0
处置固定资产、无形资产和其他长期资产收回的现金净额	2	4708
处置子公司及其他营业单位收到的现金净额	0	0
收到其他与投资活动有关的现金	0	0
投资活动现金流入小计	225	5704
购置固定资产、无形资产和其他长期资产支付的现金	4252	275
投资支付的现金	0	444
取得子公司及其他营业单位支付的现金净额	0	0
支付其他与投资活动有关的现金	0	0
投资活动现金流出小计	4252	719
投资活动产生的现金流量净额	−4027	4985
三、筹资活动产生的现金流量：		
吸收投资收到的现金	0	0
取得借款收到的现金	47839	52714
收到其他与筹资活动有关的现金	0	0
筹资活动现金流入小计	47839	52714
偿还债务支付的现金	33600	38700
分配股利、利润或偿付利息支付的现金	2410	2254
支付其他与筹资活动有关的现金	164	0
筹资活动现金流出小计	36174	40954
筹资活动产生的现金流量净额	11665	11760
四、汇率变动对现金及现金等价物的影响	0	0
五、现金及现金等价物净增加额	14928	22229
加：期初现金及现金等价物余额	72861	50632
六、期末现金及现金等价物余额	87789	72861

二、上市公司财务报表的分析方法

投资者通过阅读财务报表，可以取得大量的第一手数据资料，但仅仅简单地浏览这些数据还不够，还需要用一定的方法分析各种会计数据之间存在的相互关系，才能全面反映企业经营业绩和财务状况。财务报表的分析方法主要有对比分析法、结构分析法、趋势分析法、比率分析法和综合分析法。

1. 对比分析法

对比分析法，简称比较法，是通过两个或多个有关的、可比的绝对数或相对数的数据资料对比，确定指标间的数量差异，以发现问题的一种最基本的分析方法。投资者对各行业及某企业生产经营中的各种重要指标进行对比分析，可以评估其经营状况、经营效益，进行投资决策。

通常情况下，投资者可以选择以下多种对比形式进行财务报表的比较分析：

（1）实际与计划指标或目标指标对比分析。

（2）本期与前期指标对比分析。

（3）本企业指标与同类企业同类指标对比分析。

2. 结构分析法

结构分析法是将财务报表上各项目与某一基数（如资产总额或销售总额）进行比较，来反映同一财务报表各数据项目间的关系。结构分析法揭示的是企业的某项经济指标的局部与总体（通常是报表上的总量数值）之间的关系，即某项目占总量的百分比。比如从每种资产占总资产的百分比，可以看出流动资产与固定资产的相对重要性，还可以看到总资产中分别有多大比例来自短期债款、长期债款及股东股份。其计算公式为：

构成百分比＝某个组成部分数额÷总体数额×100％

3. 趋势分析法

趋势分析法也叫水平分析法，是将某特定企业连续若干会计年度的报表资料在不同年度间进行横向对比，确定不同年度间的差异额或差异率；或者将财务报表上的各项数据与某基期年的数据进行比较，以此分析企业各报表项目的变动情况及变动趋势，进而判断企业的演变趋势及其在同行业中地位的变化。

趋势分析法有个前提，即分析用的各期会计数据在时间上必须是连续的，中间没有间断，并且只反映百分率变化，而不反映绝对值变化。显然，这种报表分析方法对于揭示公司在若干期内的经营活动和财务状况的变化趋势特别有效。

4. 比率分析法

在实际中，我们运用得最多的财务分析方法是比率分析法。比率分析法是将同一时期财务报表上的若干重要项目间的相关数据互相比较，用一个数字除以另一个数字求出比率，再用这个比率的大小来评价公司的财务状况、经济成果和现金流量的方法。

比率化以后的数字，首先便于我们将财务数字进行纵向比较，可以方便地消除增资扩股带来的影响，正确地结算公司各种财务数字的发展趋势；其次便于我们将不同公司的财务数字进行横向比较，可以消除公司股东大小的差异，正确地反映不同公司的经营业绩。

因为运用财务比率可以考察公司的各种能力与潜力，所以比率分析法是投资者必须重点掌握的财务分析方法。

5. 综合分析法

企业的各种财务活动、各项财务指标是相互联系、相互影响的，必须结合起来综合地进行研究。因此，我们可将所有有关指标按其内在联系结合起来，以全面反映公司整体财务状况以及经营成果，对公司进行总体评价，这种方法称为综合分析法。

财务报表的综合分析方法有很多，如杜邦财务分析体系、雷达图分析法、沃尔比重评分法等。杜邦财务分析体系是利用各主要财务比率指标间的内在联系，对企业财务状况及经营绩效进行综合系统分析评价的方法。雷达图分析法是将主要财务分析比率进行汇总，绘制成一张直观的财务分析雷达图，从而达到综合反映企业总体财务状况目的的一种方法。沃尔比重评分法运用信用能力指数概念，把选定的流动比率、产权比率、固定资产比率、存货周转率、应收账款周转率、固定资产周转率、主要资本周转率等七项财务比率用线性关系结合起来，并分别给定各自的分数权重，通过与标准比率进行比较，确定各项指标的得分及总体指标的累计分数，对企业的财务状况信用水平做出评价。

上述几种财务分析方法，各有长短，在进行股票投资分析时，最好将几种方法综合运用，互相印证，从而使分析的结果更有参考意义。

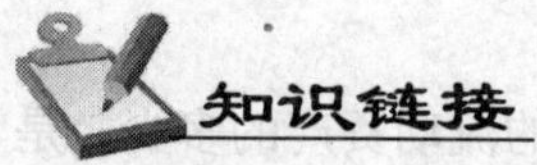

财务报表分析的主要目的

从共性的角度来看，财务报表分析的目的是为有关各方提供可以用来作出决策的信息。但具体而言，公司财务报表的使用主体不同，其分析的目的也不完全相同。

(1) 公司经理人员：通过分析财务报表判断公司现状、可能存在的问题，以便进一步改善经营管理。

(2) 公司现有投资者及潜在投资者：主要关心公司财务状况、盈利能力。通过对财务报表所传递的信息进行分析、加工，得到反映公司发展趋势、竞争能力等方面信息；计算投资收益率，评价风险，比较该公司和其他公司的风险和收益，决定自己的投资策略。

(3) 公司债权人：主要关心自己的债权能否收回。通过密切观察公司有关财务情况，分析财务报表，得出对公司短期偿债能力和长期偿债能力的判断，以决定是否追加抵押和担保、是否提前收回债券等。

此外，公司财务报表的使用主体还包括供应商、政府、雇员和工会、中介机构等。其中，专业财务分析人员（或机构）作为公司财务报表使用人中的特殊群体，不同程度地承担了各类报表使用人提供专业咨询服务的任务，也逐渐成为推动财务报表分析领域不断扩展的中坚力量。

综上所述，财务报表分析的一般目的可以概括为：评价过去的经营业绩，衡量现在的财务状况，预测未来的发展趋势。

学习情境二 上市公司财务比率分析法

李先生像许多投资者一样认识到了财务分析的重要性与必要性，但作为一般投资者，如何运用财务比率分析法比较全面地了解上市公司，掌握上市公司的真正价值呢？运用财务比率分析法应该从哪几个方面入手呢？

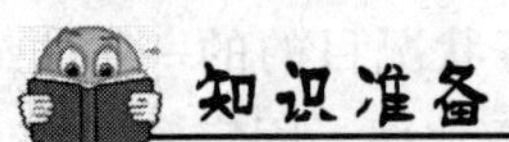

财务比率分析是财务报表分析的基本方法，它是将同一报表的不同项目或不同报表的相关项目进行比较，并用比率来反映它们的相互关系。比率分析涉及公司管理的以下六个方面：变现能力分析、营运能力分析、长期偿债能力分析、盈利能力分析、投资收益分析和现金流量分析。

一、变现能力分析

变现能力是公司产生现金的能力，它取决于可以在近期转变为现金的流动资产的多少，是考察公司短期偿债能力的关键。衡量变现能力时最常用的指标是流动比率和速动比率。

1. 流动比率

流动比率是流动资产与流动负债的比值，计算公式为：

流动比率＝流动资产÷流动负债

流动比率可以反映短期偿债能力。流动资产越多，短期债务越少，则偿债能力越强。流动比率排除了公司规模不同的影响，更适合公司之间以及一个公司不同历史时期之间的比较。

一般认为生产型公司合理的最低流动比率是 2，这是因为，流动资产中变现能力最差的存货金额约占流动资产总额的一半，剩下的流动性较大的流动资产至少要等于流动负债，公司的短期偿债能力才会有保证。但人们长期以来的这种认识，因其未能在理论上得到证明，还不能成为统一标准。

2. 速动比率

速动比率是从流动资产中扣除存货部分，再除以流动负债的比值，计算公式为：

速动比率＝（流动资产－存货）÷流动负债

使用速动比率的原因在于，存货转化为现金所需要的时间和所能变现的金额都具有很大的不确定性，例如部分存货可能已损失报废，还没作处理；部分存货已抵押给某债权人等。在不希望公司用变卖存货的办法还债以及排除使人产生种种误解因素的情况下，速动比率反映的短期偿债能力更加令人信服。

通常认为正常的速动比率为 1，这表明公司不需要动用存货就可以偿付流动负债，且有较强的偿债能力。速动比率过低，说明公司在资金使用和安排上不够合理，随时会面临无力清偿短期债务的风险。速动比率过高，则表明低收益资产为数过多，或是应收账款中坏账较多，将影响公司的盈利能力。

3. 影响变现能力的其他因素

还有一些不能从财务报表中反映出来的因素也会影响企业的变现能力。可以增强企业变现能力的因素有：可动用的银行贷款指标，准备很快变现的长期资产，偿债能力的声誉等。会减弱企业变现能力的因素有：未做记录的或有负债、担保责任引起的负债等。

变现能力分析

以兴业公司为例，从表 6－1 中得知，兴业公司 2011 年年末的流动资产为 428401 万元，流动负债为 271181 万元，存货为 83071 万元，依公式计算兴业公司的流动比率和速动比率分别为：

流动比率＝428401÷271181＝1.58

速动比率＝（428401－83071）÷271181＝1.27

由此可以判断，兴业公司虽然流动比率稍低，但存货比例较低，速动比率较高，其变现能力较强，偿还短期债务有保障。

二、营运能力分析

营运能力是指公司经营管理中利用资金运营的能力，一般通过公司资产管理比率来衡量，主要表现为资产管理及资产利用的效率。因此，资产管理比率通常又被称为运营效率比率。常用指标主要包括：存货周转率、存货周转天数；应收账款周转率、应收账款周转天数；流动资产周转率和总资产周转率等。

1. 存货周转率和存货周转天数

在流动资产中，存货所占的比重较大。存货的流动性将直接影响公司的流动比率，因此，必须特别重视对存货的分析。存货的流动性一般用存货的周转速度指标来反映，即存货周转率或存货周转天数。

存货周转率是营业成本与平均存货的比值，也叫存货的周转次数。它是衡量和评价公司购入存货、投入生产、销售收回等各环节管理状况的综合性指标。用时间表示的存货周转率就是存货周转天数。其计算公式为：

存货周转率＝营业成本÷平均存货（次）

存货周转天数＝360÷存货周转率（天）＝（平均存货×360）÷主营业务成本（天）

公式中的“营业成本”数据来自利润表，“平均存货”数据来自资产负债表中的“存货”期初余额与期末余额的平均数。

一般来讲，存货周转速度越快，存货的占用水平越低，流动性越强，存货转换为现金或应收账款的速度越快。提高存货周转率可以提高公司的变现能力，存货周转速度越慢则变现能力越差。存货周转率指标的好坏反映存货管理水平，它不仅影响公司的短期偿债能力，也是整个公司管理的重要内容。公司管理者和有条件的外部报表使用者除了分析批量因素、季节性生产的变化等情况外，还应对存货的结构以及影响存货周转速度的重要项目进行分析，如分别计算原材料周转率、在产品周转率或某种存货的周转率。

2. 应收账款周转率和应收账款周转天数

应收账款周转率是营业收入与平均应收账款的比值，它反映年度内应收账款转为现金的平均次数，说明应收账款流动的速度。应收账款周转天数，也称应收账款回收期或平均收现期，它表示公司从取得应收账款的权利到收回款项转换为现金所需要的时间，是用时间表示的应收账款周转速度。

应收账款和存货一样，在流动资产中有着举足轻重的地位。及时收回应收账款，不仅增强了公司的短期偿债能力，也反映出公司管理应收账款方面的效率。其计算公式分别为：

应收账款周转率＝营业收入÷平均应收账款（次）

应收账款周转天数＝360÷应收账款周转率（次）＝360×平均应收账款÷营业收入（次）

公式中的“营业收入”数据来自利润表，是指扣除折扣和折让后的营业收入净额。“平均应收账款”是指未扣除坏账准备的应收账款金额，它是资产负债表中“应收账款余额”期初余额与期末余额的平均数。

一般来说，应收账款周转率越高，平均收账期越短，说明应收账款的收回越快；否则，公司的营运资金会过多地滞留在应收账款上，影响正常的资金周转。影响该指标正确计算的因素有：季节性经营，大量使用分期付款结算方式，大量使用现金结算的销售，年末销售的大幅度增加或下降。

3. 流动资产周转率

流动资产周转率是营业收入与全部流动资产的平均余额的比值。其计算公式为：

流动资产周转率＝营业收入÷平均流动资产（次）

公式中的“平均流动资产”是资产负债表中“流动资产”期初余额与期末余额的平均数。流动资产周转率反映流动资产的周转速度。周转速度快，会相对节约流动资产，等于相对扩大资产投入，增强公司盈利能力；而延缓周转速度，需要补充流动资产参加周转，形成资金浪费，降低公司盈利能力。

4. 总资产周转率

总资产周转率是营业收入与平均资产总额的比值。其计算公式为：

总资产周转率＝营业收入÷平均资产总额（次）

公式中的“平均资产总额”是资产负债表中“资产总计”的期初余额与期末余额的平均数。该项指标反映资产总额的周转速度。周转越快，反映销售能力越强。通过薄利多销的方法，加速资产的周转，带来利润绝对额的增加。

可以将计算出的营运能力指标与公司前期、行业平均水平或其他类似公司相比较，判断该指标的高低。总之，营运能力指标用于衡量公司运用资产赚取收入的能力，经常和反映盈利能力的指标结合在一起使用，可全面评价公司的盈利能力。

营运能力分析

以兴业公司为例，从表6－1和表6－2中得知，兴业公司2011年年末的营业收入为234419万元，营业成本为195890万元；存货期初余额为65609万元，期末余额为83071万元；应收账款期初余额为76975万元，期末余额为148122万元；流动资产期初余额为355988万元，期末余额为428401万元；资产总计期初余额为551043万元，期末余额为624363万元。依公式计算兴业公司的营业能力指标分别为：

存货周转率＝195890÷（65609＋83071）÷2＝2.64（次）

存货周转天数＝360÷2.64＝137（天）

应收账款周转率＝234419÷（76975＋148122）÷2＝2.08（次）

应收账款周转天数＝360÷2.08＝173（天）

流动资产周转率＝234419÷（355988＋428401）÷2＝0.60（次）

总资产周转率＝234419÷（551043＋624363）÷2＝0.40（次）

假设已知兴业公司所在行业内平均存货周转天数为145天，平均应收账款周转天数为120天，平均流动资产周转率为0.5次，平均总资产周转率为0.45次。由此可以判断，兴业公司存货周转天数和流动资产周转率高于行业平均水平，但应收账款周转天数远低于行业平均水平，造成总资产周转率也低于行业平均水平，公司应加强应收账款管理，借以提高总资产周转率，提高公司的营运能力。

三、长期偿债能力分析

长期偿债能力是指公司偿付到期长期债务的能力，通常以反映债务与资产、净资产的关系的负债比率来衡量。负债比率主要包括：资产负债率、产权比率、已获利息倍数等。

1. 资产负债率

资产负债率是负债总额与资产总额之比，它表明企业资产总额中，由债权人提供的资金所占比重以及企业的资产对债权人权益的保障程度。其计算公式为：

资产负债率＝负债总额÷资产总额×100％

从债权人的角度看，负债比率高，说明总资产中大部分是债权人的资金，仅小部分是股东的资金，所以债权人承担的风险就很大。因此，负债比率越低，债权人的保障度就越高。从股东的角度来看，企业资产由债权人投入和股东投入起同样的作用，所以只要总资产收益率高于借款利率，负债比率越高，股东的投资收益就越大。

负债比率指标对于不同的行业、不同类型的企业差异较大。一般而言，处于成长期的企业负债比率可能高些，股东的收益相对也高些。但负债经营应该控制在一个合理的水平，一般为50%左右，如果负债比率过高，经营风险就大，对债权人和股东会产生不利的影响。

2. 产权比率

产权比率是负债总额与股东权益总额之间的比率，也称为“债务股权比率”。其计算公式为：

产权比率=负债总额÷股东权益×100%

该比率可以反映由债权人提供和由投资者提供的资金来源的相对关系以及企业财务结构的稳定性，也可衡量债权人资本受到投资者资本保障的程度以及企业清算时对债权人利益的保护程度。一般来说，股东资本大于借入资本较好，但也不能一概而论。比如从股东角度来看，在通货膨胀加剧时，公司多借债可以把损失和风险转嫁给债权人；在经济繁荣时期，公司多借债可以获得额外的利润；在经济萎缩时期，公司少借债可以减少利息负担和财务风险。高产权比率是高风险、高报酬的财务结构，低产权比率是低风险、低报酬的财务结构。

3. 已获利息倍数

已获利息倍数是指公司经营业务收益与利息费用的比率，用以衡量偿付借款利息的能力，也叫利息保障倍数。其计算公式为：

已获利息倍数=税息前利润÷利息费用（倍）

公式中的“税息前利润”是指利润表中未扣除利息费用和所得税之前的利润，用税后利润加所得税再加上利息费用计算得出。我国现行利润表中“利息费用”没有单列，一般以“利润总额”加“财务费用”来估计息税前利润。“利息费用”是指本期发生的全部应付利息，不仅包括财务费用中的利息费用，还应包括计入固定资产成本的资本化利息。

已获利息倍数指标反映企业税息前利润为所需支付的债务利息的多少倍。只要已获利息倍数足够大，企业就有充足的能力偿付利息，否则相反。从稳健性的角度出发，合理评价公司的已获利息倍数，需要与其他公司，特别是本行业平均水平进行比较，最好比较本企业连续几年的该项指标，并选择最低指标年度的数据作为标准。

除了上述各种比率可用以评价和分析公司的长期偿债能力以外，还有一些因素（如长期租赁、担保责任、或有项目）影响公司的长期偿债能力，必须引起足够的重视。

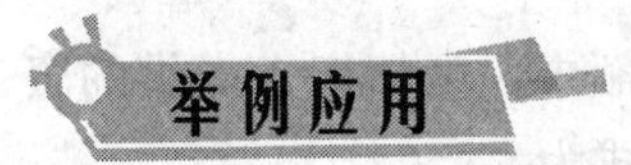

长期偿债能力分析

以兴业公司为例，从表6-1和表6-2中得知，兴业公司2011年年末的负债总额为347496万元，股东权益为276867万元，资产总额为624363万元，利润总额为13399万元，利息费用未知，以财务费用估算，暂计为3539万元。依公式计算兴业公司的长期偿债能力指标分别为：

资产负债率=347496÷624363×100%=55.66%

产权比率＝347496÷276867×100％＝125.51％

已获利息倍数＝（13399＋3539）÷3539＝4.79（倍）

由此可以判断，兴业公司资产负债率为55.66％，产权比率为125.51％，举债经营程度过高，而且其已获利息倍数仅为4.79倍，说明公司长期偿债能力不强，存在财务风险。

四、盈利能力分析

盈利能力就是公司赚取利润的能力。一般来说，公司的盈利能力只涉及正常的营业状况，应当排除非正常的营业状况给公司带来的收益或损失。在分析公司盈利能力时，不考虑以下因素：证券买卖等非正常项目、已经或将要停止的营业项目、重大事故或法律更改等特别项目、会计准则和财务制度变更带来的累计影响等。反映公司盈利能力的指标很多，通常使用的主要有营业净利率、营业毛利率、资产净利率和净资产收益率等。

1. 营业净利率

营业净利率是指净利润与营业收入的百分比。其计算公式为：

营业净利率＝净利润÷营业收入×100％

其中，净利润在我国会计制度中是指税后利润。

该指标反映每一元销售收入带来的净利润是多少，表示销售收入的收益水平。从营业净利率的指标关系来看，净利额与营业净利率成正比关系，而营业收入额与营业净利率成反比关系。所以，企业在增加营业收入的同时，必须相应获得更多的利润，才能使营业净利率保持不变或得到提高。对该指标进行分析，可以促使企业在扩大销售的同时，注意改进经营管理，提高盈利水平。

2. 营业毛利率

营业毛利率是毛利占营业收入的百分比，其中毛利是营业收入与营业成本的差。营业毛利率的计算公式为：

营业毛利率＝（营业收入－营业成本）÷营业收入×100％

营业毛利率表示每一元营业收入扣除营业成本后，有多少钱可以用于各项期间费用和形成盈利。营业毛利率是公司营业净利率的基础，没有足够大的毛利率便不能盈利。

3. 资产净利率

资产净利率是公司净利润与平均资产总额的百分比。其计算公式为：

资产净利率＝净利润÷平均资产总额×100％

比较公司一定期间的净利润与资产，可表明公司资产利用的综合效果。指标越高，表明资产的利用效率越高，说明公司在增加收入和节约资金使用等方面取得了良好的效果，否则相反。资产净利率是一个综合指标，公司的资产是由投资人投资或举债形成的。净利润的多少与公司资产的多少、资产结构、经营管理水平有着密切的关系。为了正确评价公司经济效益的高低、挖掘提高利润水平的潜力，可以用资产净利率与公司前期、计划、本行业平均水平和本行业内的优秀公司进行对比，分析形成差异的原因。影响资产净利率高低的因素主要有产品的价格、单位成本的高低、产品的产量和销售的数量、资金占用量的大小等。

4. 净资产收益率

净资产收益率是净利润与年末净资产的百分比，也称净值报酬率或权益报酬率。其计算公式为：

净资产收益率＝净利润÷年末净资产×100％

其中，年末净资产是指资产负债表中“股东权益合计”的期末余额。

净资产收益率反映公司所有者权益的投资报酬率，具有很强的综合性。

举例应用

盈利能力分析

以兴业公司为例，从表6－1和表6－2中得知，兴业公司2011年年末的净利润为11004万元，营业收入为234419万元，营业成本为195890万元；资产总计期初余额为551043万元，期末余额为624363万元，股东权益合计期末余额为276867万元。依公式计算兴业公司的盈利能力指标分别为：

营业净利率＝11004÷234419×100％＝4.69％

营业毛利率＝（234419－195890）÷234419×100％＝16.44％

资产净利率＝11004÷［（551043＋624363）÷2］×100％＝1.87％

净资产收益率＝11004÷276867＝3.97％

由此可以判断，兴业公司的营业净利率、营业毛利率、资产净利率和净资产收益率均偏低，公司盈利能力不强。

五、投资收益分析

投资收益分析是将公司财务报表中公告的数据与有关公司发行在外的股票数、股票市场价格等资料结合起来，计算出每股收益、市盈率等与股票利益紧密相关的财务指标，以便帮助投资者对不同上市公司股票的优劣做出判断。

1. 每股收益

每股收益是指公司本年净利润与公司发行在外的年末普通股总数的比值。其计算公式一般为：

每股收益＝净利润÷发行在外的年末普通股总数

以上公式主要适用于本年度普通股没发生变化的简单股权结构的上市公司。

当普通股发生增减变化时，该公式的分母应使用按月计算的“加权平均发行在外的年末普通股总数”，加权平均发行在外的年末普通股总数＝Σ（发行在外的普通股股数×发行在外月份数）÷12，“发行在外月份数”指发行已满1个月的月份数，即发行当月不计入“发行在外月份数”。

每股收益是衡量上市公司盈利能力最重要的财务指标，它反映普通股的获利水平。在分析时，可以进行公司间的比较，以评价公司的相对盈利能力；也可以进行不同时期的比较，了解公司盈利能力的变化趋势；还可以进行经营实施和盈利预测的比较，掌握公司的管理能力。

使用每股收益指标分析投资收益时要注意以下问题：每股收益不反映股票所含有的风险；不同股票的每一股在经济上不等量，它们所含有的净资产和市价不同，即换取每股收益的投入量不同，限制了公司间每股收益的比较；每股收益多，不一定意味着多分红，还要看公司的股利分配政策。

2. 市盈率

市盈率是每股市价与每股收益的比率，亦称本益比。其计算公式为：

市盈率＝每股市价÷每股收益（倍）

该指标是衡量上市公司盈利能力的重要指标，反映投资者对每1元净利润所愿意支付的价格，其深层含义是每股股票以现价购入收回投资的年限，可以用来估计公司股票的投资报酬和风险，是市场对公司的共同期望指标。一般来说，市盈率越高，表明市场对公司的未来越看好。在市场确定的情况下，每股收益越高，市盈率越低，风险越小；反之亦然。使用该指标一定要注意分析公司的成长性，一般来讲，高成长性的企业其市盈率往往较高，成长性差的企业其市盈率往往较低。

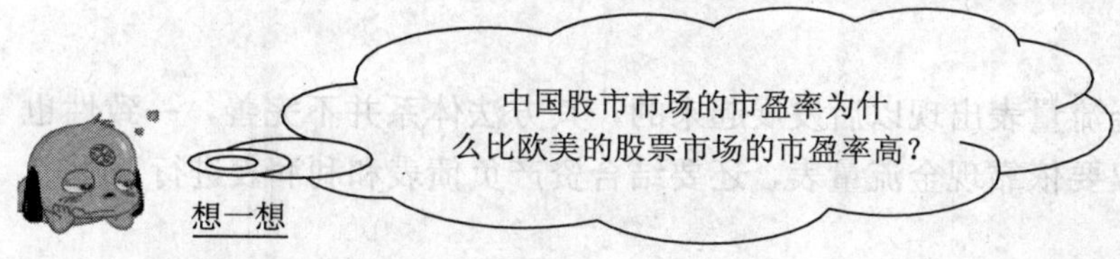

3. 每股净资产

每股净资产是年末净资产（年末股东权益）与发行在外的年末普通股总数的比值，又称为每股账面价值或每股权益，这里的“年末股东权益”指扣除优先股权益后的余额。其计算公式为：

每股净资产＝年末净资产÷发行在外的年末普通股股数

该指标反映发行在外的每股普通股所代表的净资产成本即账面权益。在投资分析时，只能有限地使用这个指标，因其是用历史成本计量的，既不反映净资产的变现能力，也不反映净资产的产出能力，只是在理论上提供了股票的最低价值。

4. 市净率

市净率是每股市价与每股净资产的比值。其计算公式为：

市净率＝每股市价÷每股净资产（倍）

市净率是将每股股价与每股净资产相比，表明股价以每股净资产的若干倍在流通转让，评价股价相对于每股净资产而言是否被高估。市净率越小，说明股票的投资价值越高，股价的支撑越有保证；反之则投资价值越低。这一指标同样是判断股票投资价值的重要指标。

举例应用

投资收益分析

以兴业公司为例，已知公司2011年年初与年末发行在外的普通股股数均为50000万股，每股市场价格为6.60元。从表6-1和表6-2中得知，兴业公司2011年年末的净利润为11004万元，股东权益合计期末余额为276867万元。依公式计算兴业公司的投资收益指标分别为：

每股收益=11004÷50000=0.22（元）

市盈率=6.60÷0.22=30（倍）

每股净资产=276867÷50000=5.54（元）

市净率=6.60÷5.54=1.19（倍）

短期来看，兴业公司的每股收益只有0.22元，比较低，30倍的市盈率较高；长期来看，兴业公司的市净率只有1.19倍，具有一定长线投资价值。

六、现金流量分析

现金流量分析是在现金流量表出现以后发展起来的，其方法体系并不完善，一致性也不充分。现金流量分析不仅要依靠现金流量表，还要结合资产负债表和利润表进行。

1. 流动性分析

一般来讲，真正能用于偿还债务的是现金流量，所以现金流量和债务的比较可以更好地反映公司偿还债务的能力。

（1）现金到期债务比。现金到期债务比是经营现金净流量与本期到期债务的比值，其计算公式为：

现金到期债务比=经营现金净流量÷本期到期债务

公式中的“经营现金净流量”是现金流量表中的“经营活动产生的现金流量净额”，“本期到期的债务”是指本期到期的长期债务和本期应付的应付票据。

（2）现金流动负债比。现金流动负债比是经营现金净流量与流动负债的比值，其计算公式为：

现金流动负债比=经营现金净流量÷流动负债

（3）现金债务总额比。现金债务总额比是经营现金净流量与负债总额的比值，其计算公式为：

现金债务总额比=经营现金净流量÷负债总额

流动性分析

以兴业公司为例，已知2011年公司本期到期长期债务为100万元。从表6-1和表6-3中得知，兴业公司的本期应付票据为26903万元；2011年年末的流动负债为271181万元，负债总额为347496万元；公司经营活动产生的现金流量净额为7291万元。依公式计算兴业公司的流动性指标分别为：

现金到期债务比＝7291÷（100＋26903）＝0.27

现金流动负债比＝7291÷271181＝0.03

现金债务总额比＝7291÷347496＝0.02

由此可以判断，兴业公司的现金到期债务比仅为0.27，现金流动负债比仅为0.03，说明公司偿还到期债务和流动负债的能力是较差的，特别是，公司现金债务总额比低到了0.02，说明公司目前最大的付息能力只有2%，即利息超过2%时，公司将不能按时付息，公司的流动性极差。

2. 获取现金能力分析

获取现金能力是指经营现金净流量和投入资源的比值。投入资源可以是营业收入、总资产、营运资金、净资产或普通股股数等。

（1）营业现金比率。营业现金比率反映每一元营业收入得到的净现金，其数值越大越好，其计算公式为：

营业现金比率＝经营现金净流量÷营业收入

其中，公式中的“营业收入”是指营业收入和应向购买者收取的增值税进项税额。

（2）每股营业现金净流量。每股营业现金净流量反映公司最大的分派股利能力，超过此限度，就要借款分红。其计算公式为：

每股营业现金净流量＝经营现金净流量÷普通股股数

（3）全部资产现金回收率。全部资产现金回收率反映公司资产产生现金的能力。其计算公式为：

全部资产现金回收率＝经营现金净流量÷资产总额×100%

获取现金能力分析

以兴业公司为例，已知公司2011年年初与年末发行在外的普通股股数均为50000万股。从表6-1、表6-2和表6-3中得知，公司2011年年末的营业收入（含增值税）为234419万元，资产总额为624364万元；公司经营活动产生的现金流量净额为7291万元。

依公式计算兴业公司的获取现金能力指标分别为：

营业现金比率＝7291÷234419＝0.03

每股营业现金净流量＝7291÷50000＝0.15

全部资产现金回收率＝7291÷624364×100％＝1.17％

由此可以判断，兴业公司的营业现金比率仅为0.03，反映每一元营业收入仅得到0.03元净现金；每股营业现金净流量仅为0.15，说明公司最大的分派股利能力仅为每股0.15元；全部资产现金回收率是1.17％，说明公司每一元资产仅得到0.0117元净现金。这三个指标说明公司的获取现金能力极差。

3. 财务弹性分析

财务弹性是指公司适应经济环境变化和利用投资机会的能力。这种能力来源于现金流量和支付现金需要的比较。现金流量超过需要，有剩余的现金，适应性就强。财务弹性是用经营现金流量与支付要求进行比较，支付要求可以是投资需求或承诺支付等。

（1）现金满足投资比率。现金满足投资比率越大，说明资金自给率越高。达到1时，说明公司可以用经营活动获取的现金满足扩充所需资金；若小于1时，则说明公司是靠外部融资来补充资金的。其计算公式为：

现金满足投资比率＝近5年经营活动现金净流量÷近5年资本支出、存货增加、现金股利之和

（2）现金股利保障倍数。现金股利保障倍数越大，说明支付现金股利的能力越强。其计算公式为：

现金股利保障倍数＝每股营业现金净流量÷每股现金股利

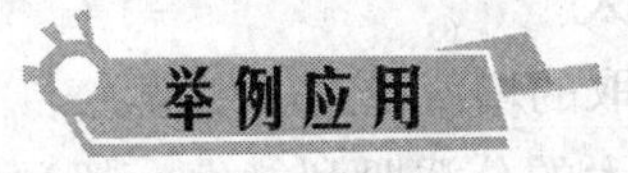

财务弹性分析

以兴业公司为例，已知公司2011年每股营业现金净流量为0.15元，每股现金股利为0.15元。假设公司近5年经营现金流量平均数与2011年相同，为7291万元，平均资本支出为4500万元，存货平均增加50万元，现金股利平均每年5100万元。依公式计算兴业公司的财务弹性指标分别为：

现金满足投资比率＝7291÷（4500＋50＋5100）＝0.76

现金股利保障倍数＝0.15÷0.15＝1

由此可以判断，兴业公司的现金满足投资比率为0.76，说明公司用经营活动获取的现金不能满足扩充所需资金，公司是靠外部融资来补充资金的；兴业公司的现金股利保障倍数为1，说明兴业公司的股利保障倍数较小。如果经营不力或遇到不景气的市场环境，可能没有现金维持当前的股利水平。

4. 收益质量分析

收益质量是指报告收益与公司业绩之间的关系。如果收益能如实反映公司业绩，则认为收益的质量好；如果收益不能很好地反映公司业绩，则认为收益的质量不好。

从现金流量的角度看，收益质量分析主要是分析会计收益与现金净流量的比率关系，其主要的财务比率是营运指数。

营运指数＝经营现金净流量÷经营所得现金

经营所得现金＝经营净收益＋非付现费用＝净利润－非经营收益＋非付现费用

收益质量的信息列示在现金流量表的补充资料中。其中，非经营收益涉及处置固定资产、无形资产和其他资产的损失，固定资产报废损失，财务费用，投资损失等项目；非付现费用涉及计提的资产减值准备、固定资产拆旧、无形资产摊销、长期待摊费用摊销、待摊费用的减少、预提费用的增加等项目。

小于1的营运指数，说明收益质量不够好。首先，营运指数小于1，说明一部分收益尚没有取得现金，停留在实物或债权形态，而实物或债权资产的风险大于现金，应收账款能否足额变现是有疑问的，存货也有贬值的风险。其次，营运指数小于1，说明营运资金增加了，反映出公司为取得同样的收益占用了更多的营运资金，即取得收益的代价增加了，所以同样的收益代表着较差的业绩。

收益质量分析

以兴业公司为例，2011年公司净利润为11004万元，经营活动产生的现金流量净额为7291万元。部分补充资料如下：非经营收益包括处置固定资产－29万元、固定资产报废损失101万元、财务费用3539万元、投资收益63万元；非付现费用包括计提的资产减值准备370万元、固定资产折旧772万元、无形资产摊销211万元、长期待摊费用摊销213万元、待摊费用的减少41万元、预提费用增加3200万元。依公式计算兴业公司的营运指数为：

非经营收益＝63－29－101－3539＝－3606万元

非付现费用＝370＋772＋211＋213＋41＋3200＝4807万元

经营所得现金＝11004－（－3606）＋4807＝19417万元

营运指数＝7291÷19417＝0.38万元

由此可以判断，兴业公司的营运指数为0.38，小于1，说明公司收益质量不够好。

财务分析中应注意的问题

一是注意财务报表数据的准确性、真实性与可靠性。财务报表是按会计准则编制的，它们合乎规范，但不一定反映该公司的客观实际。例如：报表数据未按通货膨胀或物价水平调整；非流动资产的余额，是按历史成本减折旧或摊销计算的，不代表现行成本或变现价值；有许多项目，如科研开发支出和广告支出，从理论上看是资本支出，但发生时已立即列作了当期费用；有些数据基本上是估计的，如无形资产摊销和开办费摊销，但这种估计未必正确；发生了非常的或偶然的事项，如财产盘盈或坏账损失，可能歪曲本期的净收益，使之不能反映盈利的正常水平。

二是注意财务分析结果的预测性调整。公司的经济环境和经营条件发生变化后，原有的财务数据与新情况下的财务数据就不再具有直接可比性，因为财务数据反映的基础发生了变化。因此，在对公司财务指标进行比率分析后对公司的财务情况下结论时，必须预测公司经营环境可能发生的变化，对财务分析结果进行调整。

三是注意公司增资行为对财务结构的影响。如配股增资对财务结构的影响，增发新股对财务结构的影响，债券发行增资对财务结构的影响等。

任务三　上市公司重大事项分析

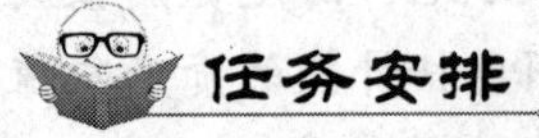

※　掌握资产重组对公司的影响；

※　掌握关联交易对公司的影响。

李先生在熟悉中国股票市场时惊讶地发现，曾经身为 ST 股的中国船舶（前身是沪东重机）因重组，股价在 2007 年 10 月 11 日创下 A 股历史上每股 300 元的天价。李先生想知道为什么上市公司重大事项会对股票的价格产生如此重大的影响呢？

知识准备

上市公司潜在的因素，比如有无新项目、何时投产创造效益，有无廉价土地未被开发，有无使公司变化的重大题材，有无法律纠纷等，都可能对公司未来发展产生重大影响，继而影响公司股票的投资价值。中国证监会2007年1月30日发布的《上市公司信息披露管理办法》要求上市公司如有“重大事件”需要发布临时报告。所谓重大事件，是指发生可能对上市公司证券及其衍生品种交易价格产生较大影响但投资者尚未得知的事件。在众多的重大事件中，公司的资产重组和关联交易最容易成为市场追捧的热点题材。

一、公司的资产重组

（一）公司资产重组的含义

我国资产重组概念是从股市习语上升到专业术语的，它所包含的内容比国外的企业重组的概念要广。2008年5月18日，中国证监会颁布了《上市公司重大资产重组管理办法》。参照该办法和我国的实际情况，资产重组是指企业资产的拥有者、控制者与企业外部的经济主体，对企业资产的分布状态进行重新组合、调整、配置的过程，或对设在企业资产上的权利进行重新配置的过程。可以看出，我国的资产重组显然有两个层面的含义：一个是企业层面的“资产”重组；另一个是股东层面的“产权”重组。企业内部资产的重新组合以及企业对外正常的投资行为不属于资产重组。

（二）资产重组方式

资本市场上的公司扩张、公司调整、公司所有权和控制权转移是三类既不相同但又互相关联的资产重组行为。在具体的重组实践中，这三类不同的重组行为基于不同的重组目的，组合成不同的重组方式。

1．扩张型公司重组

公司的扩张通常指扩大公司经营规模和资产规模的重组行为。

（1）购买资产。购买资产通常指购买房地产、债权、业务部门、生产线、商标等有形或无形的资产。收购资产的特点是收购方不必承担与该部分资产有关联的债务和义务。

（2）收购公司。收购公司通常是指获取目标公司全部股权，使其成为全资子公司或者获取大部分股权处于绝对控股或相对控股地位的重组行为。通过收购，收购方不仅可以获得目标公司拥有的某些专有权利，如经营权、经营特许权等，更能快速地获得该公司的核心能力。

（3）收购股份。收购股份通常指以获取参股地位而非目标公司控制权为目的的股权收购行为。收购股份通常是试探性的多元化经营的开始和策略性的投资，或是为了强化与上下游企业之间的协作联系。

（4）合资或联营组建子公司。公司在考虑如何将必要的资源与能力组织在一起从而能在其选择的产品市场中取得竞争优势的时候，通常有三种选择，即内部开发、收购以及合资。合资和联营可以作为合作战略的最基本手段，获得共同的竞争优势。

（5）公司合并。公司合并是指两家以上的公司结合成一家公司，原有公司的资产、负债、权利和义务由新设或存续的公司承担。合并有吸收合并和新设合并两种类型。合并的目的是实现战略伙伴之间的一体化，进行资源、技能的互补，从而形成更强、范围更广的核心竞争能力，提高市场竞争力。同时，公司合并还可以减少同业竞争，扩大市场份额。

2. 调整型公司重组

公司的调整包括不改变控制权的股权置换、股权—资产置换、不改变公司资产规模的资产置换，以及缩小公司规模的资产出售、公司的分立、资产配负债剥离等。

(1) 股权置换。通常股权置换不涉及控股权的变更。股权置换的结果是实现公司控股股东与战略合作伙伴之间的交叉持股，以建立利益关联。

(2) 股权—资产置换。股权—资产置换是由公司原有股东以出让部分股权为代价，使公司获得其他公司或股东的优质资产。其最大优点就在于，公司不用支付现金便可获得优质资产，扩大公司规模。也可以以增发新股的方式来获得其他公司或股东的优质资产。

(3) 资产置换。资产置换是指公司重组中为了使资产处于最佳配置状态获取最大收益，或出于其他目的而对其资产进行交换。双方通过资产置换，能够获得与自己核心能力相协调的、相匹配的资产。

(4) 资产出售或剥离。资产出售或剥离是指公司将其拥有的某些子公司、部门、产品生产线、固定资产等出售给其他的经济主体。

(5) 公司的分立。公司的分立是指公司将其资产与负债转移给新建立的公司，把新公司的股票按比例分配给母公司的股东，从而在法律上和组织上将部分业务从母公司中分离出去，形成一个与母公司有着相同股东的新公司。

(6) 资产配负债剥离。资产配负债剥离是将公司资产配上等额的负债一并剥离出公司母体，而接受主体一般为其控股母公司。这一方式在甩掉劣质资产的同时能够迅速减小公司总资产规模，降低负债率，而公司的净资产不会发生改变。对资产接受方来说，实质是一种以承担债务为支付手段的收购行为。

3. 控制权变更型公司重组

公司的所有权与控制权变更是公司重组的最高形式。通常公司的所有权决定了公司的控制权，但两者不存在必然的联系。常见的公司控股权及控制权的转移方式有六种。

(1) 股权的无偿划拨。国有股的无偿划拨是当前证券市场上公司重组的一种常见方式，通常发生在属同一级财政范围或同一级国有资本运营主体的国有企业和政府机构之间。国有股的受让方一定为国有独资企业。其目的或是为了调整和理顺国有资本运营体系，或是为了利用优势企业的管理经验来重振公司。

(2) 股权的协议转让。股权的协议转让是指股权的出让与受让双方不是通过交易所系统集合竞价的方式进行买卖，而是通过面对面的谈判方式，在交易所外进行交易，故通常称之为“场外交易”。在我国的资本市场上，场外协议转让产生的主要原因在于证券市场中大量处于控股地位的非流通股的存在。

(3) 公司股权托管和公司托管。公司股权托管和公司托管是指公司股东将其持有的股权以契约的形式，在一定条件和期限内委托给其他法人或自然人，由其代为行使对公司的表决权。当委托人为公司的控股股东时，公司股权托管就演化为公司的控制权托管，使受托人介入公司的管理和运作，成为整个公司的托管。

(4) 表决权信托与委托书。表决权信托是指许多分散股东集合在一起设定信托，将自己拥有的表决权集中于受托人，使受托人可以通过集中原本分散的股权来实现对公司的控制。

(5) 股份回购。股份回购是指公司或是用现金，或是以债权换股权，或是以优先股换普通股的方式购回其流通在外的股票的行为。

(6) 交叉控股。交叉控股是指母、子公司之间互相持有绝对控股权或相对控股权，使母、子公司之间可以互相控制运作。

以上对这三类行为的划分是从单一上市公司视角出发的。在实践中，一个重组行为可能会同时划入这三类概念。

(三) 资产重组对公司的影响

从理论上讲，资产重组可以促进资源的优化配置，有利于产业结构的调整，增强公司的市场竞争力，从而使一批上市公司由小变大、由弱变强。但在实践中，许多上市公司进行资产重组后，其经营和业绩并没有得到持续、显著的改善。究其原因，关键问题在于重组后的整合不成功。

重组后的整合主要包括企业资产的整合、人力资源配置和企业文化的融合、企业组织的重构三个方面。公司的资产重组主要包括三种方式：扩张性资产重组、调整型公司重组、控制权变更型公司重组。不同方式的重组对公司业绩和经营的影响也是不一样的。对于扩张型资产重组而言，通过收购、兼并，对外进行股权投资，公司可以拓展产品市场份额，或进入其他经营领域。但是，这种重组方式的效果受被收购兼并方生产及经营现状影响较大，较难形成核心竞争力，而且磨合期较长，因而见效比较慢。

对于公司控制权变更型资产重组而言，由于控制权的变更并不代表公司的经营业务活动必然随之发生变化，因此，控制权变更后必须进行相应的经营重组才会对公司经营和业绩产生显著效果。

对于调整型资产重组而言，首先要鉴别报表性重组和实质性重组。区分报表性重组和实质性重组的关键是看有没有进行大规模的资产置换或合并。实质性重组一般要将被并购企业50%以上的资产与并购企业的资产进行置换，或双方资产合并，对公司经营和业绩有实质性的影响；而报表性重组一般都不进行大规模的资产置换或合并，仅为保住配股等资格而调整财务报表，对公司经营和业绩没有实质性的影响。

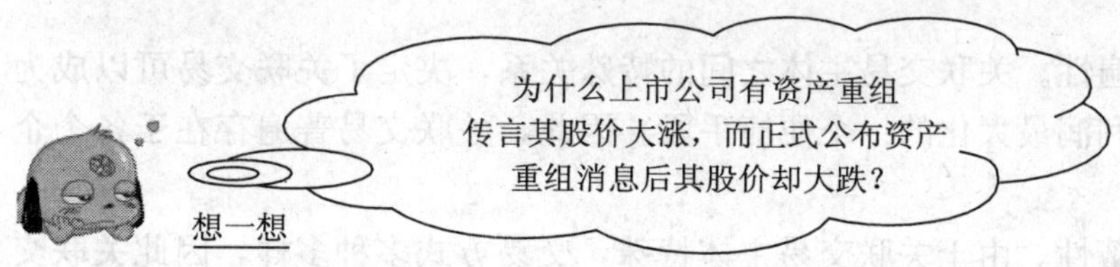

二、公司的关联交易

(一) 关联方和关联交易的界定

2006年2月，财政部颁布的《企业会计准则第36号——关联方披露》，规范了关联方和关联交易的判断标准、关联交易的常见类型和披露要求。该准则明确，关联方的判断标准是“一方控制、共同控制另一方或对另一方施加重大影响，以及两方或两方以上同受一方控制、共同控制或重大影响的，构成关联方”。

其中第四条中对关联方作了说明，即下列各方构成企业的关联方：

(1) 该企业的母公司。

(2) 该企业的子公司。

(3) 与该企业受同一母公司控制的其他企业。

(4) 对该企业实施共同控制的投资方。

(5) 对该企业施加重大影响的投资方。

(6) 该企业的合营企业。

(7) 该企业的联营企业。

(8) 该企业的主要投资者个人及与其关系密切的家庭成员。主要投资者个人，是指能够控制、共同控制一个企业或者对一个企业施加重大影响的个人投资者。

(9) 该企业或其母公司的关键管理人员及与其关系密切的家庭成员。关键管理人员，是指有权力并负责计划、指挥和控制企业活动的人员。与主要投资者个人或关键管理人员关系密切的家庭成员，是指在处理与企业的交易时可能影响该个人或受该个人影响的家庭成员。

(10) 该企业主要投资者个人、关键管理人员或与其关系密切的家庭成员控制、共同控制或施加重大影响的其他企业。

关联交易则是指关联方之间转移资源、劳务或义务的行为，不论是否收取价款。控制，是指有权决定一个企业的财务和经营政策，并能据以从该企业的经营活动中获取利益；共同控制，是指按照合同约定对某项经济活动所共有的控制，仅在与该项经济活动相关的重要财务和经营决策需要分享控制权的投资方一致同意时存在；重大影响，是指对一个企业的财务和经营政策有参与决策的权力，但并不能够控制或者与其他方一起共同控制这些政策的制定。

(二) 关联交易的特征

(1) 关联交易主体双方地位上不平等。关联交易是在实际控制人的意志或许可下进行的"基本自我交易"，表面上看交易是发生在两个或两个以上当事人之间，而实际上可由交易一方决定。

(2) 关联交易具有普遍性。关联交易主体之间的特殊关系，决定了关联交易可以成为企业抵御外部风险，实现利润最大化的一个便捷手段。因此，关联交易普遍存在于各个企业，尤其是上市公司。

(3) 关联交易具有隐蔽性。由于关联交易主体特殊，交易方式多种多样，因此关联交易具有一定的隐蔽性。另外，报表使用者专业判断能力参差不齐，难以识别关联交易的公允与非公允性，为企业进行各种关联交易提供了空间。

(4) 关联交易性质具有双重性。在经济学范畴上，关联交易属于中性经济范畴，既有积极一面，又有消极一面。一方面它可以降低交易成本，节约交易费用；另一方面交易可能按照一方的意愿达成而损害另一方的利益。

(三) 关联交易的方式

(1) 关联购销。关联购销类关联交易，主要集中在以下几个行业：一种是资本密集型行业，如冶金、有色、石化和电力行业等；另一种是市场集中度较高的行业，如家电、汽车和摩托车行业等。一些上市公司仅是集团公司的部分资产，与集团其他公司间产生关联交易在所难免。除了集团公司外，其他大股东如果在业务上与上市公司有联系的话，也可能产生关联交易。

当上市公司经营不理想时，集团公司或者调低上市公司应交纳的费用标准，或者承担上市公司的相关费用，甚至将以前年度已交纳的费用退回，从而达到转移费用、增加利润的目的。反之亦然。

(2) 资产租赁。由于非整体上市，上市公司与其集团公司之间存在资产的租赁关系，如土地使用权、商标等无形资产的租赁和厂房、设备等的固定资产的租赁。由于各类资产租赁的市场价格难以确定，租赁已成为上市公司与关联方之间转移费用、利润非常方便的手段。

当上市公司利润水平不理想时，关联方调低租金价格或以象征性的价格收费，或上市公司以远高于市场价格的租金水平将资产租赁给关联方使用，有的上市公司将从关联方租来的资产同时以更高的租金再转租给关联方的子公司，实现向上市公司转移利润。反之亦然。

(3) 担保。上市公司与集团公司或各个关联公司可以相互提供信用担保，以解决各公司的资金问题。上市公司与其主要股东，特别是控股股东之间的关联担保可以是双向的，既可能是上市公司担保主要股东的债务，也可能是主要股东为上市公司提供担保。

(4) 托管经营、承包经营等管理方面的合同。绝大多数的托管经营和承包经营属于关联交易，关联方大多是控股股东。托管方或是上市公司，或是关联企业。

托管采取的主要方法是上市公司、关联方将优质资产或者不良资产交与对方托管、经营，定额收取回报，既回避了不良资产亏损，又获取了一块利润；或者上市公司、关联方将稳定的高获利能力的优质资产以低收益的形式由对方托管，只收取较低的费用，而大部分的盈利直接装入公司的利润中。

另外，关联托管和承包往往是进行关联收购的第一步。因为在托管期间，可以对所托管或承包的企业进行深入细致的了解，考察企业的发展潜力，以降低收购的风险。

(5) 关联方共同投资。共同投资形式的关联交易通常指的是上市公司与关联公司就某一具体项目联合出资，并按事前确定的比例分配收益。这种投资方式因关联关系的存在，达成交易的概率较高，但操作透明度较低，特别是分利比例的确定。

(四) 关联交易对公司的影响

从理论上说，关联交易属于中性交易，它既不属于单纯的市场行为，也不属于内幕交易的范畴。其主要作用是降低交易成本，促进生产经营渠道的畅通，提供扩张所需的优质资产，有利于向集团化和跨国公司方向发展，有利于实现公司利润的最大化等。但在实际操作过程中，关联交易有其非经济特性。与市场竞争、公开竞价的方式不同，关联交易价格可由关联双方协商决定，特别是在我国评估和审计等中介机构尚不健全的情况下，关联交易就容易成为企业调节利润、避税和一些部门及个人获利的途径，往往使中小投资者利益受损。

值得投资者注意的是，在关联交易的操作中，存在很多不规范的地方，容易产生问题。例如，上市公司的控股股东可能会从上市公司低价买进产成品，转身又把原材料高价卖给上市公司，目的是为了规避税收；也有可能侵占上市公司公开募集的资金或无偿拖欠上市公司的贷款，抢占公司前景好的投资项目，掠夺了公司的利润；提出上市公司为自身或其他关联方提供担保的要求等，这在一定程度上影响了公司自身的业务发展。从长远看，更损害中小投资者、债权人的利益。

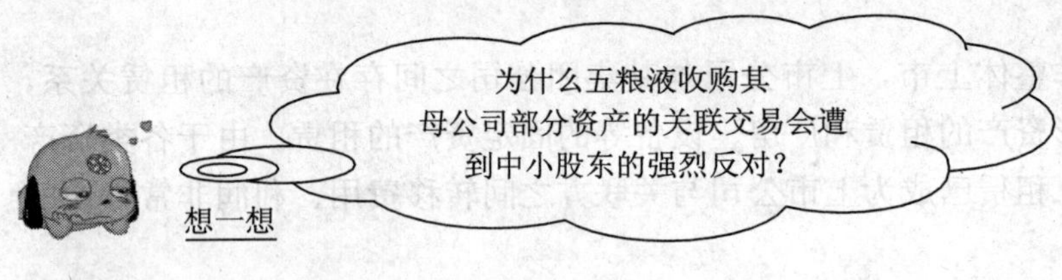

项目检测

一、单项选择题

1. 公司分析中最重要的是（　　）。

A. 公司行业地位分析　　B. 公司经济区位分析

C. 公司财务状况分析　　D. 公司产品分析

2. （　　）是公司法人治理结构的基础。

A. 股权结构　　B. 股东大会制度　　C. 董事会　　D. 监事会

3. （　　）是考察公司短期偿债能力的关键。

A. 营运能力　　B. 变现能力　　C. 盈利能力　　D. 流动资产的规模

4. 通过公司现金流量表的分析，可以了解（　　）。

A. 公司盈利状况　　B. 公司资本结构

C. 公司偿债能力　　D. 公司资本化程度

5. 某公司某年度末总资产为 180000 万元，流动负债为 40000 万元，长期负债为 60000 万元。该公司发行在外的股份有 20000 万股，每股股价为 24 元。则该公司每股净资产为（　　）元。

A. 10　　B. 8　　C. 6　　D. 4

二、多项选择题

1. 关于市盈率，下列说法正确的是（　　）。

A. 市盈率是衡量上市公司盈利能力的重要指标

B. 每股净资产越高，市盈率一般也越高

C. 市盈率越高，市场对公司未来就越看好

D. 股票市价越高，市盈率也就越高

2. 衡量公司行业竞争地位的主要指标是（　　）。

A. 行业综合排序

B. 公司生产总值在行业中的排名

C. 产品的市场占有率

D. 产品在消费者中的认知度

3. 公司区位分析的主要内容应当包括（　　）。

A. 公司所处区位内的经济优势分析

B. 公司所处区位内的自然条件分析

C. 公司所处区位内的基础条件分析

D. 公司所处区位内的产业政策分析

4. 关于存货周转速度，下列说法正确的有（　　）。

A. 存货周转速度快慢与存货占用资金水平高低反向变动

B. 存货的变现能力和存货周转天数变化的方向相同

C. 存货周转比率与销售收入无直接关系

D. 存货周转天数可以反映企业短期偿债能力

5. 从股东的角度看，在公司全部资本利润率超过因借款而支付的利息率时（　　）。

A. 股东不会受益

B. 股东会受益

C. 可以适当增加负债

D. 可以适当减少负债

三、判断题

1. 资产负债表是反映公司财务状况的静态报告，而利润表是动态报告。（　　）

2. 存货的流动性影响企业的流动比率，因而存货周转率属企业偿债能力指标。（　　）

3. 每年公司的经济环境和经营条件都在发生变化，因而对公司的财务数据进行历史的纵向分析并无实际意义。（　　）

4. 关联交易是某些上市公司进行利润调节的工具，从而有助于企业的长远发展。（　　）

5. 公司行业地位分析的目的就是评估公司在所处行业中的竞争地位。（　　）

实训任务

实训一　公司基本素质分析

★实训目的与要求

- 能够简要分析公司在行业中所处的地位
- 能够对公司所处经济区位进行简单分析
- 能够定性分析公司的产品优势
- 能够挖掘公司的赢利模式
- 能够简单分析公司的经营能力和评估公司的成长性

★ 实训步骤

- 将全班同学分成若干个小组，每个小组选择一个细分行业

• 每个同学选择一家上市公司

• 确定其所处的细分行业，明确其在行业中的地位

• 分析公司的产品优势

• 分析公司的经营能力

• 分析公司未来的成长性

• 综合分析公司的投资价值

• 分小组讨论行业内各公司投资价值

• 每个小组派一名代表上台对该行业内各公司投资价值进行总结

实训二　公司财务分析

★ 实训目的与要求

• 能够掌握财务指标的计算

• 能够对公司财务指标进行简单分析

• 能够对上市公司财务状况进行简单分析

★ 实训步骤

• 选择一家上市公司

• 进入各大财经网站，收集该公司财务数据

• 计算分析该公司财务指标，评价分析公司的变现能力、营运能力、长期偿债能力、赢利能力、投资收益、现金流量

• 综合分析该公司财务情况，进行公司盈利分析、主营业务分析

项目七　证券投资技术分析的主要理论

任务一　证券投资技术分析基础

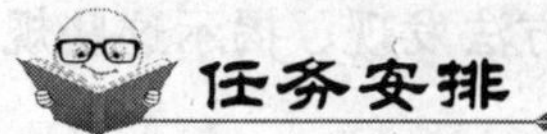

※　了解技术分析的理论假设；
※　掌握技术分析的含义；
※　掌握技术分析的要素。

李先生想要通过炒股来实现资产的保值增值，但是，他经常听到一句话：炒股有风险，入市须谨慎。看来入市之前应该认真学一些股票投资的基本理论，否则，风险会很大。学什么呢？有朋友告诉他可以学点技术分析。什么是技术分析呢？

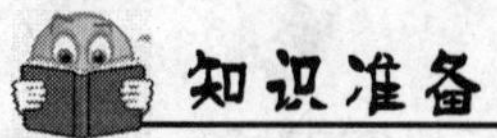

一、技术分析的含义

技术分析是以证券市场过去和现在的市场行为作为分析对象，应用数学和逻辑的方法探索出一些典型变化规律并据此预测证券市场未来变化趋势的技术方法。由于技术分析运用了广泛的数据资料并采用了各种不同的数据处理方法，因此受到了投资者的重视和青睐。技术分析法不但用于证券市场，还广泛应用于外汇、期货和其他金融市场。

二、技术分析的理论假设

技术分析赖以存在的基础是下面的三个假设：市场行为涵盖一切信息；价格沿趋势移动；历史会重演。

（一）市场行为涵盖一切信息

这个假设是进行技术分析的基础。其主要思想是：任何一个影响证券市场的因素，最终都必然体现在股票价格的变动上。外在的、内在的、基础的、政策的和心理的因素，以及其他影响股票价格的所有因素都已经在市场行为中得到了反映。技术分析人员只需关心这些因素对市场行为的影响效果而不必关心具体导致这些变化的原因究竟是什么。

这一假设有一定的合理性。因为任何因素对证券市场的影响，都必然体现在证券价格的变动上，所以它是技术分析的基础。

（二）价格沿趋势移动

这一假设是进行技术分析最根本、最核心的条件。其主要思想是：证券价格的变动是有一定规律的，即保持原来运动方向的惯性，而证券价格的运动方向是由供求关系决定的。技术分析法认为证券价格的运动反映了一定时期内供求关系的变化。供求关系一旦确定，证券价格的变化趋势就会一直持续下去。只要供求关系不发生根本改变，证券价格的走势就不会发生反转。这一假设也有一定的合理性，因为供求关系决定价格在市场经济中是普遍存在的。只有承认证券价格遵循一定的规律变动，运用各种方法发现、揭示这些规律，并对证券投资活动进行指导的技术分析法才有存在的价值。

（三）历史会重演

这个假设是从人的心理因素方面考虑的。市场中进行具体买卖的是人，是由人决定最终的操作行为，这一行为必然要受到人类心理学中某些规律的制约。在证券市场上，一个人在某种情况下按一种方法进行操作取得成功，那么，以后遇到相同或相似的情况就会按同一方法进行操作；如果失败了，以后就不会按前一次的方法操作。在进行分析时，一旦遇到与过去相同或相似的情况，交易者最迅速和最容易想到的方法是与过去的结果作比较。我们假设，过去重复出现某个现象是因为有某个必然的原因，它不是偶然出现的，尽管我们不知道具体的原因是什么。过去的结果是已知的，这个已知的结果应该是现在对未来作预测的参考。任何有用的东西都是经验的结晶，是经过许多次实践检验而总结出来的。我们对重复出现的某些现象的结果进行统计，得到成功和失败的概率对具体的投资行为也是有帮助作用的。

在三大假设之下，技术分析孕育了自己的理论基础。第一条肯定了研究市场行为就意味着全面考虑了影响股价的所有因素，第二条和第三条使得我们找到的规律能够应用于证券市场的实际操作之中。

当然，对这三大假设本身的合理性一直存在争论，不同的人有不同的看法。正因为如此，在进行技术分析的同时，还应该适当进行一些基本分析和别的方面的分析，以弥补不足。

三、技术分析的四要素：价、量、时、空

证券市场中价格、成交量、时间和空间是描述市场行为的四个要素。这几个因素的具体情况和相互关系是进行正确分析的基础。

（一）价和量是市场行为最基本的表现

成交价、成交量涵盖了过去和现在的市场行为。一般来说，买卖双方对价格的认同程度可以通过成交量的大小来确认。成交量大，说明双方认同程度小，分歧大，反之亦然。双方的这种市场行为反映在价、量上就往往呈现出这样一种趋势规律：价升量增，价跌量减。根据这种趋势规律，当价格上升时，成交量不再增加，意味着价格得不到买方确认，

价格的上升趋势将会改变；反之，当价格下跌时，成交量萎缩到一定程度就不再萎缩，意味着卖方不再认同价格继续往下降了，价格下跌趋势将会改变。成交价、成交量的这种规律关系是技术分析的合理性所在。当然，我们在进行实际分析中，还要考虑其他因素，比如：是否存在这样的现象：较大的投资者操控单只股票的价、量，来欺骗其他投资者等，这些因素不在本章的探讨范围之内。

（二）时间和空间是市场潜在能量的表现

“时间”是指完成某个过程经过的时间长短，通常是指一个波段或一个升降周期所经历的时间。时间在进行行情判断时有着很重要的作用。一个已经形成的趋势在短时间内不会发生根本改变，中间出现的反方向波动，对原来趋势不会产生大的影响。一个形成了的趋势又不可能永远不变，经过了一定时间又会有新的趋势出现。循环周期理论着眼于时间因素，强调了时间的重要性。

“空间”是指价格的升降所能够达到的程度。在某种意义上讲，空间可以认为是价格的一个方面，指的是价格波动能够达到的极限。

时间更多地与循环周期理论相联系，反映市场起伏的内在规律和事物发展周而复始的特征，体现了市场潜在的能量由小变大再变小的过程；空间反映的是每次市场发生变动程度的大小，也体现市场潜在的上升或下降能量的大小，上升或下降的幅度越大，潜在能量就越大。相反，上升或下降的幅度越小，潜在能量就越小。

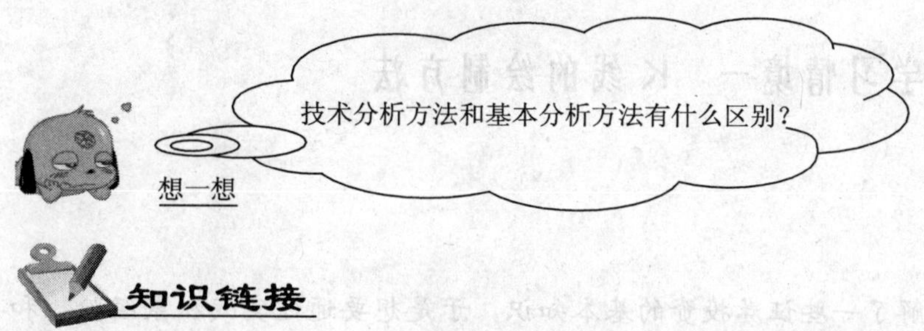

知识链接

技术分析历史

法国数学家巴契甲耶在1900年写出的博士论文《投机理论》对股价的变化规律做了最早的探索。最早的股票投资技术分析理论是道氏理论。查尔斯·亨利·道（Charles Henry Dow，1851—1902），是道·琼斯公司创办人之一和《华尔街日报》的主笔。他被认为是技术分析的开山鼻祖。道氏理论为股价分析提供了理论依据，也使得技术分析获得了极大的发展。

在道氏理论之后，相继出现了多位对技术分析作出杰出贡献的技术分析投资大师。威廉·江恩（William Delbert Gann）、拉尔夫·尼尔森·艾略特（Ralph Nelson Elliott）、爱德华和马古（R. D. Edward & J. Magee）和韦尔德（J. W. Wilder）等，对证券市场独到的理解和天才的构思至今仍然主导着技术分析的主流。这些分析大师对技术分析方法的丰富和完善，以及取得投资的巨大成功，对技术分析理论的传播和发展作出了不可低估的贡献。

1932年美国华尔街的投资大师江恩总结了股票价格的时间周期和循环周期理论。江恩正方形、时间隧道等是其理论的核心。1939 年艾略特出版了《波浪理论》一书。他在书中提出了波浪理论的完整构思。艾略特波浪理论的核心是一个由 8 次波浪构成的股价变动的循环。每个股价变动的循环均由 5 次上升波浪和 3 次调整波浪构成。

20 世纪 70 年代后计算机技术的发展为技术指标的发展提供了基础。这个时期许多的技术分析专家发明了对市场有较大影响的技术指标。其中韦尔德是突出的一位。他在 1978 年出版的《New Concepts in Technical Trading Systems》一书中对多种技术指标的应用进行了更高层次的提炼，使得技术指标获得了空前的发展。

任务二　K 线理论

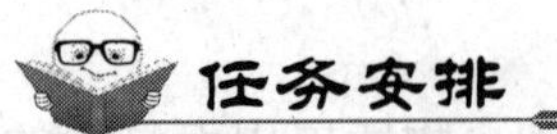

任务安排

※　了解 K 线图的含义；

※　掌握 K 线的绘制方法和基本形态；

※　掌握 K 线组合形态的应用以及注意事项。

学习情境一　K 线的绘制方法

情境设置

李先生通过学习，了解了一些证券投资的基本知识，于是想要通过实战积累经验。和爱人商量后，来到证券交易所办理了相关手续，正式成为一名证券投资者。在股票交易大厅，大屏幕上的红色和绿色的小柱子，看得他眼花缭乱。看到其他的投资者在电脑上快速的敲击着键盘，有的也在研究那些红绿柱子图线，它们是什么图形呢？如何得来的？对炒股有帮助吗？他茫然了……

知识准备

一、K 线图的含义

K 线图又称为蜡烛图，最早应用是在日本德川幕府时代，大阪的米商用来记录当时一天、一周或一月中米价涨跌行情的图示法，后被引入股市。一根 K 线记录的是股票在一天内价格变动情况，将每天的 K 线按时间顺序排列在一起，就组成了股票价格的历史变动情况，叫做 K 线图。

二、K 线的绘制方法

绘制标准的K线图，要找出当天或某一周期（分钟、小时、日、周、月等）的开盘价、最高价、最低价和收盘价。我们通常假设分析期间为一个交易日。首先，找出当日或某一周期的开盘价和收盘价，把这两个价位连接成一个狭长的长方形，然后再找到该日或某一周期的最高价和最低价，垂直地连成直线。假如当日或某一周期的收盘价较开盘价为高（低开高收），便以红色来表示，或是在长方形中留白，这种长方形就称为“阳线”；如果当日或某一周期的收盘价较开盘价为低（高开低收），则以绿色表示，或者在长方形中涂黑色，这种长方形就是“阴线”了。K线图示如图7-1所示。

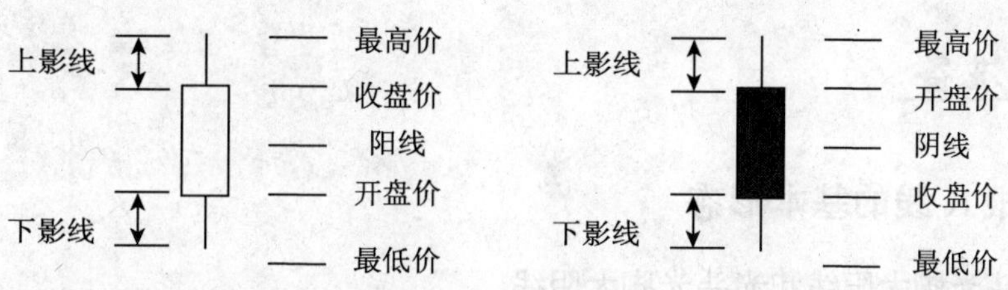

图7-1 K线图示

三、K 线的周期

根据K线的计算周期可将其分为日K线、周K线、月K线、年K线。

周K线是指以周一的开盘价，周五的收盘价，全周最高价和全周最低价来画的K线图。月K线则以一个月的第一个交易日的开盘价，最后一个交易日的收盘价和全月最高价与全月最低价来画的K线图，同理，可得年K线定义。周K线、月K线常用于研判中期行情。对于短线操作者来说，5分钟K线、15分钟K线、30分钟K线和60分钟K线也具有重要的参考价值。

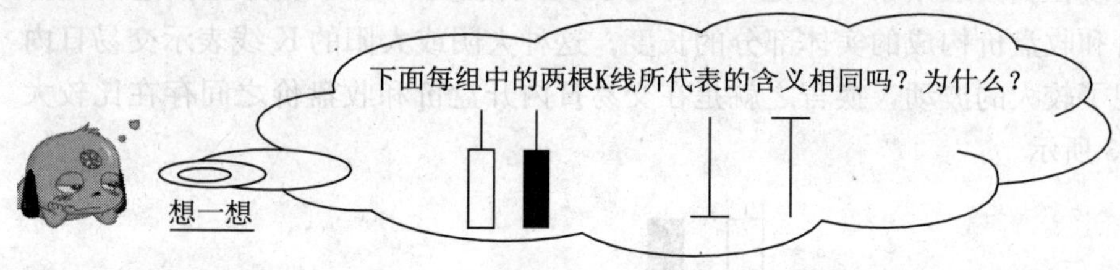

学习情境二　K线组合形态应用

李先生通过学习，了解了一些K线的基本知识，但在实战中，他面对行情走势中形态各异的K线图，又一次的茫然了：不同长短的K线阴阳实体、不同长短的上下影线组合在一起有什么含义呢？实体的长短与上下影线长短之间有什么样的关系呢？这对评判股价走势有什么作用呢？

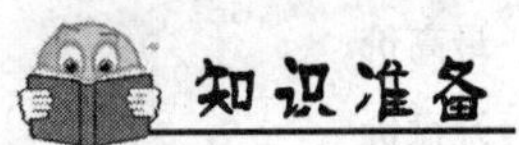

一、单根K线的基本形态

（一）光头光脚大阳线和光头光脚大阴线

光头光脚大阳（阴）线是没有上下影线，但实体部分为白色（黑色）的K线，如图7－2所示。这种线表明市场处于非常强劲（疲软）的状态下。通常出现在牛市（熊市）或者由熊市转牛市（由牛市转为熊市）的反转图形中，它是市场即将走强（走软）的信号。这样的K线通常出现在市场趋势改变的第一天，表明交易者应该买入（卖出）股票。在我国，通常形象地称其为光头光脚阳（阴）线。

图7－2　光头光脚大阳线和大阴线

（二）大阳线和大阴线

大阳线和大阴线在我国股票市场中是一个十分常见的概念。“长”实际上描述的是在交易时段内开盘价和收盘价构成的实体部分的长度。这种大阴或大阳的K线表示交易日内市场交易价格出现了较大的波动，换言之就是在交易日内开盘价和收盘价之间存在比较大的差异，如图7－3所示。

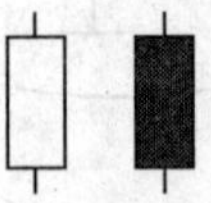

图7－3　大阳线和大阴线

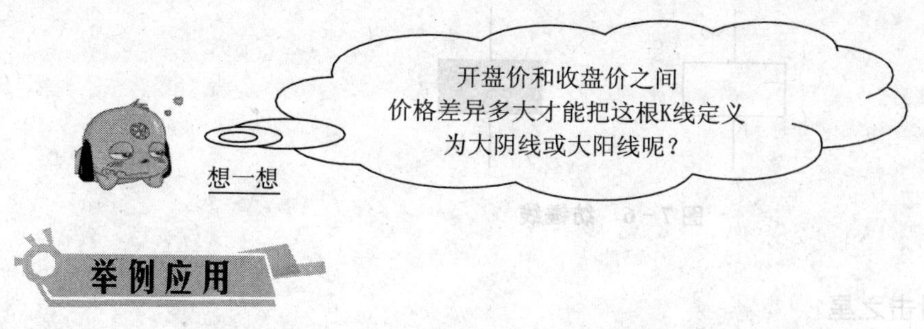

举例应用

光头光脚大阳线

2011年3月16日，大连控股（600747）拉出了一根大阳线，而此前随大盘横盘数日。这样的大阳线明确地告诉我们，主力机构进场了，我们应该跟着主力机构走。其后，该股一路震荡上扬，股价越走越快，走出了长期上涨的趋势，股价由拉出大阳线那天开始半个多月时间上涨接近50%（见图7-4）。

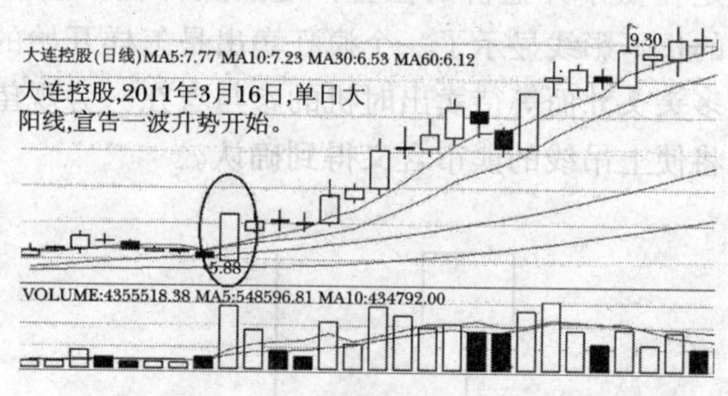

图7-4　光头光脚大阳线实例

（三）小阴线和小阳线

图7-5表示的是小阳线和小阴线，它的判定方法同大阳线和大阴线正好相反，但是价格的短期波动趋势仍然是以5～10天的价格趋势作为分析依据。

图7-5　小阴线和小阳线

（四）纺锤线

纺锤线指的是实体很小，但有很长上下影线，而且影线的长度要大于实体部分的K线，如图7-6所示，它代表市场上的多空双方势均力敌。对于纺锤线来说，实体的颜色和影线的长度并不重要，重要的是同影线相比，实体部分的长度较小。

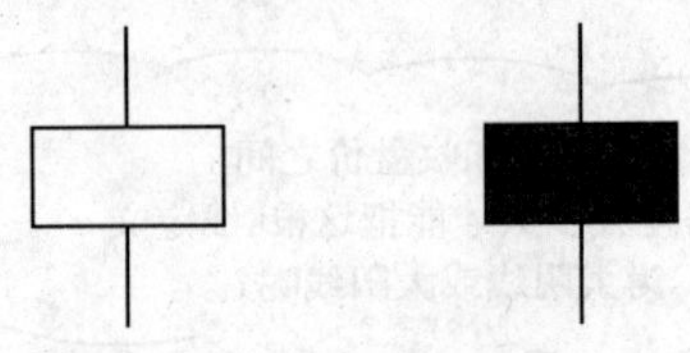

图 7－6 纺锤线

（五）上吊线和射击之星

1. 上吊线

上吊线的基本形状如图 7－7 左所示，该形态是由单一的 K 线组成。有较长的下影线，上影线非常短甚至没有，实体部分相对较小，并主要集中在当日交易价格区间的顶端，下影线的长度应该比实体的长度长得多，一般要求是实体长度的 2～3 倍，小实体的阴阳并不重要。

上吊线形态通常出现在上升趋势中，形如其名，好像一个人高高地挂在市场的上方。当天的价格交易行为一定在低于开盘价的位置，之后反弹使收盘价几乎是在最高价的位置。上吊线中产生出来的长下影线显示了一个疯狂卖出是怎样开始的。如果市场第二天开盘较低，就有很多持有多头头寸而等待卖出时机的参与者在一旁观望。如果小实体是阴线并且第二天开盘较低，将使上吊线的熊市含义得到确认。

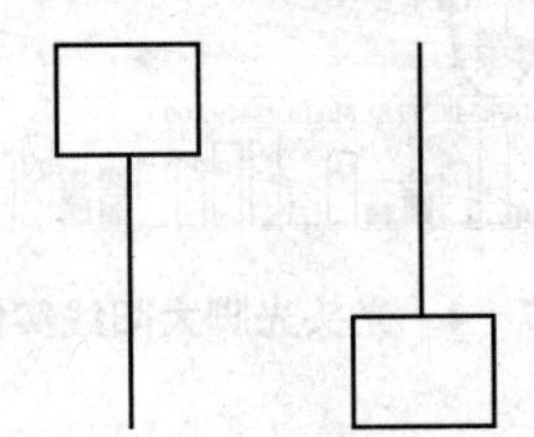

图 7－7 上吊线和射击之星

2. 射击之星

射击之星的基本形状如图 7－7 右所示，该形态是由单一的 K 线组成。有较长的上影线，下影线非常短甚至没有，实体部分相对较小，并主要集中在当日交易价格区间的底端，上影线的长度应该比实体的长度长得多，一般要求是实体长度的 2～3 倍，小实体的阴阳并不重要。

射击之星形态通常出现在上升趋势中，形如其名，好像一支箭在准备射出。射击之星处在上升趋势中，市场跳空向上开盘，出现新高，最后收盘在当天的较低的位置。后面的跳空行为只能当成看跌的熊市信号。

上吊线

2010 年 10 月 7 日和 2010 年 10 月 8 日上证指数均收出一根上吊线，几日后，大盘开始下跌，两个多月时间下跌近 500 点（见图 7－8）。

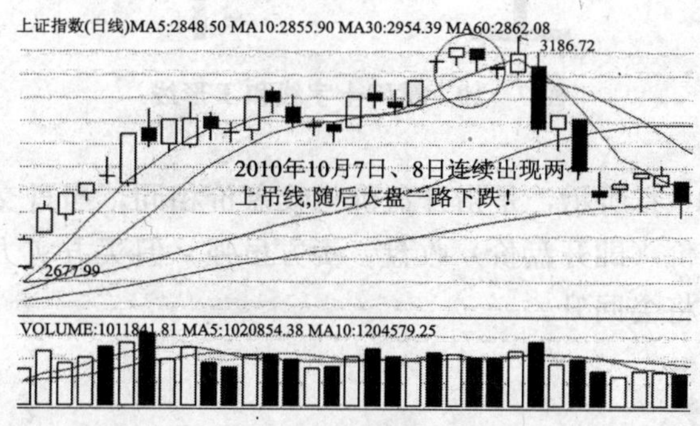

图 7－8　上吊线实例

（六）十字星线

当K线的实体部分很短，并且开盘价与收盘价相等的时候，我们就把这种图线称作十字星线，如图 7－9 所示。十字星线通常的定义是，交易日内市场的开盘价和收盘价相等，或者十分接近的情况。十字线的影线长度没有定义的限制。从定义上说，最完美的十字线应该有相同的开盘价和收盘价，并且上影线和下影线相等。但在实际应用中，开盘价和收盘价的绝对相同，上、下影线的绝对相等并没有这个必要。

如果在上升图形中突然出现一根十字线，我们就应该考虑这是否意味着市场的上升趋势将要停止，因为十字线暗示了市场中存在不确定的因素，多空双方处于胶着状态。

图 7－9　十字星线

长影十字线有很长的上、下影线，充分反映出交易日场内多空双方争夺不绝，旗鼓相当。由最高价和最低价决定的价格变化幅度比较大，但是最后收盘价又重新回到开盘价的位置。其中上影线越长，表示卖压越重；下影线越长，表示买方旺盛。

（七）墓碑十字线和 T 形线

墓碑十字线，如图 7－10 左所示，它是十字线的另一种变化形式，开盘价和收盘价都位于当天价格的最低点。实际上，墓碑十字线代表了在市场争夺中多方或空方的墓地。墓碑十字线的上影线越长，说明市场越疲软。在交易日内，开市后，市场价格不断走高，但是最后又回到开盘价，同时也是当天的最低价，这只能说明，在市场中一定是发生了什么事情重创了多方的信心。

图 7－10　墓碑十字线和 T 形线

T 形线，如图 7－10 右所示，是指开盘价与收盘价相同，当日交易以开盘价以下之价位成交，又以当日最高价（即开盘价）收盘。卖方虽强，但买方实力更大，局势对买方有利，如在低价区，行情将会回升。

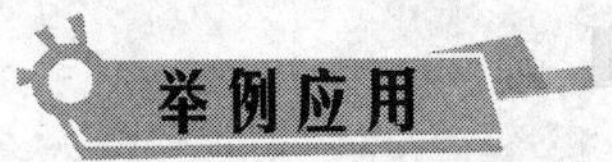

高位十字星和低位十字星

上证指数在 2010 年 4 月 15 日在相对高位，收出一根阴十字星，如图 7－11 所示。这是一个警示性见顶信号。看到这一信号，必须随时准备离场。第三天，大盘暴跌近 150 点，此后连续阴跌，一直跌到 2481 点，才出现反弹，反弹后继续下跌至 2319 点。如此惨烈的下跌，竟然源于一根小小的十字星。如果你忽视了微小的细节性的 K 线，没有认识到其重要性，将导致资产缩水。同样，从 2319 点的底部向后寻找，我们会发现一轮上涨达 500 多点的行情，同样源于一根十字星，那就是 2010 年 9 月 29 日的 2610 点的那根底部的阳十字星 K 线（见图 7－12）。

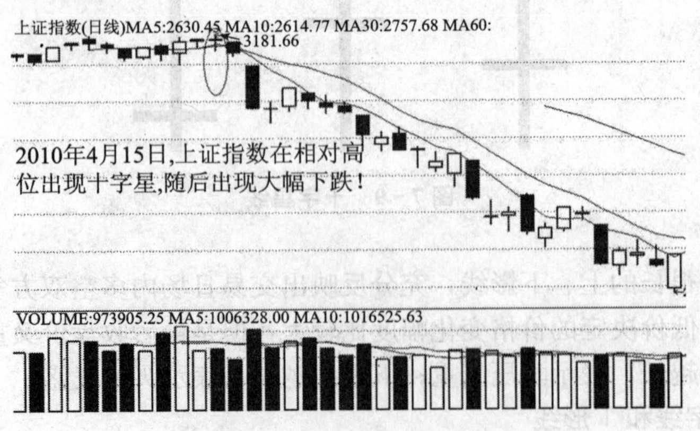

图 7－11　高位十字星实例

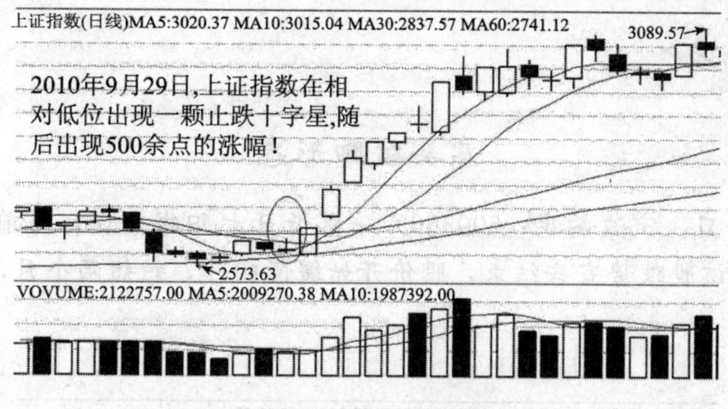

图 7－12　低位十字星实例

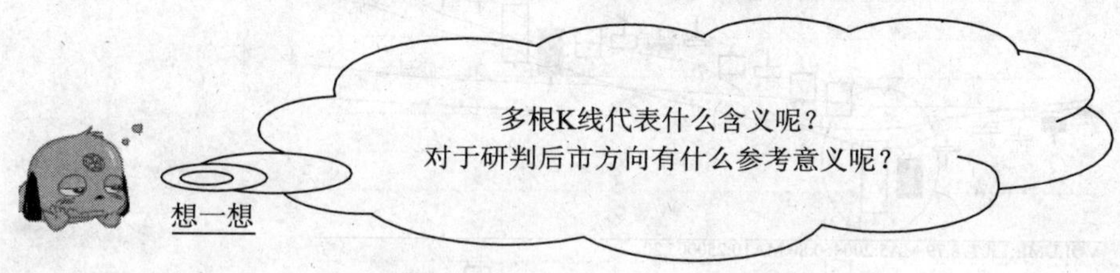

二、多根 K 线的组合形态

（一）穿头破脚形态

穿头破脚也称吞没形态，是由两根 K 线组成的，两根线的实体颜色相反，第二根 K 线的实体将第一天的实体部分完全吞没，在这种形态中不必考虑上下影线的作用，如图 7－13所示。由于从形态上讲，第二天的实体部分完全包含了第一天的实体，所以我们也可以把这种形态称为抱线形态。

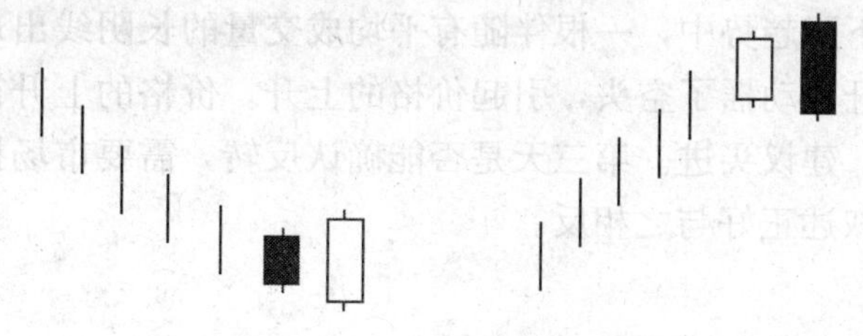

图 7－13　穿头破脚形态

当这种形态出现在市场价格的顶部，或者是上升趋势中，我们认为它反映市场的心态正在出现调整，投资者倾向于卖出股票。

举例应用

穿头破脚形态

2011年8月9日，宁波韵升（600366）一根低开大阳线出现，与前一根K线形成穿头破脚组合，确认该股跌势宣告结束，股价开始缓慢回升，短短两个月，最高涨幅近50%（见图7-14）。

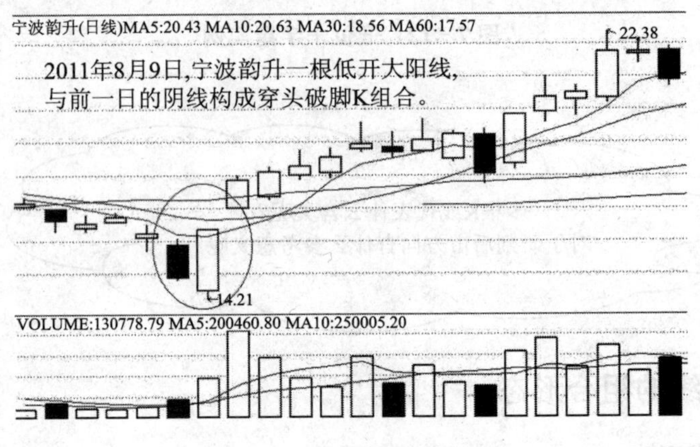

图7-14　穿头破脚形态实例

（二）孕线

孕线形态是由与穿头破脚形态完全相反的两根蜡烛线组成，同穿头破脚形态一样，两根线的实体颜色相反。孕线形态分为上升和下降两种，图7-15左边是上升孕线，右边是下跌孕线。

上升孕线出现在下降趋势中，一根伴随有平均成交量的长阴线出现，维持了熊市的含义。第二天，价格高开，动摇了空头，引起价格的上升。价格的上升被逐步加强，这一天的成交量超过前一天，建议买进。第三天是否能确认反转，需要市场提供必要的趋势反转的证明。下跌孕线的叙述正好与之相反。

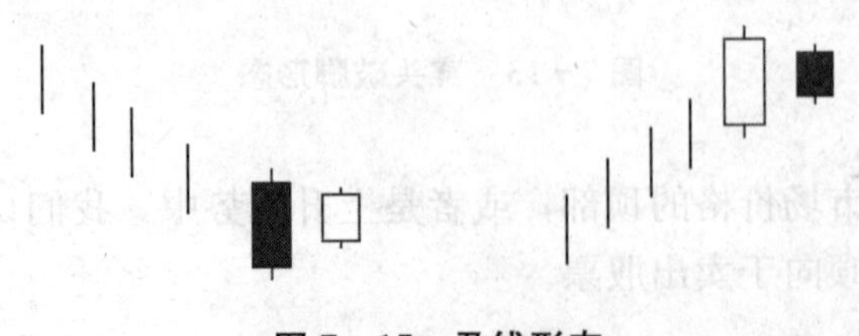

图7-15　孕线形态

（三）曙光初现

曙光初现也称刺透线形态，它是一种判断市场是否已经形成底部的重要标志，如图

7－16所示，这种形态通常出现在下降趋势中，由两根 K 线或两个交易日的价格变动组成：第一天是一根阴线，意味市场处于下降趋势中。第二天是一根大阳线（开盘价创出新低，然后市场价格一路走高，越过前一天价格变动区间的中点，形成阳线）。市场原本在已经确定的下降趋势中运行，当日大阴线的出现使得市场处于强烈的杀跌气氛中。第二天市场向下跳空开盘更证明了空方的决心，但是在整个交易日内，市场人气开始得到集聚，最后以阳线收盘。实际上，当天的收盘价要高于前一天黑色实体的中点，阳线穿入阴线的幅度越大，越像是反转形态。这种市场行为说明空方开始产生分歧，意味着潜在的市场底部基本已经形成。

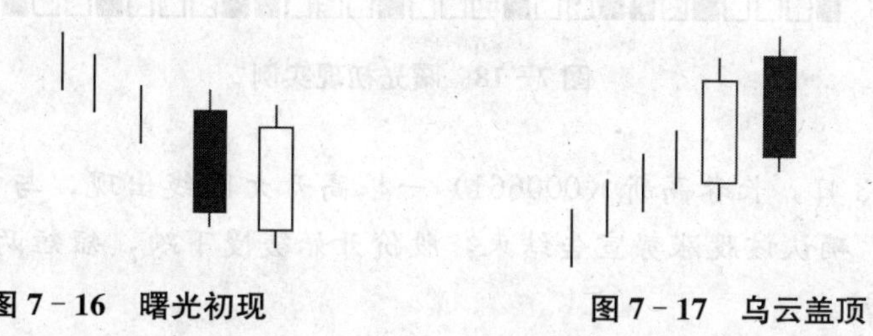

图 7－16　曙光初现　　　　图 7－17　乌云盖顶

（四）乌云盖顶

乌云盖顶是一种顶部反转形态。这种形态通常在市场上升趋势中出现，第一天的阳线表明市场处于多方的掌握中，第二天市场先是向上跳空开盘，然后逐步下探，最后在前一天阳线的实体中点以下收盘。请大家注意，这又是一种利用市场最高价和最低价进行定义的 K 线图形态，如图 7－17 所示。第一天是继续指出上升趋势的长阳线，第二天是开盘高于第一天最高点的阴线。第二天的阴线的收盘低于第一天阳线实体的中点。

同曙光初现形态相似，开盘乌云盖顶形态也表明市场趋势即将发生反转，所不同的是对交易者心态的影响，因为开盘价较高而收盘价较低说明市场即将下跌。

曙光初现和乌云盖顶

2011 年 4 月 29 日，鲁泰 A（000726）一根低开大阳线出现，与前一根 K 线形成曙光初现组合形态，确认该股调整结束，股价开始上涨，短短 20 个交易日，最高涨幅近 30%（见图 7－18）。

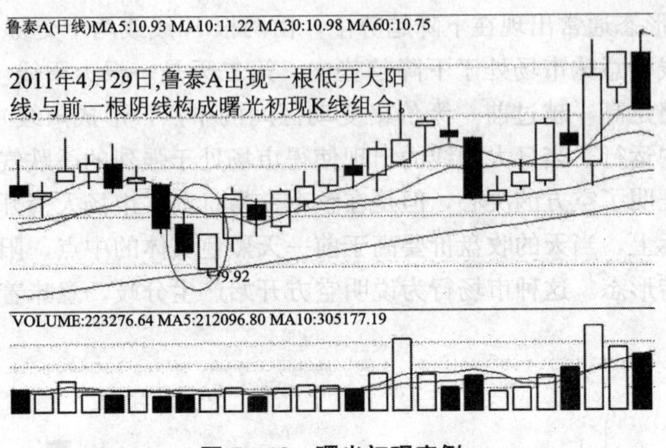

图 7-18　曙光初现实例

2011 年 3 月 3 日，长春高新（000661）一根高开大阴线出现，与前一根 K 线形成乌云盖顶组合形态，确认该股涨势宣告结束，股价开始缓慢下跌，短短两个月，最大跌幅近 40%（见图 7-19）。

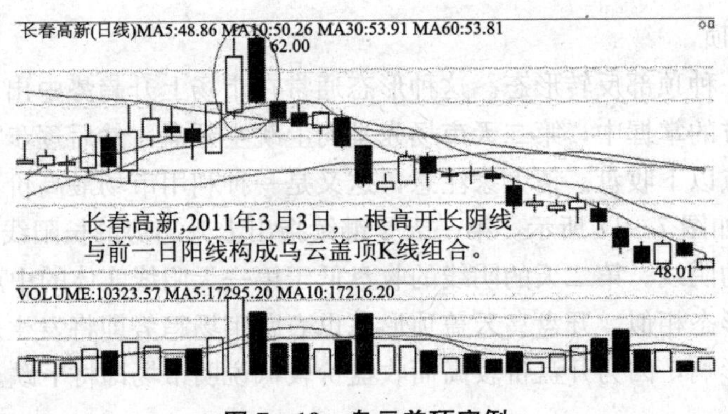

图 7-19　乌云盖顶实例

（五）早晨之星和黄昏之星

早晨之星如图 7-20 左图所示，市场开始处在下降趋势中，第一天是一根大阴线；第二天是一颗小阴星（如果是十字星，则该形态称为早晨十字星）；第三天的走势将确认市场是否已经发生反转。

黄昏之星如图 7-20 右图所示，市场开始处于上升趋势中，第一天的大阳线表示出市场的这种走势；第二天出现一颗小阳星（如果是十字星，则该形态称为黄昏十字星）；第三天突然出现一根大阴线，并且收盘价进入了第一天 K 线的实体范围内，这是一种明显的顶部反转信号。

早晨之星形态和早晨十字星形态都是典型的市场反转信号，而且早晨十字星形态的市场反转意义比早晨之星形态更强。黄昏十字星也是同理。

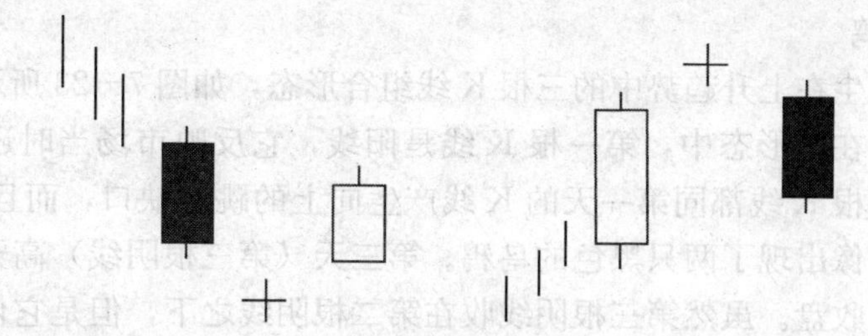

图 7-20　早晨之星和黄昏之星

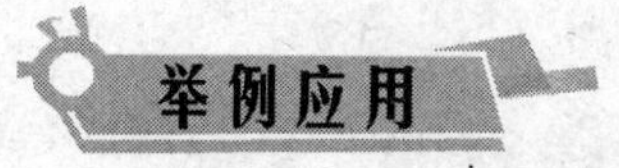

早晨之星

2012 年 1 月 13 日、16 日、17 日，西藏旅游（600749）出现早晨之星组合形态，确认该股股价跌势结束，股价开始缓慢回升，短短两个月，最高涨幅近 60%（见图 7-21）。

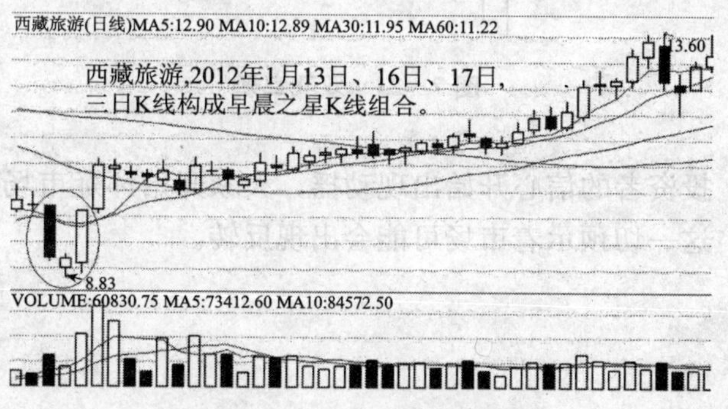

图 7-21　早晨之星实例

2009 年 12 月 9 日，上实发展（600748）一根跳空向下长阴线，与前两日 K 线形成黄昏之星组合形态，确认了该股的阶段性高点，股价开始下跌，短短两个月，最大跌幅近 40%（见图 7-22）。

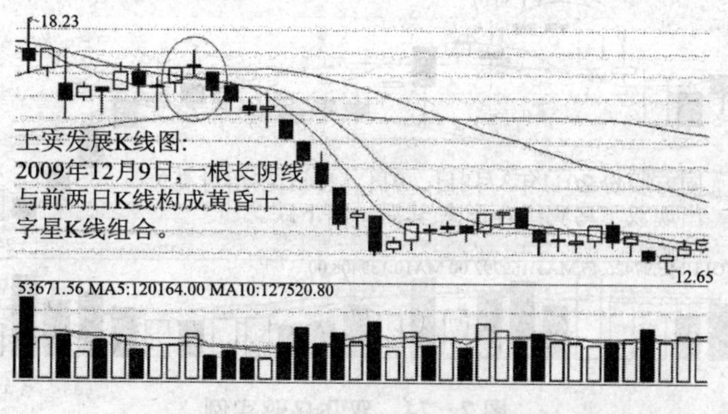

图 7-22　黄昏之星实例

(六) 双飞乌鸦

双飞乌鸦是发生在上升趋势中的三根K线组合形态，如图7—23所示。同大多数的顶部反转形态一样，在该形态中，第一根K线是阳线，它反映市场当时还是处在上升趋势中。但是随后的两根K线都同第一天的K线产生向上的跳空缺口，而且这两根K线都是阴线，看上去就好像出现了两只黑色的乌鸦。第三天（第三根阴线）高开低走，最后在第二天的收盘价之下收盘。虽然第三根阴线收在第二根阴线之下，但是它依然与第一天的阳线之间有一个向上的跳空缺口，简单地说就是第二根阴线吞没了第一根阴线。

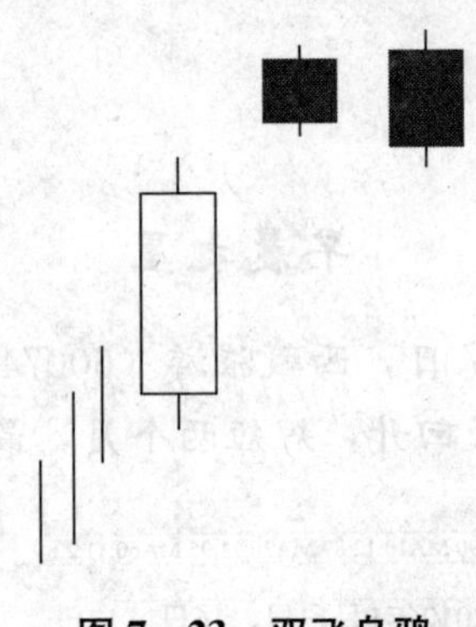

图7－23　双飞乌鸦

在这种情况下，投资者的信心开始出现动摇，大家开始怀疑市场能否继续走高，还会不会出现新的下降。这一切预示着市场可能会出现反转。

双飞乌鸦

2011年3月8日、9日、10日，同方股份（600100）在相对高位出现双飞乌鸦组合形态，确认了该股的阶段性高点出现，股价展开调整，短短三个月，最大跌幅近40%（见图7－24）。

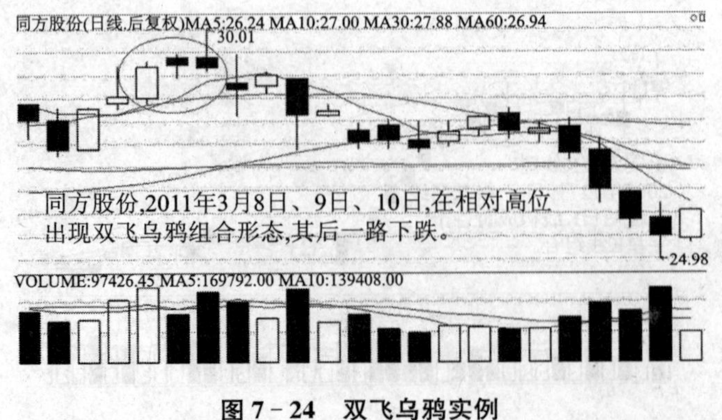

图7－24　双飞乌鸦实例

（七）红三兵

红三兵形态如图7-25所示，它是由一系列大阳线组成的，这些阳线的收盘价逐步攀升。如果次日的K线在前一日实体中点之上形成开盘价，那么形态的反转意义就更强。这种逐级上升的形态具有很强的反转意义，它预示牛市的开始，熊市的戛然而止。

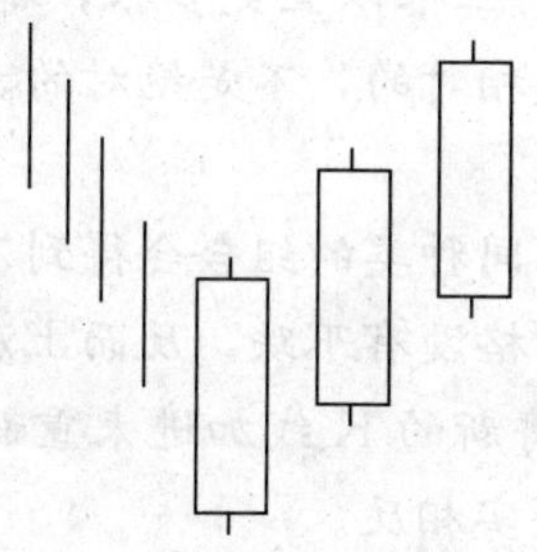

图7-25　红三兵

红三兵

2011年2月10日、11日、14日，塔牌集团（002233）经过一段下跌后，出现了红三兵（我们称为红三兵）组合形态，确认了该股的阶段性底部出现，股价开始加速上升，短短三个月，最高涨幅近50%（见图7-26）。

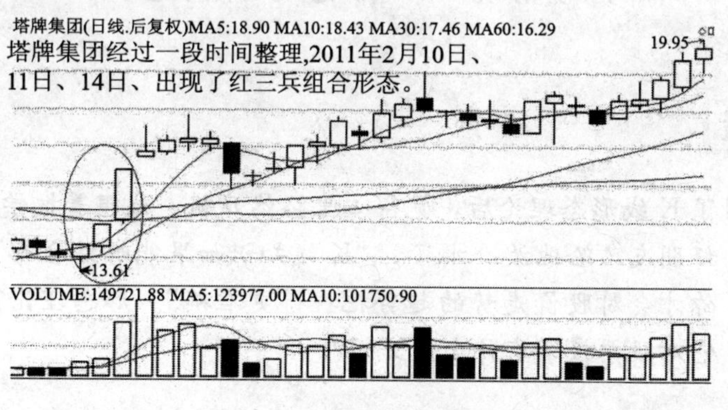

图7-26　红三兵实例

应用K线理论应注意的问题

无论是一根K线，还是两根、三根以至更多根，都是对多空双方争斗作出的一个描述，由它们的组合得到的结论都是相对的，不是绝对的。对投资者而言，结论只是起一种建议作用。

在应用时，有时会发现运用不同种类的组合会得到不同的结论。有时应用一种组合得到明天会下跌的结论，但是次日价格没有下跌，反而上涨。这时的一个重要原则是尽量使用根数多的K线组合的结论，并将新的K线加进来重新进行分析判断。一般来说，多根K线组合得到的结果不大容易与事实相反。

任务三　形态理论

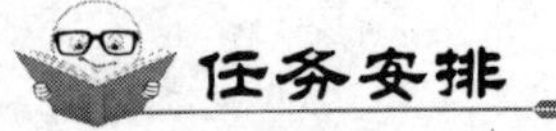

※ 了解研究形态理论的意义；

※ 掌握各类反转形态的形成过程及判断标准和应用要点。

学习情境一　形态分析的意义

李先生在学习了K线形态理论后，觉得心里豁然开朗，就想着把学到的东西立刻用到炒股中去。这时，好朋友又给他泼冷水了，“K线知识如果能够结合形态理论，对股价走势进行综合分析，你才会对股价走势的趋势把握得更准确”。形态理论？这又是一种什么样的分析方法呢？它对股票投资有什么意义呢？

知识准备

一、研究形态理论的意义

前面我们学习了K线以及K线形态的理论，我们知道，K线理论中的组合形态运用于实践，要时刻记住其短线的投资操作特点。预测结果只适用于之后很短的时期，甚至仅是一两天。怎样弥补这种不足呢？

我们将K线的组合形态中所包含的K线数目扩大。这样，众多的K线就组成了一条上下波动的曲线。这条曲线就是价格在这段时间移动的轨迹。这条轨迹所包括的内容更全面，股价波动所延续的时间要比K线理论中所说的要长。形态理论就是通过研究价格轨迹的各种形态，发现价格正在进行的行动方向，分析和挖掘出曲线告诉我们的某些多方和空方之间力量的对比结果，进而指导我们的投资行动。

二、股价移动的两种形态类型

根据多空双方力量对比可能发生的变化，我们知道价格的移动应该遵循这样的规律：第一，价格应该在多空双方取得均衡的位置上来回波动。第二，原有的平衡被打破后，价格将寻找新的平衡位置。

因此，价格移动的过程就有两种：保持平衡的持续整理，打破平衡的反转突破。这样，我们可以把价格曲线的形态分成两个大的基本类型：第一个是反转突破形态，第二个是持续整理形态。

学习情境二　反转形态

李先生在炒股过程中，逐渐摸索发现：单个K线可反映出单日的价格强弱变化，但它不能准确地反映出价格在一段时间内的变化趋势。因此，对于一段时间的价格变化，不再利用K线的阴、阳、上、下影线进行判断，而利用多根K线的组合形态加以判断更加客观。这又是什么原理呢？

知识准备

一、头肩顶（底）形态

头肩顶和头肩底是实际价格形态中出现的最多的形态，是最著名和最可靠的反转突破形态。

（一）头肩顶形态

这种形态一共出现三个顶（见图7-27），也就是要出现三个局部的高点。中间的高点比另外两个都高，称为头，左右两个相对较低的高点称为肩，这就是头肩形名称的由来。

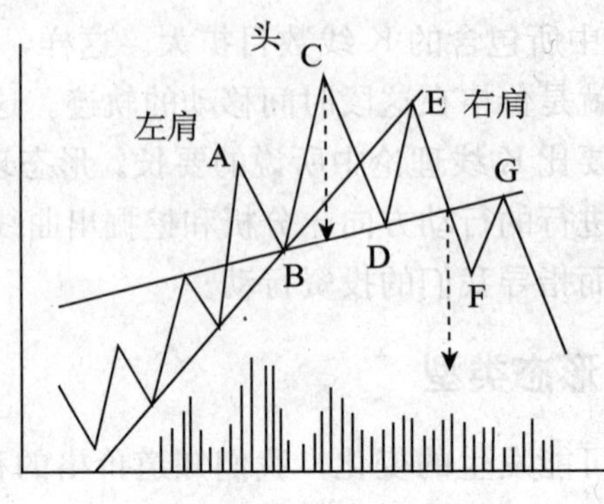

图 7－27　头肩顶形态

1. 头肩顶的形成过程

股价长期上升后，成交量增大，股价获利回吐，导致回落，成交量大幅度下降，左肩形成。股价回升，突破左肩之顶点，成交量没能创出新高，但是，股价过高使持股者产生恐慌心理，竞相抛售，股价回跌到前一低点水准附近，头部完成。股价再次上升，但成交量不再放大，涨势也乏力，股价没能达到头部顶点，形成右肩。这一次下跌时，股价快速击穿颈线，再回升时，股价也只能达到颈线附近，然后继续下跌，头肩顶形态形成。

图 7－27 中的直线 BE 和直线 BG 是两条明显的支撑线。从 C 点到 D 点，突破直线 BE 说明上升趋势线被有效跌破，上升趋势将要终止；从 E 点到 F 点之间的突破则彻底宣告趋势的转向。另外，E 点的反弹高度没有超过 C 点，也是上升趋势出了问题的信号。

图 7－27 中的直线 BG 是头肩顶形态中极为重要的直线——颈线。在头肩顶形态中，它是支撑线，起支撑作用。

头肩顶形态走到了 E 点并调头向下，只能说是原有的上升趋势已经转化成了横向延伸，还不能说已经反转向下。只有当价格走到了 F 点，即价格向下突破了颈线，才说明头肩顶反转形态已经形成。

2. 头肩顶形态特征

头肩顶形态是一个上升趋势的转向形态，一般出现在一段升势的尽头。这一形态具有如下特征：一是左肩与右肩高点大致相同，有时右肩比左肩低，即颈线向下倾斜；二是就成交量而言，左肩最大，头部次之，而右肩成交量最小，即呈梯状递减；三是突破颈线不一定需要大成交量配合，但日后继续下跌时，成交量会放大。

（二）头肩底形态

头肩底是头肩顶的倒转形态，是个可靠的买进时机。这一形态的构成和分析方法，除了在成交量方面与头肩顶有所区别外，其余与头肩顶类似，只是方向正好相反，如图 7－28所示。例如，上升改成下降，高点改成低点，支撑改成压力。

头肩顶形态与头肩底形态在成交量配合方面的最大区别是：头肩顶形态完成后，向下突破颈线时，成交量不一定放大。而头肩底形态向上突破颈线，若没有较大的成交量出现，可靠性将大为降低，甚至可能出现假的头肩底形态。

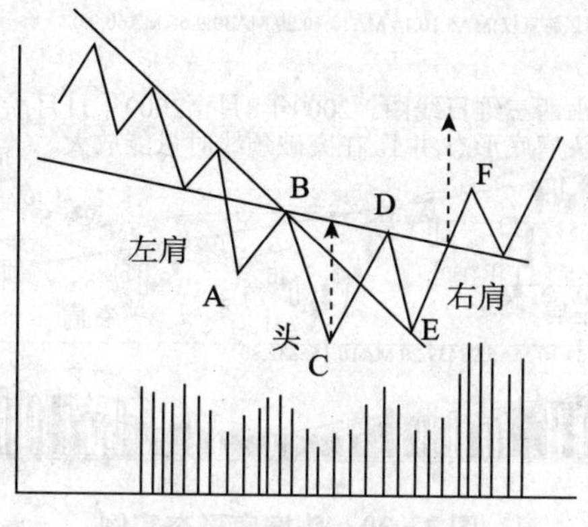

图 7－28　头肩底形态

头肩顶形态和头肩底形态

粤电力（000539）2008 年的日线图。从中可以看到，经过大幅上涨，2007 年 5 月—2008 年 1 月前后，完成了一个上升过程中的头肩顶。2008 年 2 月出现了一次“反抽”，之后价格继续下降，完成了趋势的反转（见图 7－29）。

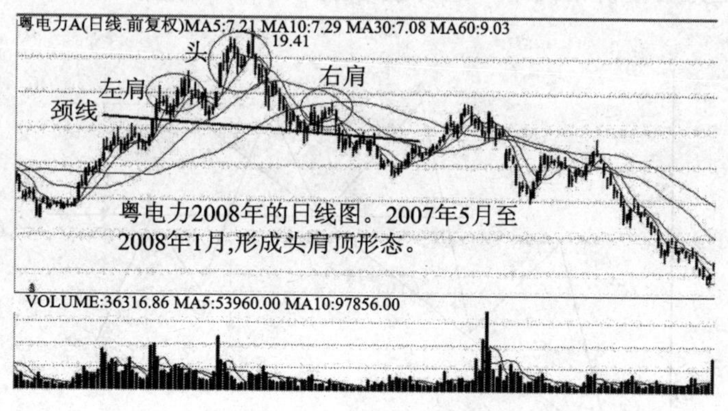

图 7－29　头肩顶形态实例

山西三维（000755）2009 年的日线图。从中可以看到，经过深幅下跌，2009 年 8 月—2009 年 11 月前后，完成了一个头肩底形态，并且，在突破颈线时量能放大，底部形态明显，之后价格回升，完成量度涨幅（见图 7－30）。

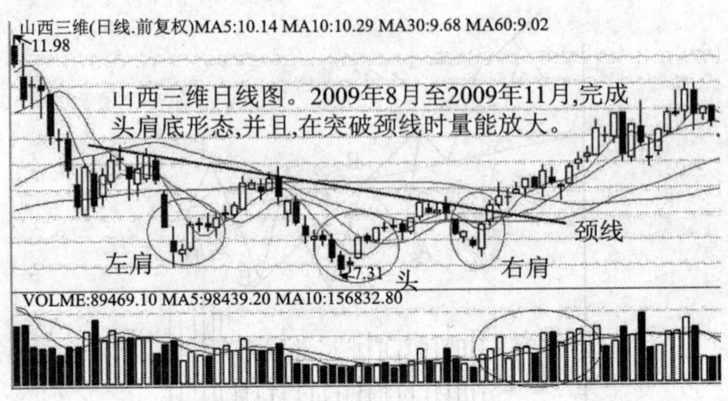

图 7－30　头肩底形态实例

二、双重顶和双重底

双重顶和双重底就是市场上众所周知的 M 头和 W 底，属于反转突破形态。这种形态在实际中出现得非常频繁，是利用形态进行判断不可缺少的基本形态。

(一) 双重顶的形成过程

在大幅度的上升趋势进行了长时间之后，上升趋势过程进入它的末期，如图 7－31 所示。价格在第一个高点 A 建立了新高点，之后正常回调，受上升趋势线的支撑，这次回落将在 B 点附近停止。之后是继续上升，但是力量不够，上升高度也不足。在 C 点（几乎与 A 点等高）遇到压力后，价格向下，这样就形成 A 点和 C 点共两个顶的形状。

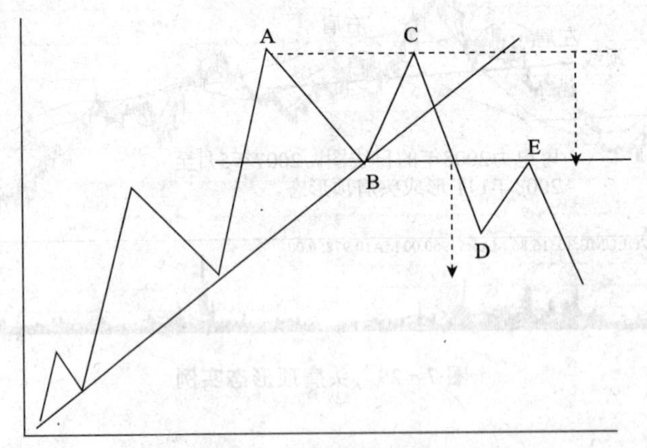

图 7－31　双重顶的形成过程

M 头形成以后，有两种可能的前途：第一种前途是未突破 B 点的支撑位置，价格在 A、B、C 三点构成的狭窄范围内上下波动，演变成今后要介绍的持续形态中的矩形或三角形。第二种前途是突破 B 点的支撑位置继续向下，这种情况才是真正意义的双重顶反转突破形态。前一种情况只能说是出现了一个潜在的双重顶反转突破形态。

以B点作平行于A、C连线的平行线（图7－31中直线BE），就得到一条非常重要的直线——颈线。A与C的连线是趋势线，颈线是与这条趋势线所对应的轨道线，这条轨道线在这里起支撑作用。

前面已经说过，形成一个真正意义的双重顶反转突破形态，除了必要的两个相同高度的高点以外，还应该向下突破B点支撑。

（二）双重底的形成过程

在深幅的下跌趋势进行了长时间之后，趋势过程进入它的末期，如图7－32所示。价格在第一个低点A建立了新低点，之后股价回升，受下降趋势线的压制，至B点附近停止。之后回落，但是下跌力量不够，在C点（与A点接近）遇到支撑后，价格向上，这样就形成A点和C点共两个底的形状，形成双重底。BE为双底的颈线。

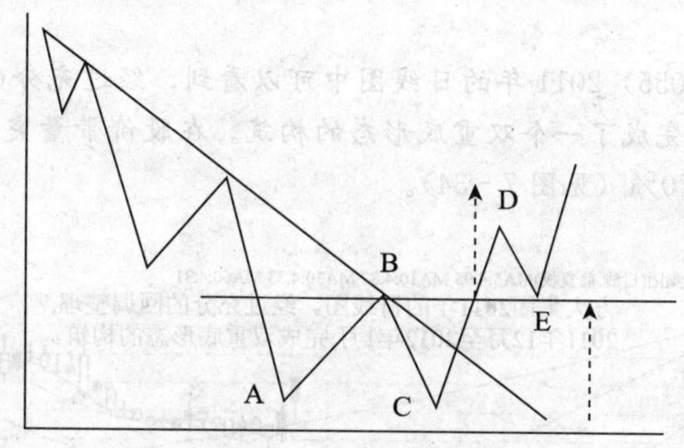

图7－32　双重底的形成过程

双重顶形态和双重底形态

下面是沙河股份（000014）2010年的日线图。从图中可以看到，经过大幅上涨，2010年7月—2010年9月，完成了一个上升过程中的双重顶形态的构筑。此后，虽然有两次股价试图向上反转，但都受到颈线的压力无功而返，其后，股价步入慢慢熊途（见图7－33）。

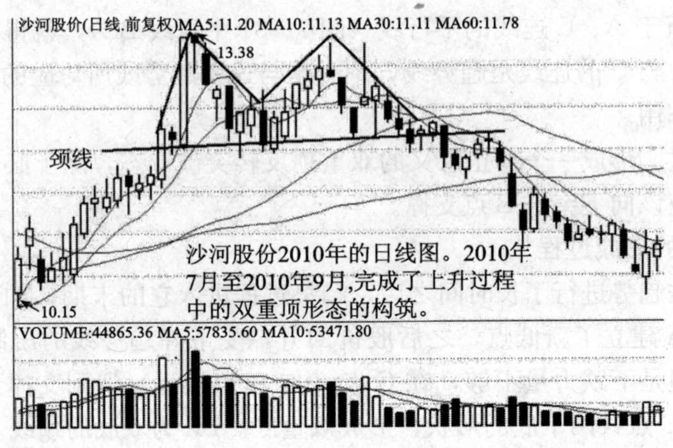

图 7－33　双重顶实例

从方大集团（000055）2011 年的日线图中可以看到，经过充分的回调整理，2011 年 12 月—2012 年 1 月，完成了一个双重底形态的构筑。在股价带量突破颈线后，出现快速上涨，最大涨幅接近 70%（见图 7－34）。

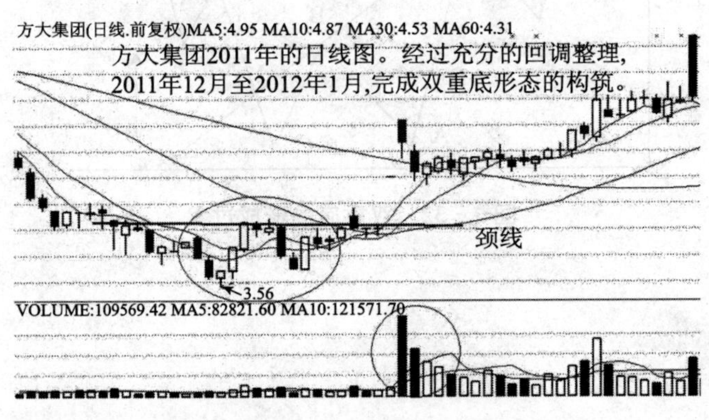

图 7－34　双重底实例

三、三重顶（底）形态

三重顶（底）形态是双重顶（底）的扩展形式，也是头肩顶（底）的变形，由三个一样高或一样低的顶或底组成，如图 7－35 所示。与头肩形的区别是头的价位回落到与肩差不多相等的位置，有时甚至低于或高于肩部一点。从这个意义上讲，三重顶（底）与双重顶（底）也有相似的地方，只是前者比后者多震荡了一次。

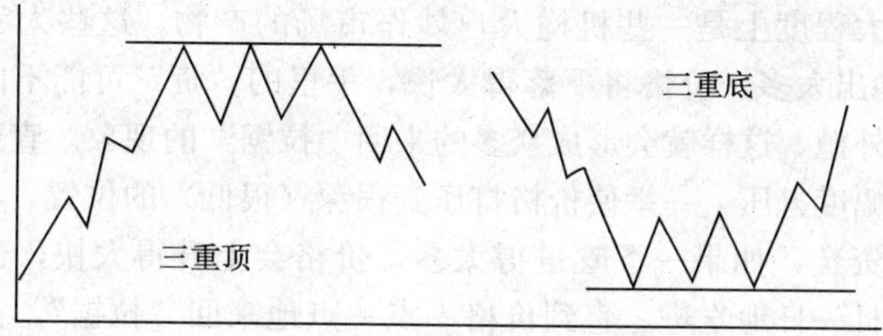

图 7-35　三重顶（底）形态

出现三重顶（底）的原因是由于没有耐心的投资者在形态未完全确认时，便急着买进或卖出，走势与预料相反时又急于卖出或买进，等到趋势确认，股价正式上升或下跌，仍照原预期方向进行时，投资者却犹豫不决，缺乏信心，结果使股价走势比较复杂。

四、圆弧顶（底）形态

（一）圆弧形态的形成

圆弧形简称圆形，这里所说的圆形，不是数学意义上的圆，也不是抛物线，而仅仅是一条曲线。人们已经习惯于使用直线，在遇到图中这样的顶和底的时候，用直线显然就不够了，这是因为价格在顶底的变化太频繁，一条直线应付不过来。当价格在平衡位置波动的幅度比较小，而没有形成前面几种反转形态所需要的几次大的“起伏”，就可能出现圆弧形。

将价格在一段时间的顶部高点用折线连起来，每一个局部的高点都考虑到，我们有时可能得到一条类似于圆弧的弧线，盖在价格之上。将每个局部的低点连在一起也能得到一条弧线，托在价格之下，如图 7-36 所示。

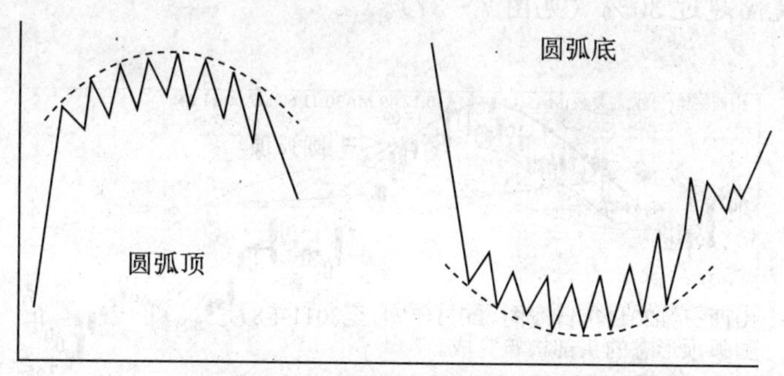

图 7-36　圆弧顶（底）形态

圆弧形在实际中出现的机会较少，在我国的上海和深圳的股票市场的具体实际中，圆弧底比圆弧顶出现的机会多得多。但是一旦出现则是绝好的机会，它的反转深度和高度是不可测的，这一点同前面几种反转形态有一定区别。

圆弧形在形成过程中，其各种顶部和底部的位置都差不多，没有明显的主次区分。这种局面的形成在很大程度上是一些机构大户炒作市场的产物。这些人手里有足够的“筹码”，如果一下子抛出太多，价格将下落得太快，手里的“货”可能不能全部出手。他们只能一点一点地往外抛。这样就会形成众多的来回“拉锯”的现象。直到手中“筹码”接近抛完时，才会大幅度打压，一举使价格打压到很深（很低）的位置。相似地，如果这些人手里持有足够的资金，如果一下吃进得太多，价格会上升得太快，也不利于今后的买入，因此，也要一日一日地吃进。直到价格一点一点地来回“拉锯”，往上接近圆弧边缘时，才会用少量的资金一举将价格往上提拉到一个相对来说很高的高度。因为这个时候“筹码”被大部分机构大户所控制，别人无法打压。

(二) 圆弧形态的特征

(1) 形态完成、股价反转后，行情多属爆发性，涨跌急速，持续时间也不长，一般是一口气走完，中间极少出现回档或反弹。因此，形态确认后应立即顺势而为，以免踏空、套牢。

(2) 在圆弧顶或圆弧底形态的形成过程中，成交量的变化都是两头多，中间少。越靠近顶或底成交量越少，在突破后的一段，都有相当大的成交量。

(3) 圆弧形态形成所花的时间越长，今后反转的力度就越强，越值得人们去相信这个圆弧形。一般来说，应该与一个头肩形态形成的时间相当。

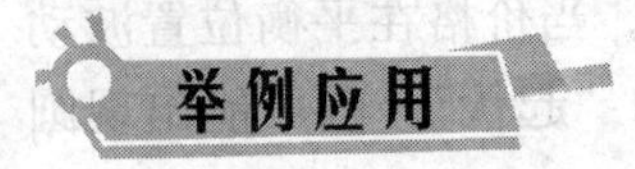

举例应用

圆弧顶形态和圆弧底形态

山西三维（000755）2011 年的日线图。从图中可以看到，经过一段时间的上涨后，于 2011 年 7 月—2011 年 8 月，以一个圆弧顶的形态完成了一个头部的构筑。此后，股价快速下跌，最大跌幅超过 30%（见图 7－37）。

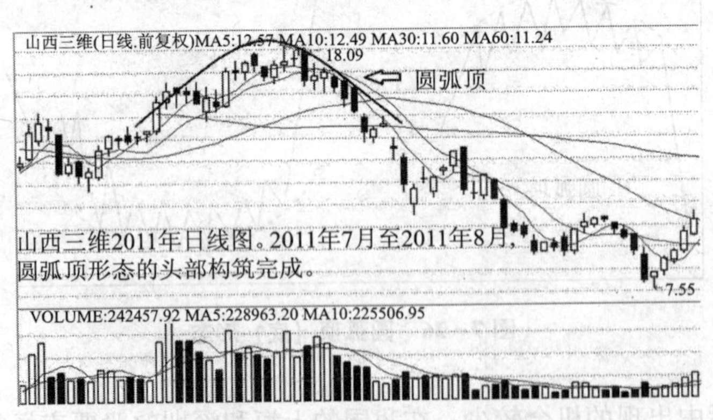

图 7－37　圆弧顶形态实例

石油济柴（000617）2010 年的日线图。图中显示，经过一段长时间的下跌整理后，于 2010 年 5 月—2011 年 8 月，以一个圆弧底的形态完成了一个底部的构筑，此后，股价快速上涨，最大涨幅超过100%（见图7－38）。

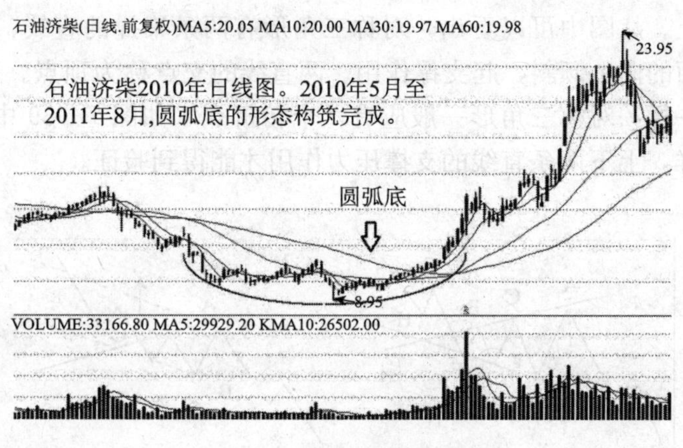

图7－38　圆弧底形态实例

学习情境三　持续整理形态

李先生发现，在明确的上升或下降趋势中比较好操作，只要保持与趋势方向一致的交易思维就可以了，这就是通常所说的顺势交易，不与趋势对抗。但是市场中存在许多无趋势的形态，大多数的交易失败案例都是在这种无趋势的整理形态中产生的，整理形态应该如何操作呢？

一、三角形形态

在通常的情况下，三角形形态属于持续整理形态。有的时候，也可以把三角形划分成反转形态。具体应该属于哪一种类型的形态，应该根据三角形所处的位置，以及三角形形态大小来确定。一般来说，位置越高或越低、形态越大，越倾向于反转形态。三角形整理形态主要分为三种：对称三角形、上升三角形和下降三角形。第一种有时也称正三角形，后两种合称直角三角形。以下我们分别对这三种形态进行介绍。

(一) 对称三角形形态

对称三角形形态大多发生在一个大趋势进行的途中，它表示原有的趋势暂时处于休整阶段，之后还要沿着原趋势的方向继续行动。由此可见，出现对称三角形后，今后价格运动方向最大的可能是原有的趋势方向。

1. 对称三角形的形成

图 7－39 是对称三角形的一个简化的图形，这里的原有趋势是上升，所以，三角形完成以后是突破向上。从图中可以看出，对称三角形有两条聚拢的直线，上面的向下倾斜，起压力作用；下面的向上倾斜，起支撑作用。两直线的交点称为顶点。正如趋势线的确认要求第三点验证一样，对称三角形一般应有六个转折点（如图 7－39 中的 A、B、C、D、E、F 各点）。这样，上下两条直线的支撑压力作用才能得到验证。

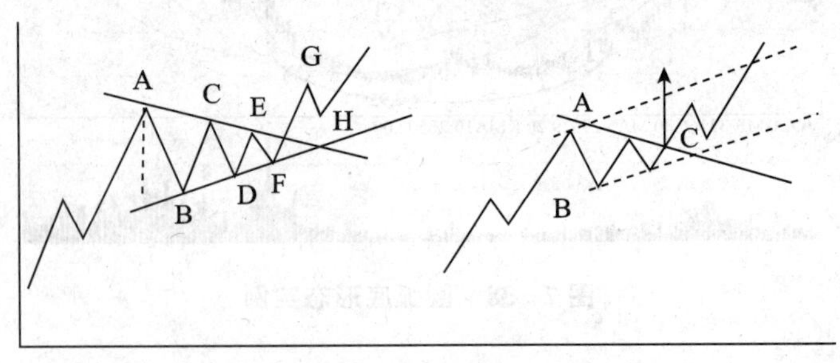

图 7－39　对称三角形

2. 对称三角形的突破

对称三角形只是原有趋势运动途中的休整状态，所以持续的时间不会太长。持续时间太长，保持原有趋势的能力就会下降。一般来说，突破上下两条直线的包围，继续原有既定方向的时间要尽量早，越靠近三角形的顶点，三角形的各种功能就越不明显，对我们投资的指导意义就越不强。根据经验，突破的位置一般应在三角形的横向宽度的 1/2～3/4 的某个位置。三角形的横向宽度指三角形的顶点到底的高度，如图 7－39 所示。不过这有个大前提，必须认定股价一定要突破这个三角形。前面已经说过了，如果股价不在预定的位置突破三角形，那么这个对称三角形态可能会转化成别的形态。

这里要注意的是，对称三角形的成交量因越来越小的股价波动而递减，而向上突破需要大成交量配合，向下突破则不必。没有成交量的配合，很难判断突破的真假。

3. 对称三角形的测距功能

对称三角形被突破后，也有测算功能。以原有的上升趋势为例，介绍两种测算价位的方法。

方法 1：如图 7－39 左所示。从 C 点向上的带箭头的直线的高度，是未来价格至少要达到的高度。箭头直线长度与 AB 连线长度相等。AB 连线的长度称为对称三角形的形态高度。从突破点算起，价格至少要运动到与形态高度相等的距离。

方法 2：如图 7－39 右所示。过 A 作平行于下边直线的平行线——图中的斜虚线，是价格今后至少要达到的位置。

从几何学上可以知道，用这两种方法得到的两个价位在绝大多数情况下是不相等的。前者给出的是个固定的数字，后者给出的是个不断变动的数字，达到“虚线”的时间越迟，价位就越高。方法 1 较简单，易于操作和使用。方法 2 更多的是从轨道线方面考虑。

（二）上升三角形形态与下降三角形形态

上升三角形是对称三角形的变形体。对称三角形有上下两条直线。将上面的直线逐渐向下倾斜变成水平方向就得到上升三角形。除了上面的直线是水平的以外，上升三角形与对称三角形在形状上没有什么区别（见图 7-40）。

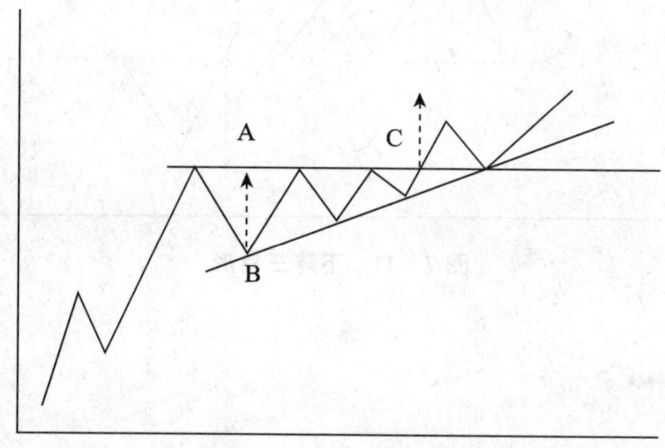

图 7-40　上升三角形

我们知道，上边的直线起压力作用，下面的直线起支撑作用。在对称三角形中，压力和支撑都是逐步加强的。一方是越压越低，另一方是越撑越高，看不出谁强谁弱。在上升三角形中情况就不一样了。压力线是水平的，压力始终都一样，没有变化，下面支撑则是越撑越高。由此可见，上升三角形比起对称三角形来，有更强烈的上升意识。多方比空方的表现更为积极主动。通常把三角形的向上突破水平压力线作为这个上升三角形过程终止的标志。

如果原来的价格趋势方向是向上的，那么，很显然，遇到上升三角形后，几乎可以肯定今后将突破上升水平压力，继续向上运动。这是因为，一方面三角形要保持原来的趋势方向；另一方面上升三角形形态本身就有向上的愿望。两个方面的因素使今后价格的波动很难与原来的方向相反。

如果原有的趋势是下降，则出现上升三角形后，前后价格的趋势判断起来有些难度。一方要继续下降，保持原有的趋势。另一方要上涨，两方必然发生争执。如果在下降趋势处于末期时（下降趋势持续了相当一段时间），出现上升三角形还是以看涨为主。这样，上升三角形就成为反转形态的底部。

上升三角形被突破后，也有测算的功能，测算的方法与对称三角形类似。图 7-40 是上升三角形的简单图形表示，以及测算的方法。图中的箭头范围将是今后价格波动至少要达到的位置。

下降三角形同上升三角形正好反向，是看跌的形态。它的基本内容与上升三角形相似，只是方向相反。从图 7-41 中可以很明白地看出下降三角形所包含的内容。

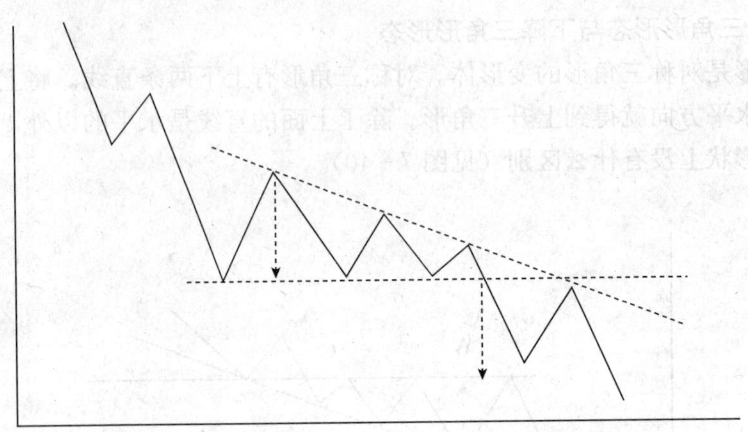

图 7-41　下降三角形

举例应用

三角形形态

广宇发展（000537）2009 年的日线图。从图中可以看到，经过一段时间的上涨后，进入中期调整，于 2009 年 9 月—2009 年 11 月，以一个对称三角形的形态完成了最后的整理。此后，股价一路上涨，最大涨幅超过 50%（见图 7-42）。

图 7-42　对称三角形实例

海德股份（000567）2009 年的日线图。从图中可以看到，经过一段时间的上涨后，股价进入整理阶段，2009 年 8 月—2009 年 11 月，以一个上升三角形的形态完成了最后的整理。此后，股价一路上涨，最大涨幅超过 80%（见图 7-43）。

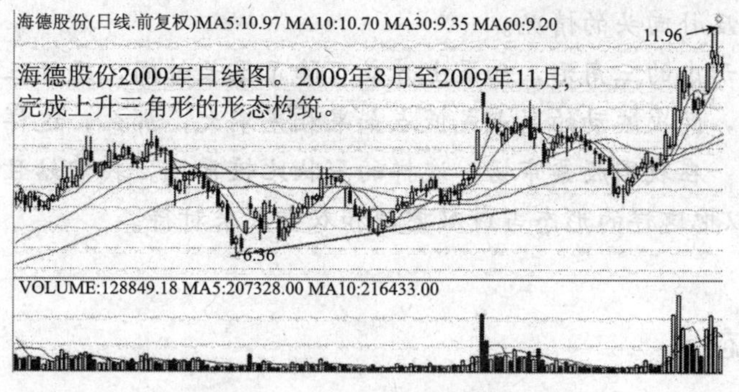

图 7－43　上升三角形实例

包钢股份（600010）2011 年的日线图。从图中可以看到，经过一段时间的上涨后，股价进入下跌周期，2011 年 6 月—2011 年 8 月，以一个下降三角形的形态完成了下跌的整理阶段。此后，股价继续延续原来的下跌趋势（见图 7－44）。

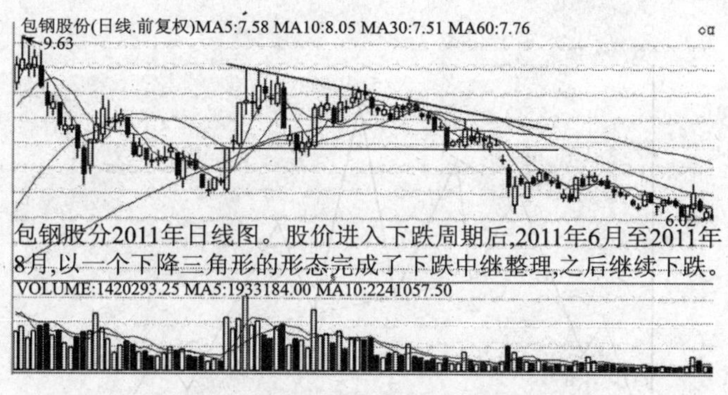

图 7－44　下降三角形实例

应用三角形形态应注意的问题

对于三角形的识别和应用，下面六点是值得注意的：

（1）三角形形态更适用于日线图形。

（2）持续时间过于短的三角形可能是别的形态。

（3）三角形形成的过程中，从左到右成交量逐渐减少。

（4）对称三角形上下两条边的倾斜程度，可能不一样。直角三角形的水平直线可能不是水平的，容许有一点倾斜。换句话说，对称三角形和直角三角形都不是数学几何学上的严格的几何图形。

（5）直角三角形的水平线起阻止回头作用。在直角三角形中，一旦水平线被突破后，之后的股价可能有反扑回头的情况。

(6) 作为反转形态的三角形，如果上升或下降了很长时间，而且三角形的最初的两次波动的幅度比较大，两次波动的高点或低点如果相差不大，那么，这样的三角形就有类似双重低底形的特征。在我国股票市场，这样的形状比较常见。我们姑且把它们称为“大三角形”。其实，可以把这样的形态当成双重顶和双重底来对待。

二、喇叭形态

喇叭形也是一种重要的持续整理形态。它大多出现在顶部，是一种较可靠的看跌形态。更为可贵的是，喇叭形在形态完成后，几乎总是下跌，不存在突破是否成立的问题。这种形态在实际中出现的次数不多，但是一旦出现，则极为有用。

(一) 喇叭形态的形成

喇叭形也被称为扩大形或增大形。因为这种形态酷似一个喇叭，故得名。图 7-45 是喇叭形态的形成过程。

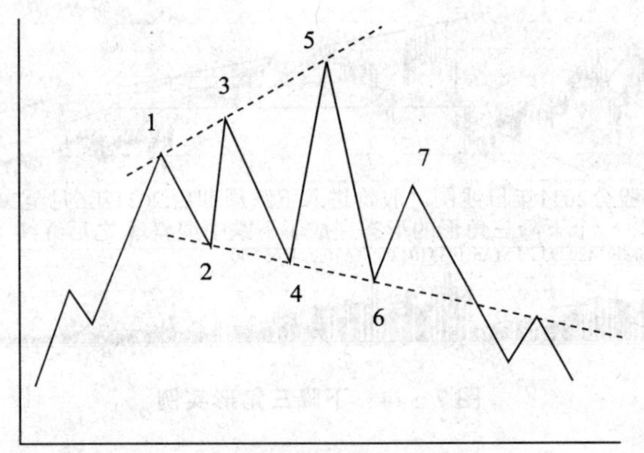

图 7-45　喇叭形态的形成过程

喇叭形态的形成往往是由于投资者的冲动情绪造成的，通常在长期上升趋势的顶部出现。这是一个缺乏理性的市场，投资者受到市场炽热的投机气氛或市场传闻的感染，很容易追涨杀跌。这种冲动而杂乱无章的行市，使得股价不正常地大起大落，形成巨幅震荡的行情，继而在震荡中完成形态的反转。

从图 7-45 中看出，由于股价波动的幅度越来越大，形成了越来越高的三个高点，以及越来越低的两个低点。这说明当时的交易异常地活跃，成交量日益放大，市场已失去控制，完全由参与交易的公众的情绪决定。在这个混乱的时候，进入证券市场是有很大风险的，进行交易也十分困难。在经过了剧烈的动荡之后，人们的情绪会渐渐平静，远离这个市场，股价将逐步地往下运行。

一个标准的喇叭形态应该有三个高点，两个低点。股票投资者应该在第三个高点(图 7-45中的 5) 调头向下时就抛出手中的股票，这在大多数情况下是正确的。如果股价进一步跌破了第二个低点（图 7－45 中的 4），则喇叭形完全得到确认，抛出股票更成为必然。

股价在喇叭形之后的下调过程中，肯定会有反弹出现，而且可能力度会较大，这是喇叭形的特殊性。但是，只要反弹高度不超过下跌高度的一半（图 7－45 中的 7），股价下跌的势头还是应该继续的。

（二）喇叭形态的特征

（1）喇叭形一般是一个下跌形态，暗示升势将到尽头，只有在少数情况下股价在高成交量配合下向上突破时，才会改变其分析意义。

（2）在成交量方面，整个喇叭形态形成期间都会保持不规则的大成交量，否则难以构成该形态。

（3）喇叭形走势的跌幅是不可量度的，一般来说，跌幅都会很大。

（4）喇叭形源于投资者的非理性，因而在投资意愿不强、气氛低沉的市道中，不可能形成该形态。

喇叭形态

西藏矿业（000762）2010 年的日线图。从图中可以看到，经过一段时间的上涨后，于 2010 年 9 月—2010 年 11 月，以一个喇叭形态完成了头部的构筑。此后，股价快速下跌，最大跌幅超过 40％（见图 7－46）。当时市场气氛仍然火暴，多数人还在买入，预期再创新高，可惜此股从此即转头向下。这时形态已经形成，如能及时发现，及时出货则能够避免长期套牢之苦。

图 7－46　喇叭形态

三、矩形形态

矩形又叫箱形，也是一种典型的整理形态，股票价格在两条横着的水平直线之间上下波动，作横向延伸的运动。

（一）矩形形态的形成

矩形在形成之初，买卖双方全力投入，各不相让。卖方在价格涨到某个位置就有抛的压力，买方在股价下跌到某个价位就买入，时间一长就形成两条明显的上下界线。随着时间的推移，双方的战斗热情会逐步减弱，成交量减少，市场趋于平淡。

如果原来的趋势是上升，那么经过一段矩形整理后，会继续原来的趋势，买方会占优势并采取主动，使股价向上突破矩形的上界。如果原来是下降趋势，则卖方会采取行动，突破矩形的下界。图 7－47 是矩形形态的简单图示。

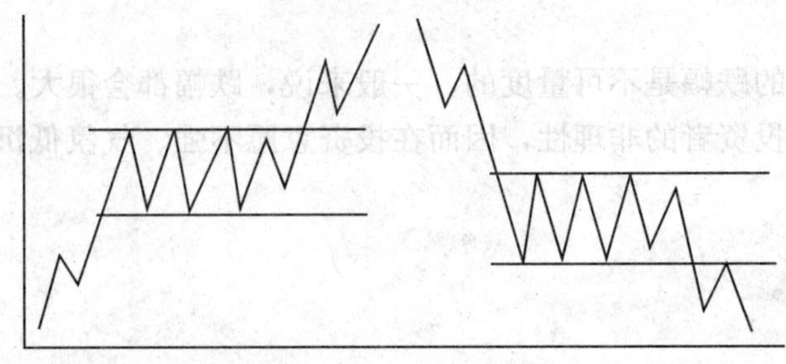

图 7－47　矩形形态

从图中可以看出，矩形在其形成的过程中极可能演变成三重顶（底）形态，这是我们应该注意的。正是由于矩形的判断有这么一个容易出错的可能性，在面对矩形和三重顶（底）进行操作时，几乎一定要等到突破之后才能采取行动，因为这两个形态今后的走势方向完全相反。一个是持续整理形态，要维持原来的趋势；一个是反转突破形态，要改变原来的趋势。

（二）矩形的突破

从图 7－47 中可以看出，在矩形临近完成的时候，有一些迹象会提供今后突破的方向。如果在矩形的最近的波动过程中，出现价格波动没有接触到下界甚至远离下界就回头向上。这实际上具有上升三角形的特点。在这种情况下，认为今后将向上，应该是合理的。

矩形的突破也有一个确认的问题。当股价向上突破时，必须有大成交量的配合方可确认，而向下突破则不必有成交量增加。

（三）矩形形态的测距功能

矩形被突破后，也具有测算意义，形态高度就是矩形的高度。价格突破后，至少要移动到形态高度的位置。面对突破后价格的反扑，矩形的上下界线同样具有阻止反扑的作用。

与别的大部分形态不同，矩形为我们提供了一些短线操作的机会。如果在矩形形成的早期能够预计到股价将进行矩形调整，那么，就可以在矩形的下界线附近买入，在上界线附近抛出，来回做几次短线的进出。如果矩形的上下界线相距的距离比较远，这种短线的收益也是相当可观的。

矩形形态

深赤湾 A（000020）2011 年日线图。从图中可以看到，经过一段长时间的上涨，股价进入整理阶段，2010 年 8 月—2011 年 2 月，形成了矩形形态，并完成了向上突破。此后，股价一路上涨（见图 7-48）。

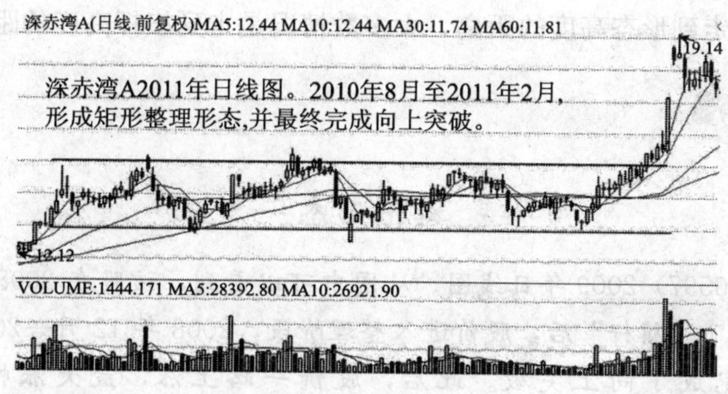

图 7-48　矩形形态实例

四、旗形形态

旗形和楔形是两个著名的持续整理形态。在股票价格的曲线图上，这两种形态出现的频率很高，一段上升或下跌行情的中途，可能出现好几次这样的图形。它们都是一个趋势的中途休整过程，休整之后，还要保持原来的趋势方向。这两个形态的特殊之处在于，它们都有明确的形态方向，如向上或向下，并且形态方向与原有的趋势方向相反。例如，如果原有的趋势方向是上升，则这两种形态的方向就是下降。

（一）旗形形态的形成

从几何学的观点看，旗形应该叫平行四边形，它的形状是一上倾或下倾的平行四边形，如图 7-49 所示。

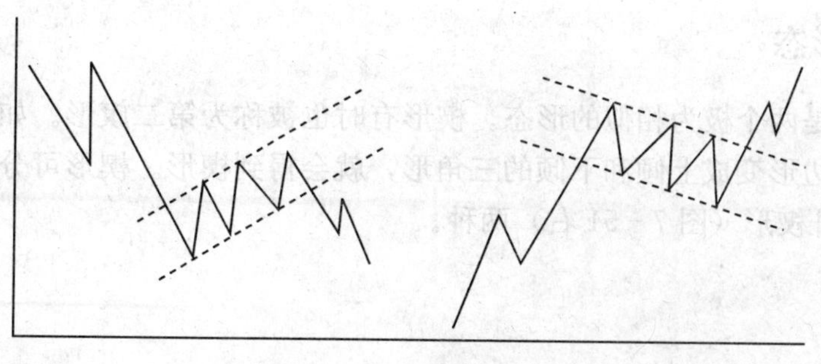

图 7-49　旗形形态

旗形大多发生在市场极度活跃、股价运动近乎直线上升或下降的情况下。在市场急速而又大幅的波动中，股价经过一连串紧密的短期波动后，形成一个稍微与原来趋势呈相反方向倾斜的长方形，这就是旗形走势。旗形走势的形状就如同一面挂在旗杆顶上的旗帜，故此得名。它又可分为下降旗形（图 7 - 49 左）和上升旗形（图 7 - 49 右）两种。

旗形的上下两条平行线起着压力和支撑作用，这两条平行线的某一条被突破是旗形完成的标志。

（二）旗形的测距功能

旗形也有测距功能。旗形的形态高度是平行四边形左右两条边的长度。旗形被突破后，股价将至少要走到形态高度的距离，大多数情况是走到旗杆高度的距离。

举例应用

旗形形态

东北制药（000597）2009 年日线图。从图中可以看到，该股在 2008 年 12 月 1 日起，快速上涨，在立起了"旗杆"后，股价进入整理阶段，2008 年 12 月—2009 年 1 月，形成了旗形形态，并完成了向上突破。此后，股价一路上涨，最大涨幅超过 80%（见图7 - 50）。

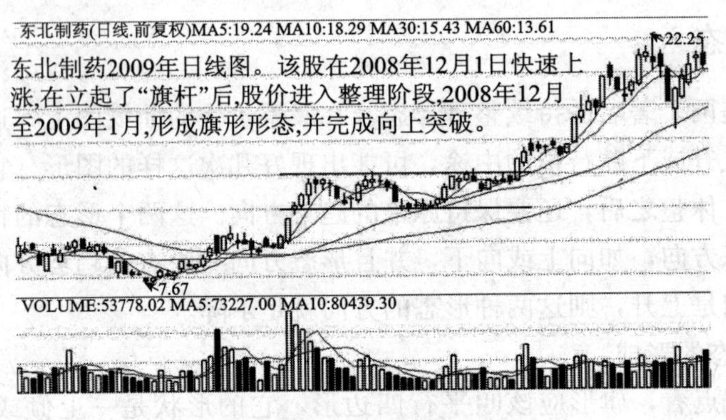

图 7 - 50　旗形形态实例

五、楔形形态

楔形和旗形是两个极为相似的形态。楔形有时也被称为第二旗形。如果将旗形中上倾或下倾的平行四边形变成上倾和下倾的三角形，就会得到楔形。楔形可分为下降楔形（图 7 - 51 左）和上升楔形（图 7 - 51 右）两种。

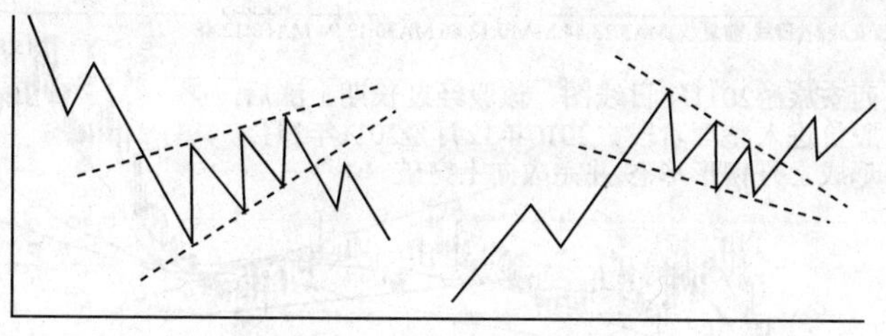

图 7－51　楔形形态

下降楔形是指股价经过一次下跌后产生强烈技术性反弹，价格升至一定水平后又掉头回落，但回落点比前次高，然后又上升至新高点，再回落，在总体上形成一浪高于一浪的势头。如果把短期高点相连、低点相连，则形成两条向上倾斜的直线，且两者呈收敛之势。上升楔形则正好相反，股价的高点和低点形成一浪低于一浪之势。

楔形也有保持原有趋势方向的功能。有关突破和测算的叙述与旗形一致。对旗形的应用注意事项也适用于楔形。

楔形的上下两条边都是朝着同一个方向倾斜。而前面介绍的三角形上下两边的倾斜方向相反。

与旗形和三角形稍微不同的地方是，楔形偶尔也可能出现在顶部或底部而作为反转形态。这种情况一定是发生在一个趋势经过了很长时间，接近尾声的时候。我们可以借助很多别的技术分析方法，从时间上来判断趋势是否可能接近尾声。尽管如此，当我们看到一个楔形后，首先还是把它当成持续整理形态。

与旗形的另一个区别是，楔形形成所花的时间要长一些，一般需要两周以上的时间才可以完成。

楔形形态

西安旅游（000610）2011 年日线图。从图中可以看到，该股在经过长期上涨后，股价进入整理阶段。2010 年 12 月—2011 年 1 月，形成了上升楔形形态，并完成了向上突破。此后，股价继续原趋势上涨（如图 7－52 所示）。

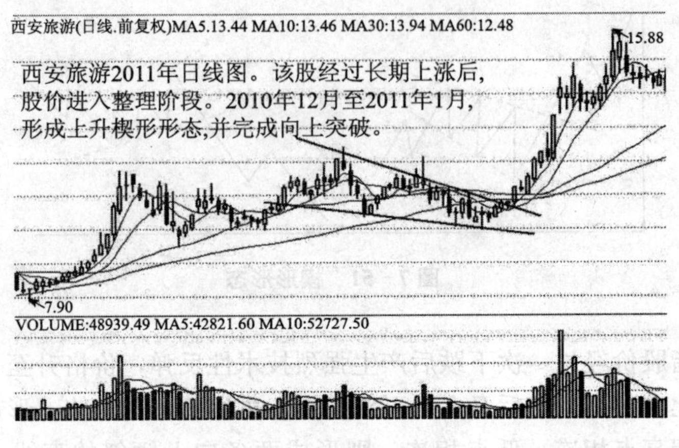

图 7－52　楔形形态实例

学习情境四　缺口与岛形反转

情境设置

李先生在看K线图时，发现如果两个连续的交易日的K线的上影线和下影线之间不重合，就会出现一个真空区域。在市场分析的术语中，这种现象被称为跳空，又被称为缺口。那么，这种缺口有哪几种形态呢？对于研判股价走势有什么帮助呢？

知识准备

一、缺口与缺口回补

（一）缺口的含义

缺口是表示两个物体之间存在空隙，在这里表示两个交易日的价格交易区域之间存在空隙。缺口的出现表明存在一段没有交易的价格区域，也就是价格交易的“真空地带”。具体地说，如果某个交易日证券交易的最低价格高于前一个交易日的最高价格，就形成向上的缺口；如果某个交易日证券交易的最高价格低于前一个交易日的最低价格，就形成向下的缺口。

（二）缺口的回补

假设在某一天，价格形成了向上的缺口。如果后一个交易日的股价回落至缺口之内，就称为缺口回补。回补有可能使缺口完全被“封闭”，也可能部分被“封闭”。

从实际的价格波动的图形中，可以看到，有些缺口将会在短时间内很快被回补，而有些缺口将会在很长时间之后被回补，有些甚至永远不被回补。所以关于缺口被回补的问题，不是容易回答的。

二、缺口的种类

按照经典的缺口划分方法，缺口一共分为四类：普通缺口、突破缺口、持续缺口、竭尽缺口。

（一）普通缺口

这类缺口通常出现在价格持续形态之内，持续形态的特点之一是成交量逐渐减少。普通缺口通常在短时间内被回补。也有例外的情况，当持续形态接近突破的时候，价格最后一次在该持续形态内波动，此时的缺口具有突破缺口的特征。在长时间内不被回补，也没有理由认为该缺口应该被回补。

普通缺口没有度量的意义。它的作用在于帮助识别一个正在形成的持续形态。例如，价格上升到20元，回落到17元，又到20元，第二次到20元的时候出现了缺口。投资者可以认为，一个波动范围在17～20元的持续整理过程正在形成。

（二）突破缺口

突破缺口在价格突破持续整理的巩固形态后出现，如图7－53所示的A点和D点。在对水平的持续形态的边界的突破口处，几乎都会产生突破缺口。此外，价格脱离反转形态或持续形态的时候也会产生突破缺口。

突破缺口有预测的功能。它强调了“状态改变”的事实。当价格脱离某个持续形态并伴随明显的缺口的时候，预示一次真正的突破已经出现。其次，有缺口的买方（或卖方）上升（或下降）力量比没有缺口的上升（下降）力量要大，尽管在两种情况下都是买方（卖方）占优势。

突破缺口一般是不被回补的。当然，如果在离开缺口的价格波动过程中，成交量是逐步减少的，此时，大约有一半的机会在未来的局部回落中，突破缺口有被回补的可能。

换句话说，如果在远离缺口的一边，成交量放大，而在离开缺口的时候又伴随有比较大的成交量，那么近期缺口被回补的机会很小。价格的局部回落过程将在缺口处停止。此时，缺口起支撑压力的作用。

（三）持续缺口

持续缺口出现的机会较少，不过，它有较大的技术预测的功能，所以也成为量度缺口。持续缺口的产生与持续形态无关，它产生于快速的直线式的上升或下降之中，如图7－53所示的B点。

持续缺口可以为价格的波动范围提供大致的预测。方法是，价格未来移动的垂直距离，将等于从此次运动的起点到度量缺口的垂直距离。旗形中旗杆的度量功能与此很相像。

（四）竭尽缺口

突破缺口标志运动的开始，持续缺口表示运动将继续，竭尽缺口则表明原来运动的结束。竭尽缺口与迅速而猛烈的上升或下降有密切关系。以上升为例，当趋势发展的过程中，没有像度量缺口那样遇到逐渐增加的阻力，而是动力不减少地加速上升。直到某一天，在K线图上会出现一个比较大的缺口，这时，多方会碰到卖方无情的阻击，成交量大增，原来的上升运动在短暂的“一片欢腾”中，突然结束，这样的缺口就是竭尽缺口。如图 7－53 所示的 C 点。

竭尽缺口的特征之一是直线型的上升或下降。另一个判断竭尽缺口的标准是成交量。如果缺口形成后的成交量异常的大，而缺口之前的成交量没有与价格的上升相配合，那么，该缺口为竭尽缺口的可能性就很大。此外，如果缺口的位置已经达到由某个技术预测的方法所指出的预测位置的时候，或者是某个重要的支撑压力位置，也使得该缺口成为竭尽缺口的概率加大。

在多数情况下，竭尽缺口之后是另一个方向的运动的开始，也就是趋势的反转。但是，竭尽缺口并非一定是反转的开始。竭尽缺口所表示的肯定的意义是原来运动的停止，并不是反方向运动的开始。竭尽缺口之后，有可能出现的是长时间的持续形态。

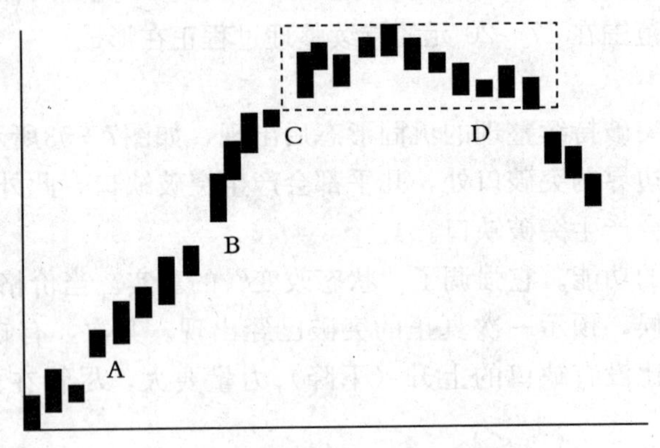

图 7－53　缺口与岛形反转

三、岛形反转

岛形反转是一个紧密的交易区域。以岛形顶部为例（图 7－53 中虚线方框部分）。整个 K 线图分成了上下两部分，在上面的一部分 K 线就像远离海岸的孤岛，这是顶部反转的主要特征，就此形成了顶部岛形反转。顶部岛形反转一旦成立，说明近期股价下跌已成定局。此时持股的投资者只能认输出局，否则将遭受更大的损失。

从图 7－53 中看出，岛型的左边由一个竭尽缺口与之前的上升趋势相“隔离”。同时，在它的右边，一个突破缺口使其与前面的上升方向相反的下降趋势所“隔离”。岛形所持续的时间可长可短，几个交易日也可以，几个星期也可以，岛型底形态的成交量总是比较大的。

只有在个别情况下，岛形反转右边的突破缺口有可能在几天内被一次短暂的反弹或回落所回补，但通常是不被回补的。岛形反转将使价格完全回复到竭尽缺口之前的小幅度运动的出发起点。

任务四　道氏理论

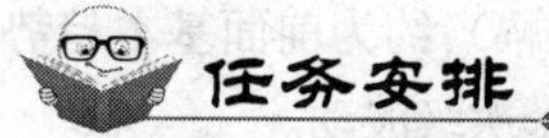

任务安排

※　掌握道氏理论的核心内容；

※　掌握道氏理论应用时注意的要点。

情境设置

李先生经过一段时间的学习，对股市的一些技术分析方法有了一定的了解，当然，想要和股市实际结合起来，还真有些难度。他最近又了解到一种古老的技术分析方法——道氏理论。道氏理论产生于美国，在市场中应用已有上百年的历史，说明很有生命力。那么，对于中国的股市分析有没有借鉴意义呢？

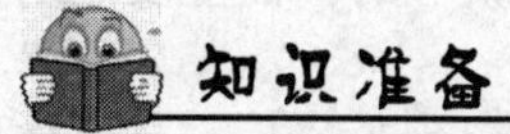

知识准备

一、道氏理论的核心内容

（一）股票价格指数波动可以解释和反映市场的大部分行为

这是道氏理论对证券市场的重大贡献。当今世界上所有的证券交易所都有一个本交易所的价格指数。计算方法虽然大同小异，但都是为了反映市场的整体情况。这些都起源于道氏理论中的这一点。

在股票市场，你可能因为政治形势稳定，所以买股票。另外一些人可能觉得经济前景乐观所以买股票。另外一部分人认为货币市场政策，值得在市场买入股票。还有些人靠打探内幕消息而买入股票。无论大家有什么样的心态，股价指数的上涨就反映了这种乐观的情绪，虽然观点角度各不相同。相反，当大家有不同恐惧心态时，就会不约而同地抛售股票，股价指数就会下跌。不论什么因素，股市指数的升跌变化都反映了群众心态。所以，股市指数代表了市场行为的总和。

（二）市场价格波动有三种趋势

道琼斯理论的创始者查尔斯·亨利·道（Charles Henry Dow）观察到股价波动与海潮波动类似。将股价波动情形依照时间长短区分为三种：主要波动、次级波动、日常波动。

1. 主要波动——多头市场趋势与空头市场趋势

主要波动是指股价长期趋势。大势波动便是基本趋势，可能持续几个月，甚至数年之后才会改变波动方向。其特色为上升市场里一段行情的指数新高点比前一段行情的指数最

高点为高，就是一峰比一峰高之意。下跌市场里一段行情中的指数新低点比前一段行情的指数最低点为低，就是一谷比一谷低之意。

2. 次级波动——中长期的反转形态

次级波动是指长期上涨趋势中的下跌阶段或是长期下跌趋势中的回升阶段。对于次级波动的期间，道氏认为大约是两星期到一个月或更久，反转幅度（跌幅或涨幅）约为前面基本趋势的上涨或下跌的3/8。通常在每一个多头市场或空头市场总会出现两三个次级波动。

次级波动是强势或弱势市场很正常而且必需的反转形态，主要是由于投资者的太乐观或太悲观，促使股价暴涨或暴跌，于是发生技术性的回跌或反弹。专业性的投资机构或资金雄厚的投资人乘此机会调节市场供需状况，大众投资人也跟随获利了结。可惜并没有数学公式可以提出次级波动发生或结束的时间。因此，引用道琼斯理论时，缺乏经验的投资人无法准确区分原始移动与次级移动趋势，降低对大势研判的正确性。

3. 日常波动——股价每日波动

日常波动是指股价每日的波动。其波动快则数小时，慢则几天内就结束，因此没有什么重要性。通常，不管是次级趋势或两个次级趋势所夹的主要趋势部分，都是由一连串的三个或更多可区分的短期变动所组成。由这些短期变化所得出的推论，很容易导致错误的方向。在一个无论成熟与否的股市中，短期变动都是唯一可以被“操纵”的，而主要趋势和次要趋势却是不易被操纵的。

道氏认为主要波动就像涨潮落潮，次级波动就像海浪，日常波动则像浪潮上面的小波纹，如图7－54所示。

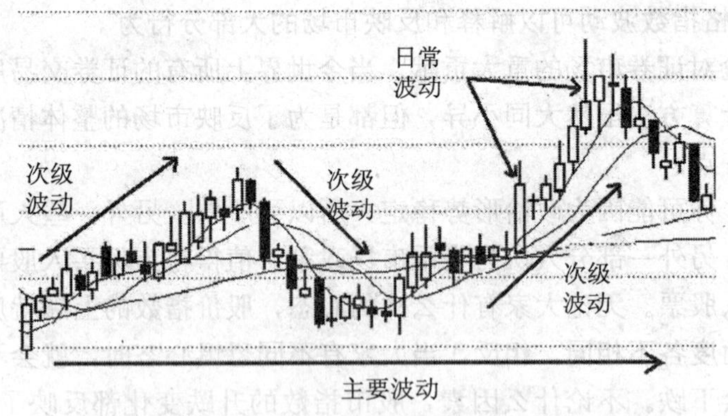

图7－54　市场价格波动的三种趋势

（三）成交量在确定趋势中起重要的作用

在投资行为中寻找趋势的反转点是确定投资的关键。道氏理论认为成交量所提供的信息，有助于解决一些在实际决策过程中可能遇到的令人困惑的市场行为。

通常，在多头市场，股价上涨，成交量增加；股价下跌，成交量减少。当然，这条规则有时也有例外。因此正确的结论只根据几天的成交量是很难得出的，只有在持续一段时间的整个交易的分析中才能够作出。在道氏理论中，为了判定市场的趋势，最终结论性信号只由价位的变动产生。成产量仅仅是在一些有疑问的情况下提供解释的参考。

（四）收盘价是最重要的价格

道氏理论认为在所有价格中收盘价是最重要的，甚至认为只用收盘价不用别的价格。收盘价所表示的是：多空双方经过一天的较量而最终达成的共识是双方的平衡点。最高价、最低价等其他价格所表示的是某个短暂时间的价格。就其对今后的影响作用而言，收盘价应该更有说服力一些。当前大多数情况下都以收盘价作为当天的价格的代表。

这一规则在断定主要趋势的未来发展动向上的作用表现在：假定在一个主要的上升趋势中，一个中级上升早上 11 点钟到达最高点，在这个小时的道琼斯指数为 1035 点，而收盘为 1030 点，未来的收盘必须超过 1030 点，主要趋势才算是继续上升的。当天交易中高点的 1035 点并不算数，如果下一次的上升的当天高点达到 1036 点，但收盘仍然低于 1030 点，主要的多头趋势仍然是不能确定的。

二、应用道氏理论应注意的问题

道氏理论从来就不是用来指出应该买卖哪只股票，而是在相关收盘价的基础上探讨股市的基本趋势，特别是股票市场的主要趋势，因此道氏理论对大趋势的判断有较大的作用。但对于每日每时都在发生的小波动则显得无能为力。道氏理论认为一旦基本趋势确立，这种趋势会一路持续，直到趋势遇到外来因素破坏而改变为止。

道氏理论的另一个不足是它的可操作性较差。一方面，道氏理论的结论落后于价格变化，信号太迟。另一方面，理论本身存在不足使得一个很优秀的道氏理论分析师在进行行情判断时，也会因得到一些不明确的信号而产生困惑。而且，道氏理论每次都要两种指数互相确认，这样做已经慢了半拍，走失了最好的买入和卖出机会。

道氏理论对选股没有帮助。

尽管道氏理论存在某些缺陷，有的内容对今天的投资者来说已过时，但它仍是许多技术分析的理论基础。近 30 年来出现了很多新的技术，有相当部分是道氏理论的延伸，这在一定程度上弥补了道氏理论的不足。

任务五　切线理论

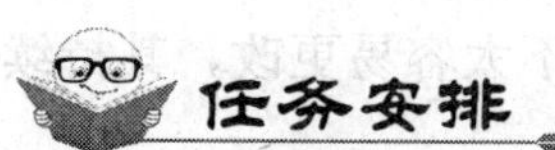

※　掌握趋势的方向和类型；

※　掌握压力线和支撑线的基本应用；

※　掌握趋势线和轨道线的基本应用；

※　掌握黄金分割线和百分比线的基本应用。

情境设置

李先生经过一段时间行情走势分析，发现股票市场价格的变动是有一定规律可循的，股票价格的运动有一定的趋势，但如何“顺势而为”，不“逆势而动”呢？有没有一种方法可以通过股票价格的趋势分析给投资者提供投资决策的依据呢？

知识准备

一、趋势的定义与类型

证券市场有顺应潮流的问题。“顺势而为”，不“逆势而动”，已经成为投资者的共识。这个潮流是指股价变动有一定的趋势，在长期上涨或下跌的趋势中，会有短暂的盘旋或调整，投资者应把握长期趋势，不为暂时的回调和反弹所迷惑，同时也应及时把握大势的反转。趋势理论（也称为切线理论）就是帮助投资者识别大势变动方向的较为实用的方法。

（一）趋势的定义

简单地说，趋势就是证券价格运动的方向。技术分析的三大假设中的第二条明确说明价格的变化是有趋势的，没有特别的理由，价格将沿着这个趋势继续运动。这一点就说明趋势这个概念在技术分析中占有很重要的地位，是投资者应该注意的核心问题。一般来说，市场变动不是朝一个方向直来直去，中间肯定要有曲折，从图形上看就是一条曲折蜿蜒的折线，折点处就形成峰或谷。由这些峰和谷的相对高度，投资者可以看出趋势的方向。

（二）趋势的方向

趋势的方向有三个：上升方向；下降方向；水平方向，也就是无趋势方向。上升趋势最明显的特征是一峰比一峰高，而下降趋势最明显的特征是一谷比一谷低，而当股价在一定区域内横盘整理时即称为水平趋势或无趋势。一般来说，股价盘整是在等待或选择下一步的运动方向。

（三）趋势的类型

按道氏理论的分类，趋势包括主要趋势、次要趋势和短暂趋势三种。

主要趋势是股价在一个较长时间内的运动趋势，一旦确立，便不太容易更改，其持续时间一般在三个月以上；

次要趋势是对主要趋势的修正与调整运动，表现为上升过程中的回落和下跌过程中的回升，持续时间一般为1～3个月，幅度一般在主要趋势幅度的3/8以内；

短暂趋势也称为日常波动，由于股价日常波动的偶然性较大，所以短暂趋势对于次要趋势和主要趋势的影响不大。

趋势的类型

浦发银行（60000）自1999年11月上市至2005年6月，走出了一个长达五年半的下降趋势（长期趋势），期间也有过几次反弹（次要趋势）。在经过一年多的底部蓄势以后，于2006年8月，作为金融板块的主要成员，开始领涨大盘，走出了一波非常强劲的上涨行情。可以结合图7-55仔细体会趋势分析对于投资者买卖行为的极端重要性。

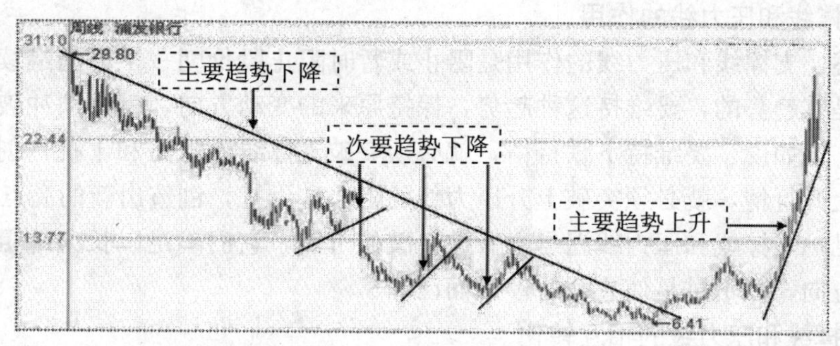

图7-55 趋势的类型

二、支撑线、压力线与突破

（一）支撑线和压力线的含义

支撑线又称抵抗线。如图7-56所示，当股价跌到某个价位附近时，股价停止下跌，甚至有可能回升，这是由于多方在此买入造成的。支撑线起阻止股价继续下跌的作用。这个阻止股价继续下跌的价格就是支撑线所在的位置。

压力线又称阻力线。如图7-56所示，当股价上涨到某个价位附近时，股价会停止上涨，甚至回落，这是由于空方在此抛压造成的。压力线起阻止股价继续上升的作用。这个起着阻止股价继续上升的价位就是压力线所在的位置。

投资者往往会产生这样的误解，认为只有在下跌行情中才有支撑线，只有在上升行情中才有压力线。其实，在下跌行情中也有压力线，在上升行情中也有支撑线。但是由于在下跌行情中人们最注重的是跌到什么地方，关心支撑线就多一些；在上升行情中人们更注重涨到什么地方，所以关心压力线多一些。

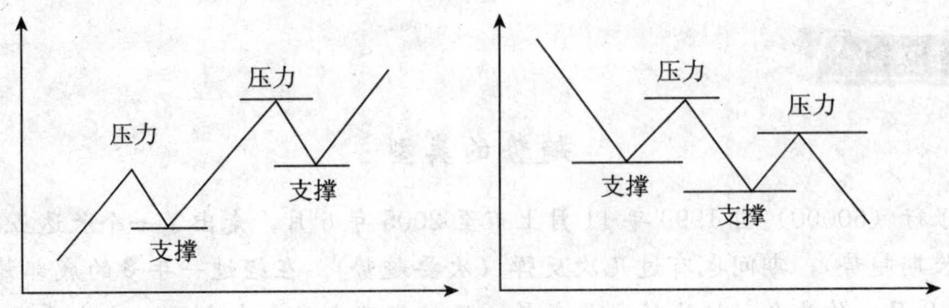

图 7－56 支撑线和压力线

（二）支撑线和压力线的作用

如前所述，支撑线和压力线的作用是阻止或暂时阻止股价朝一个方向继续运动。由于股价的变动是有趋势的，要维持这种趋势，保持原来的变动方向，就必须冲破阻止其继续向前的障碍。比如说，要维持下跌行情，就必须突破支撑线的阻力和干扰，创造出新的低点；要维持上升行情，就必须突破上升压力线的阻力和干扰，创造出新的高点。

由此可见，支撑线和压力线迟早会有被突破的可能，它们不足以长久地阻止股价保持原来的变动方向，只不过是使它暂时停顿而已。

（三）支撑线和压力线的相互转化

支撑线和压力线是可以相互转化的，也就是说一条支撑线如果被跌破，那么这一支撑线将成为压力线；同理，一条压力线被升破，这个压力线将成为支撑线。这说明支撑线和压力线的地位不是一成不变的，而是可以改变的，条件是它被有效的足够强大的股价变动突破（见图 7－57）。

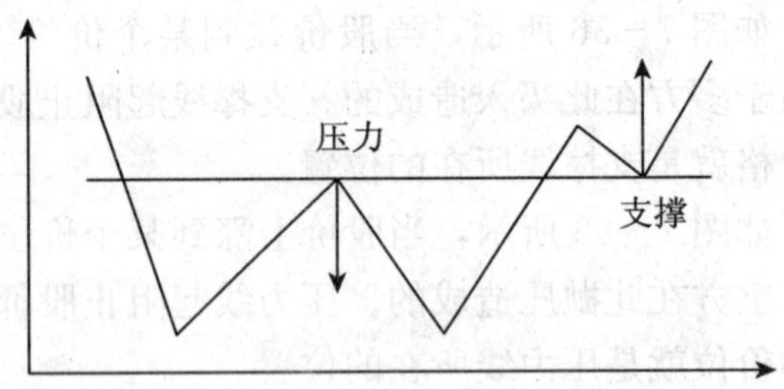

图 7－57 压力线和支撑线的相互转化

（四）支撑线与压力线的位置判断

由于支撑线和压力线能阻止或暂时阻止股价朝一个方向继续运动，因此，支撑线和压力线所在的位置往往是买入和卖出的最佳价位和时机。在一个上升的趋势中，每次股价回落时获得支撑的价位即是追涨的最佳价位，而在一个下降的趋势中，每次股价回升时受到压力的价位即是投资者杀跌的最佳价位。因此，投资者有必要学会如何辨认股价运动过程中的支撑位和压力位。由于支撑和压力会互相转化，因此，支撑位和压力位辨认与判断的方法是相同的。一般来讲，支撑位与压力位产生在以下位置。

第一，趋势线位。上升趋势线主要对股价产生支撑作用，而下降趋势线主要对股价产生压力作用。

第二，均线位。均线代表了一段时期内市场的平均成本与多空双方的均衡点，因此是多空双方争夺的焦点，因而会产生支撑和压力作用。

第三，阶段性的高低点。由于投资者心理的变化，前期股价运动所产生的阶段性的高点会对目前股价上攻产生压力作用，而前期股价运动所产生的阶段性低点会对目前股价的下跌产生支撑作用。

第四，前期成交密集区。所谓成交密集区是指伴随着大成交量的价格区域，如果股价从下方上攻至此区域，可能会遭遇到大量的解套盘，从而对股价产生压力作用；相反，如果股价从上方回落至此区域，可能会受到大量补仓盘，从而对股价产生支撑作用。

第五，黄金分割线位。

第六，整数关口。支撑位与压力位在很大程度上是投资者的心理压力线，因此，一些整数位往往成为支撑位和压力位，通常称之为整数关口，对于股指来说如 1000 点、1100 点等，对于个股来说如 10 元、11 元等。

上述六点是判断支撑位与压力位的常用方法，不同的方法得到的结论是不一样的。投资者应该如何判断呢？最常用的办法就是确认法，即如果用不同的方法进行分析，得到的结论是相同的，那么这个结论的可靠程度是高的；反之，如果用不同的方法进行分析，得到的结论是不同的，那么，这些结论的可靠程度则不高。

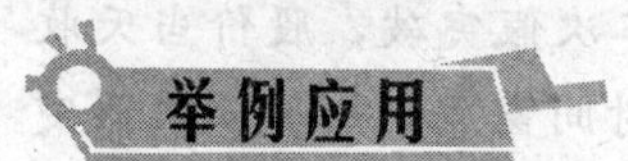

压力线和支撑线的位置判断

图 7－58 中，前期的高低点（也是成交密集区）对于后期股价的支撑与压力作用显现得非常充分与明显，尤其是构成支撑的前期低点，其对于后期股价的支撑作用非常强大。

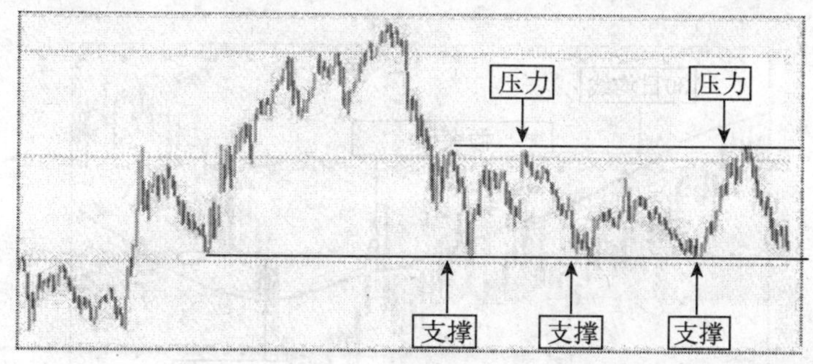

图 7－58　压力线和支撑线

（五）支撑线和压力线的突破

突破是指股价对于已有的支撑位和压力位的穿透。突破有着重要的技术分析意义，一般来说，股价突破压力位将会看高一线，而股价突破支撑位则会看低一线，对于投资者的投资行为有着重大影响，但股价运动过程中经常会出现一些假的突破，因此，如何判断一次有效的突破就显得非常重要。一般来说，判断突破有效与否有三条原则：

第一，收盘价原则。有效突破当天的收盘价应该在支撑位（压力位）的下方（上方）3%以上。当然，3%只是一个参考幅度，投资者应该结合具体情况具体判断。此外，股价指数的幅度可以小点，而个股的幅度应该大点。

第二，成交量原则。向上突破应该有成交量的放大作为配合，而向下突破则不一定需要大成交量的配合。

第三，时间窗原则。自突破当天之后的连续2～3个交易日内收盘价应该站在支撑位（压力位）的下方（上方），以表示对此次突破的确认。

对于这三条原则，投资者在应用的时候应该本着确认和背离的原则，即一次突破符合的原则（互相确认）越多则越可能有效。相反，如果在一次突破中，这几条原则互相背离，则假突破的可能性较大。

压力线和支撑线的突破

在图7－59中，有三次假突破与一次真突破：第一次假突破，股价仅是上影线穿透了30日均线，收盘价低于30日均线以下，不符合收盘价原则；第二次假突破，股价当天收盘站在30日均线上方，但第二天便跌至30日均线下方，不符合时间窗原则；第三次假突破，股价连续两天站在30日均线上方，但第三天又跌至30日均线下方，不符合时间窗原则。值得注意的是，在这三次假突破过程中，均线均呈下降状态，意味着股价依然处于下降趋势。图中的真突破中，股价第一日放长阳站在30日均线上方，第二天虽然空方反攻导致股价下跌，但均线较好地发挥了其支撑作用，收盘价稳稳地站在均线上方，第三天，股价再放长阳，突破宣告成功。

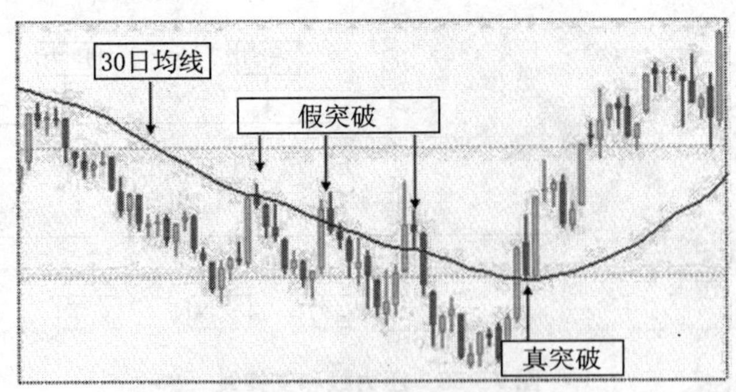

图7－59　真突破和假突破

三、趋势线和轨道线

（一）趋势线

1. 趋势线的画法

趋势线是衡量价格波动方向的有效工具，由趋势线的方向可以明确地看出股价的趋势。在上升趋势中，将两个低点连成一条直线，就得到上升趋势线；在下降趋势中，将两个高点连成一条直线，就得到下降趋势线。趋势线的具体画法如图 7－60 所示。

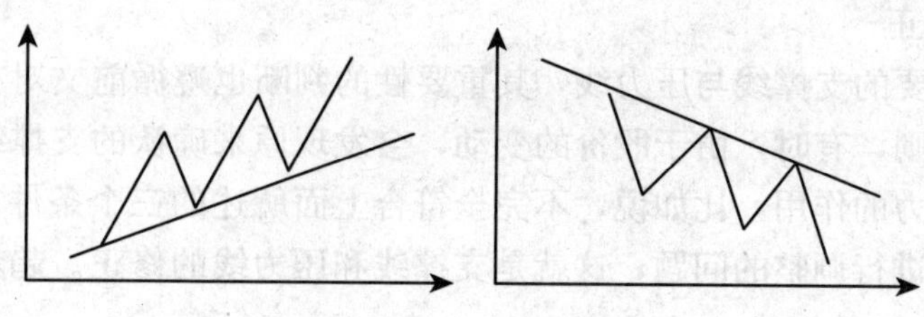

图 7－60　趋势线的画法

由图 7－60 中可看出，上升趋势线起支撑作用，下降趋势线起压力作用。也就是说，上升趋势线是支撑线的一种，下降趋势线是压力线的一种。当然，一旦其被有效突破，其支撑或压力作用将互换。

2. 趋势线的验证（确认）

趋势线比较容易画出来，但是要得到一条真正起作用的趋势线，要经多方面的验证才能最终确认，不符合条件的一般应删除。首先，必须确实有趋势存在，也就是说，在上升趋势中，必须确认出两个依次上升的低点；在下降趋势中，必须确认两个依次下降的高点，才能确认趋势的存在，连接两个点的直线才有可能成为趋势线。

其次，画出直线后，还应得到三个点的验证才能确认这条趋势线是有效的。一般来说，所画出的直线被触及的次数越多，其作为趋势线的有效性越能得到确认，用它进行预测越准确有效。另外，这条直线延续的时间越长，就越具有效性。

3. 趋势线的作用

趋势线有两种作用：第一，对今后价格的变动起约束作用，使得价格总保持在这条趋势线的上方（上升趋势线）或下方（下降趋势线）。实际上，就是起支撑和压力作用。

第二，趋势线被突破后，就说明股价下一步的走势将要反转，越重要、越有效的趋势线被突破，其转势的信号越强烈。被突破的趋势线原来所起的支撑和压力作用，现在将相互交换角色（见图 7－61）。

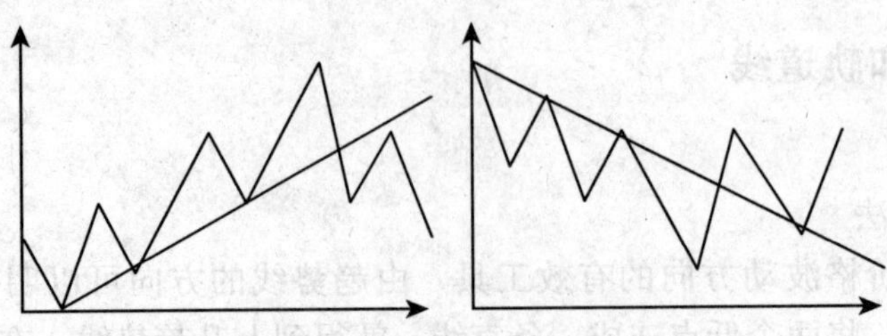

图 7－61　趋势线的突破

4．趋势线的修正

趋势线作为重要的支撑线与压力线，其重要性的判断也遵循前文对支撑位与压力位重要性判断的三个原则，有时，由于股价的变动，会发现原来确认的支撑线和压力线可能不真正具有支撑或压力的作用，比如说，不完全符合上面所述的三个条件。这时，就是一个对支撑线和压力线进行调整的问题，这就是支撑线和压力线的修正。趋势线的修正具体如图 7－62 所示。

（二）轨道线

1．轨道线的定义与画法

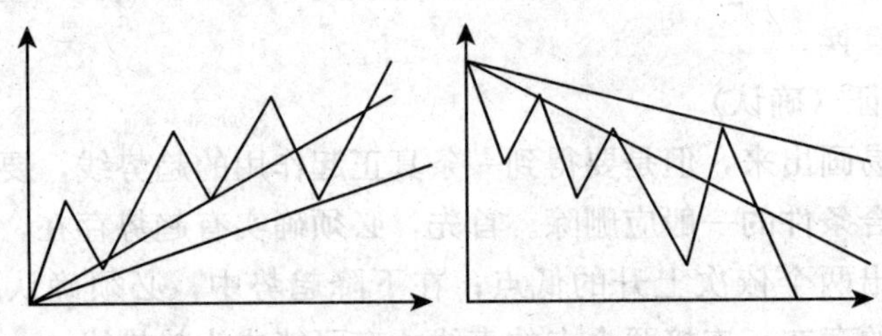

图 7－62　趋势线的修正

轨道线又称通道线和管道线，是基于趋势线的一种方法。在已经得到了趋势线后，通过第一个峰或谷可以作出这条趋势线的平行线，这条平行线就是轨道线。具体的轨道线如图 7－63 所示。

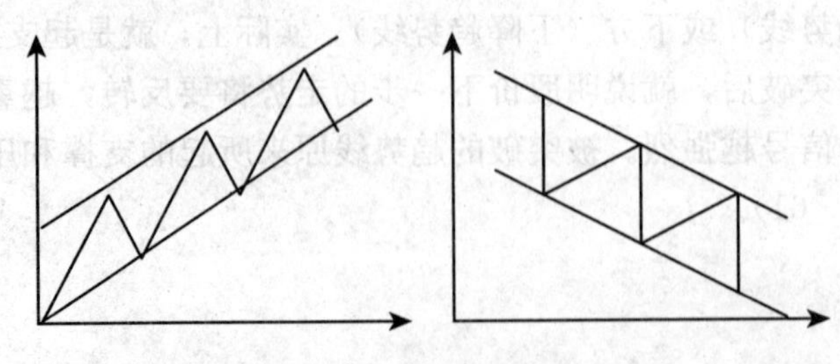

图 7－63　轨道线的画法

2. 轨道线的作用

两条平行线组成一个轨道，这就是常说的上升和下降轨道。轨道的作用是限制股价的变动范围，让它不能变得太离谱。一个轨道一旦得到确认，那么价格将在这个通道里变动。对上面的或下面的直线的突破将意味着行情有一个大的变化。与突破趋势线不同，对轨道线的突破并不是趋势反转的开始，而是趋势加速的开始，即原来的趋势线的斜率将会增加，趋势线的方向将会更加陡峭。轨道线的另一个作用是提出趋势转向的警报。如果在一次波动中未触及轨道线，离得很远就开始掉头，这往往是趋势将要改变的信号。这说明，市场已经没有力量继续维持原有的上升或下降的趋势了。

轨道线和趋势线是互相合作的一对。很显然，先有趋势线，后有轨道线，趋势线比轨道线重要得多。趋势线可以独立存在，而轨道线则不能。

四、黄金分割线和百分比线

黄金分割线和百分比线是两种重要的判断支撑位与压力位的方法。

（一）黄金分割线

1. 黄金分割线的画法

首先，画黄金分割线首先要记住若干个特殊的数字：0.191、0.382、0.5、0.618、0.809、1.191、1.382、1.618、1.809、2、2.618、4.236、6.854……

这些数字中，0.618、1.618和4.236最为重要，股价极容易在由这三个数产生的黄金分割线处得到支撑或压力。

其次，找到一个阶段性的高点（低点），这个点是上升（下降）行情结束、调头向上（向下）的最高（低）点。

最后，计算出黄金分割线的位置。这里又分为上升和下降两种情况。

对于上升的情况，投资者关心的是股价在上升过程中会遇到哪些压力，例如一只股票从10元起步开始上升，则下述位置可能会成为其未来的压力位。

10×1.191＝11.91　　10×1.382＝13.82　　10×1.618＝16.18　　10×1.809＝18.09

10×2＝20　　10×2.618＝26.18　　10×4.236＝42.36　　10×6.854＝68.54

在这些位置中，最有可能成为未来上升压力的是16.18、26.18和42.36等三个位置。

对于下降的情况，投资者关心的是股价在下降过程中会遇到哪些支撑，例如一只股票从10元起步开始下跌，则下述位置可能会成为其未来的支撑位。

10×0.809＝8.091　　10×0.618＝6.18　　10×0.5＝5

10×0.382＝3.82　　10×0.191＝1.91

在这五个价位中，6.18、5和3.82最有可能产生实际的支撑作用。

2. 黄金分割线的适用条件

黄金分割线主要适用于主要趋势，一个主要趋势的起点或终点都可以成为单点黄金分割线的计算依据。

黄金分割线

以我国上海股市为例，上证指数（1A0001）自 2001 年 6 月 14 日创造出历史最高位 2245.43 点，依据单点黄金分割线的计算方法，可以计算以下位置可能成为其下跌的支撑位：

2245.43×0.809=1816　2245.43×0.618=1387　2245.43×0.5=1123

2245.43×0.382=858　2245.43×0.191=429

读者可以验证上证指数已经产生的实际支撑位与这些理论上的支撑位之间的差距。

(二) 百分比线

1. 百分比线的画法

首先，确定百分比数，常用的包括 1/8、2/8、3/8、4/8、5/8、6/8、7/8、1/3、2/3 等；

其次，找到一次上涨开始的最低点和开始下跌的最高点两者之间的差，按下面的公式计算：

百分比线位=百分数×（高点－低点）＋低点

最后，计算百分比线位。百分比线同时适用上升和下降两种情况，不用区别开来。

在百分比线中，最有可能产生支撑与压力作用的是 1/3、1/2、2/3 这三个位置。

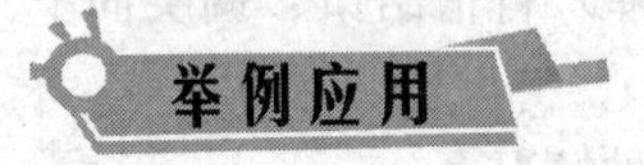

百分比线

如一只股票上一个波段行情的起点是 10 元，终点是 20 元，按上述公式计算出的百分比线位如下：

10＋（20－10）×1/8=11.25　10＋（20－10）×2/8=12.50

10＋（20－10）×3/8=13.75　10＋（20－10）×4/8=15.00

10＋（20－10）×5/8=16.25　10＋（20－10）×6/8=17.50

10＋（20－10）×7/8=18.75　10＋（20－10）×1/3=13.33

10＋（20－10）×2/3=16.6

也就是说，该股票极有可能在上述位置获得支撑（压力）。

2. 百分比线的适用条件

百分比线主要适用于次要趋势，即主要趋势中的反向运动，其计算时需要的起点和终点即是一个波段行情的起点和终点，投资者在使用时应把百分比线法和单点黄金分割法区别开来。

另外，如果将百分比线法中的百分比数换成黄金分割数字，即0.191、0.382、0.5、0.618、0.809，其他均不变，百分比线法就变成了二点黄金分割法了，所以说二点黄金分割法只是百分比线法的一个特例而已。把这两种方法结合起来，百分比线法中最常用的三个数字是61.8%、50%和38.2%。

应用趋势分析应注意的问题

趋势线方法为我们提供了很多价格移动可能存在的支撑线和压力线。这些支撑线和压力线对判断行情有很重要的作用。但是，应明确的是，支撑线和压力线有突破和不突破两种可能。在实际应用中会产生一些令人困惑的现象，往往要等到价格已经离开了很远的时候才能肯定突破成功和不成功。用各种方法得到的支撑线和压力线，其价位仅仅是一些参考的价格，不能把它们看成万能的工具而完全依赖它们。证券市场中影响价格波动的因素很多，支撑线和压力线仅仅是这众多因素中的一个，同时考虑多方面的因素才能提高判断正确的概率。

项目检测

一、单项选择题

1. 进行证券投资技术分析的假设中，从人的心理因素方面考虑的假设是（　　）。

A. 市场行为涵盖一切信息　　B. 价格沿趋势移动

C. 历史会重演　　D. 投资者都是理性的

2. 下列关于证券投资技术分析的说法，正确的是（　　）。

A. 证券市场里的人分为多头和空头两种

B. 压力线只存在于上升行情中

C. 一旦市场趋势确立，市场变动就朝一个方向运动直到趋势改变

D. 支撑线和压力线是短暂的，可以相互转换

3. M头反转突破形态形成的主要功能是（　　）。

A. 测算高度　　B. 测算时间　　C. 确立趋势　　D. 指明方向

4. （　　）形态可谓是最著名和最可靠的反转突破形态。

A. 头肩顶和头肩底　　B. M头和W底　　C. 圆弧形　　D. 楔形

5. 旗形和楔形是两个最为著名的持续整理形态，休整之后的走势往往是（　　）。

A. 与原有趋势相反　　B. 与原有趋势相同　　C. 寻找突破方向　　D. 不能判断

二、多项选择题

1. 技术分析的要素有（　　）。

A. 价　　B. 量　　C. 势　　D. 时

2. 关于股价的移动规律，下列论述正确的是（　　）。

A. 股价移动的规律是完全按照多空双方力量对比大小和所占优势的大小而行动的

B. 股价在多空双方取得均衡的位置上下来回波动

C. 如果一方的优势足够大，此时的股价将沿着优势一方的方向移动很远的距离，甚至永远也不会回来

D. 原有的平衡被打破后，股价将确立一种行动的趋势，一般不会改变

3. 喇叭形是三角形的一种变形，大多出现在顶部，下面哪种说法不正确（　　）。

A. 后势看跌　　B. 后势看涨　　C. 加剧震荡　　D. 趋势不明

4. 反转突破形态有（　　）。

A. 平底（顶）　　B. 多重底（顶）　　C. 三角形底（顶）　　D. 头肩形底（顶）

5. 具有明显的形态方向且与原有的趋势方向相反的整理形态有（　　）。

A. 菱形　　B. 三角形　　C. 楔形　　D. 旗形

三、判断题

1. K 线组合的准确性与组合中所包含的 K 线数目有关。（　　）

2. 在识别圆弧形时，成交量也是很重要的。无论是圆弧顶还是圆弧底，在它们的形成过程中，成交量的过程都是两头小，中间大。（　　）

3. 三重顶（底）形态是头肩形态的一种小小的变体，头肩形适用的东西三重顶（底）都适用。（　　）

4. 主要趋势、次要趋势和短暂趋势这三种类型的趋势最大的区别是时间的长短和波动幅度的大小。（　　）

5. 三角形、矩形、菱形和楔形都是整理形态。（　　）

实训任务

实训一　形态分析

★ 实训目的与要求

- 能够认识 K 线形态、K 线组合形态以及 K 线曲线形态的特征
- 能够运用这些形态对大盘及个股的走势作出简单的分析

★ 实训步骤

- 通过行情软件查看上证综指、深证综指以及部分热门股票的不同周期的 K 线图（最好是日线、周线分别分析）
- 根据书中介绍的 K 线、K 线组合形态以及 K 线曲线形态的知识，分别从上海大盘、深圳大盘及部分牛股 K 线图中找出相应的对应形态
- 比较实际 K 线形态与经典形态相比有何变异
- 相关 K 线形态判断走势的准确性如何？当出现确认性的 K 线形态后，判断的准确性提高了吗？根据实际结果，谈谈如何增加使用 K 线组合形态的成功率

- 分析 K 线组合的准确性与组合中所包含的 K 线数目的关联性
- 说说你对 K 线理论、形态分析理论在大盘及个股走势研判中的作用的看法

实训二　趋势分析

★ 实训目的与要求

- 能够理解和使用趋势分析的方法和技巧

★ 实训步骤

• 通过行情软件查看上证综指、深证综指以及部分热门股票的不同周期的 K 线图（最好是日线、周线分别分析）

• 画出相应的支撑、压力线，并说明有效的支撑压力线、无效的支撑压力线以及相互的转换

• 画出相应的趋势线，并说明趋势线所起作用

• 比较不同周期的支撑压力线、趋势线所起的作用有何不同，对于投资者进行股票投资能有什么参考作用

项目八　证券投资技术指标分析

任务一　趋势型指标

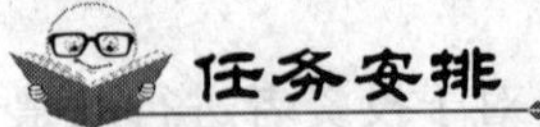

※　了解趋势型技术指标的含义及计算方法；

※　掌握趋势型指标对于市场（个股）走势的研判原则。

情境设置

李先生已经系统地学习了技术分析中的图表分析方法，但是，拿过来一张K线图还是有很多不明白的地方。比如：K线图中有一些五颜六色的线穿插在其中，这些线又是什么呢？有人说这叫移动平均线，是一种趋势型指标。移动平均线？趋势型指标？这些指标怎么使用呢？

一、移动平均线

在所有技术指标中，移动平均线的用途最广。因其构建方法简单，便于量化与检验，是今天使用的许多自动趋势跟随系统的基础。移动平均线规则可以轻易地编入电脑，然后产生具体的买入信号或卖出信号。一个给定的价格形态是三角形还是楔形，或者成交量形态倾向于看涨还是看跌，尽管不同技术分析人士可能会对此有不同的见解，但是移动平均线的趋势信号却是精确的，不容争论的。

（一）移动平均线含义及其理解

1. 平均什么价格

现在，在构建移动平均线时，人们普遍的仍然是收盘价。但是我们应当了解某些分析人士更看重的其他价格。某些人偏好使用一种中点值，它通过把一天的价格区间除以2得出。

另一些人通过把最高价、最低价和收盘价加在一起，并将其总和除以3把收盘价纳入计算的范围内。还有人偏好通过分别平均最高价和最低价构建价格带。其结果是两条分开的移动平均线，充当一种价格波动缓冲区或中立区。尽管有这些变体，但收盘价仍然是移动平均线分析中最常用的价格。

2. 移动平均值

移动平均值是一组数据的平均值。如果要得到收盘价的10天均值，就得把最近10天的收盘价加在一起，并将总和除以10。使用移动这个词是因为，只有最近10天的价格用于计算。因此，要平均的数据（最近10天的收盘价）会随每个新交易日而前移。每一天，新的收盘价都会加入总和中，并减去11天前的收盘价。然后，再把新的总和除以天数10。

3. 移动平均线

所谓“移动平均线”，就是将每一天的“移动平均值”连接起来的一条曲线。以5日为样本的移动平均线，称为“5日移动平均线”。以10日为样本的移动平均线，称为“10日移动平均线”。以30日为样本的移动平均线，称为“30日移动平均线”。60日、120日、240日等移动平均线均依此类推。

4. 移动平均线的意义

移动平均线的意义主要表现在两个方面：

(1) 移动平均线系统将理论通过数字化进而图表化，来预测未来股价短期、中期和长期的变动方向。同时从移动平均线走势图也可以了解股票成本变动的情况，便于投资者早作应对的准备。

(2) 通过该图线能清楚地看出股价是上升趋势，还是下降趋势。

当日股价上下波动不大，不容易看出股价趋势。若将一定期间内的股价加起来平均，就可知道当前股价的平均成本，并与当日股价做以比较，从过去的股价变动中，可以看出平均成本的增加或降低。当移动平均数开始逐渐走高时，市场平均成本增加，获利者相对减少。如果要继续维持上涨格局，需要激发更大的人气，否则上涨格局就要被打破。当移动平均数开始走低时，购买成本越来越小，只要很小的人气刺激，股价上涨机会相对增加。

总之，移动平均线的最深远的意义就在于将一段时间内购买股票者的平均成本秘密公开，在知己知彼的情况下，买卖双方均可从未来的成本变动方向中作出明智的选择。

(二) 移动平均线的建立

简单移动平均线，或称算术平均线是技术分析人士最常用的平均线类型。

举一个简单的例子，将1到10的十个数目加起来，总合是55，用10除，平均数为5.5。现在我们用简单方式介绍移动平均数。

举例说明：某股连续十六个交易日收盘价（单位：元）分别为：

8.15、8.07、8.84、8.10、8.40、9.10、9.20、9.10、8.95、8.70、9.2、9.3、9.5、9.3、9.7、9.9

以5日平均线为例：

第五天均值＝（8.15＋8.07＋8.84＋8.10＋8.40）/5＝8.31

第六天均值＝（8.07＋8.84＋8.10＋8.40＋9.10）/5＝8.50

第七天均值＝（8.84＋8.10＋8.40＋9.10＋9.20）/5＝8.73

第八天均值＝（8.10＋8.40＋9.10＋9.20＋9.10）/5＝8.78

第九天均值＝（8.40＋9.10＋9.20＋9.10＋8.95）/5＝8.95

第十天均值＝（9.10＋9.20＋9.10＋8.95＋8.70）/5＝9.01

将上述运算结果在图表中相连成线，就形成了5日均线。由此我们可以得到公式：

$$MA_5=\frac{(C_1+C_2+C_3+C_4+C_5)}{5} \quad (式8.1)$$

式中，C_1，C_2，C_3，C_4，C_5分别代表第一天到第五天的收盘价。

第六天5日平均价是把第一天的价格去掉，换为第六天的价格，其他计算方法不变。同理，计算第七天的五日平均价格则把第二天的价格换为第七天的价格即可。把计算出的平均价标在每天的股价图上再进行平滑连接，就得到5日移动平均线（MA_5）。移动平均线一般标在以时间为横轴、股价为纵轴的K线图上，一并分析。

同理，10日移动平均线MA_{10}的计算公式是：

$$MA_{10}=\frac{(C_1+C_2+C_3+C_4+C_5+C_6+C_7+C_8+C_9+C_{10})}{10} \quad (式8.2)$$

推广到一般情况，计算n日移动平均线的公式是：

$$MA_n=\frac{(C_1+C_2+\cdots+C_n)}{n} \quad (式8.3)$$

以上是计算移动平均线最常用的基本方法，即算术移动平均线。

（三）移动平均线的种类

移动平均线与道琼斯理论一样依时间长短可以分为三种波动，意义相同，只是其名称为长期移动平均线、中期移动平均线与短期移动平均线。

1. 短期移动平均线

短期移动平均线分3日移动平均线、5日移动平均线、10日移动平均线。

（1）3日移动平均线：采用样本最小的平均线，由于样本小，起伏较大，尤其遇到大行情，股价连续大涨或大跌，平均线与当日股价相差很远，没有一定的轨迹可循，所以该线不被投资者重视，很少采用。

（2）5日移动平均线：也称周线，因为每周通常只有5个交易日（节假日例外）。因此，有些投资者认为采取5天的指数作样本，可与周K线相互印证，便于判断行情。但采样的天数仍嫌太少，规律性不强，采用的人不多，多为短线客作为短线进出的依据。

（3）10日移动平均线：被投资人广泛参考与使用的移动平均线，它确实能反映短期股价平均成本变动情形与趋势，可与5日线结合作为短线进出的依据。

2. 中期移动平均线

中期移动平均线分为20日移动平均线、30日移动平均线、60日移动平均线等。30日和60日移动平均线使用较普遍。

（1）30日移动平均线，也称半季线。我国深沪股市每月为20个交易日，30个交易日即一个半月，也就是半个季度，故名为半季线。采用此样本并作为操作依据的投资者认为，了解股价一个半月的平均变动成本，便能将资金做较长时间的投资，不须忙进忙出。实践证明，此种移动平均线有效性较高，尤其是股市尚未十分明朗前，能预先显示股价未来变动的方向。30 日线常常作为牛股的生命线存在。

（2）60 日移动平均线，俗称季线，这是移动平均线的精华部分，它将移动平均线的特点和功能全部显示了出来。这是因为 60 日移动平均线所采取的样本大小适中，各行业景气变动多半是以季来观察未来的盛衰。证券机构和大户主力常先取得这方面的第一手资料，先行买进或卖出，他们炒做一轮行情，常以 3～6 个月为一期，所以季线是观察主力动向的风向标。60 日移动平均线的第二大特点是它的波动幅度适中，与短期移动平均线比较，显得平滑而有轨迹可循，比长期移动平均线的灵敏度高，其特点亦明显而且有效。

3. 长期移动平均线

比较常用的长期移动平均线有 120 日移动平均线和 250 日移动平均线。

（1）120 日移动平均线：简称半年线。120 日线是股市中、长期牛熊趋势的分界岭，意义非常大。一般来说，指数向上突破 120 日线即可基本确立牛市形成；反之，向下跌破 120 日线一旦确认有效跌破，则基本确立熊市成立，预示大盘中长期走向趋坏。

（2）250 日移动平均线：简称年线，是证券机构及大户投资者操作股票时的重要参考依据。证券投资机构因资金庞大，炒作的时间较长，必须了解年平均成本的变动情况。深沪股市每年交易日大约 240 天，所以该样本大小最能代表年移动平均线，选择较多。轨道更为平滑，偏差度相对降低。

年线 250 均线主要用来预测长期走势，但长期来看，真正决定股市的是基本面而不是技术面，250 日线与基本面的全面分析，才能决定长期走势是不是真正的牛熊。

（四）移动平均线的特征

1. 追踪趋势

MA 能够表示股价的趋势方向，并追踪这个趋势。如果能从股价的图表中找出上升或下降趋势，那么，MA 将与趋势方向保持一致。原始数据的股价图表不具备这种追踪趋势的特性。

2. 滞后性

在股价原有趋势发生反转时，MA 追踪趋势的特征，使其行动往往过于迟缓，调头速度落后于大趋势。这是 MA 一个极大的弱点。

3. 稳定性

根据移动平均线的计算方法，要想较大地改变移动平均的数值，当天的股价必须有很大的变化，因为 MA 是股价若干天变动的平均值。这个特点也决定了移动平均线对股价反应的滞后性。这种稳定性有优点，也有缺点，在应用时应多加注意，掌握好分寸。

4. 助涨助跌性

短期移动平均线与中长期移动平均线朝同一方向移动，通常将持续数日或数月后才会发生反转，改朝另一方向移动。因此，股价从平均线下方向上突破，平均线也开始向右上方移动，可以看做是买方防线，股价回跌至平均线附近，自然地产生支撑力量，便再度上升。短期平均线向上移动速度较快，中长期平均线向上移动速度较慢，但都表示一定期间内平均成本增加，买方力量若仍强于卖方，股价回跌至平均线附近，便是买进时机。这是平均线的助涨功效。同理，股价从平均线上方向下突破，平均线也开始向右下方移动，成为卖方防守线，股价回升至平均线附近，自然产生阻力，表示卖方力量大于买方，即供大于求，成本线逐步降低。因此，在平均线向下压迫时股价回升至平均线附近便是卖出时机，平均线此时有助跌作用。

5. 支撑线和压力线的特性

MA 的上述四个特性，使得它在股价走势中起支撑线和压力线的作用。MA 被突破，实际上是支撑线和压力线被突破。

MA 的参数作用实际上就是调整 MA 上述几方面的特性。参数选择得越大，上述的特性就越大。例如，突破 5 日线和突破 10 日线的助涨助跌的力度完全不同，10 日线比 5 日线的力度大。

（五）移动平均线的应用法则

1. 葛兰威法则

了解了移动平均线的概念之后，如何利用这一系统进行市场操作呢？美国投资专家葛兰威（Granville）提出了移动平均线八法则，如图 8－1 所示。其中四条属买进时机（买进信号），另四条则是卖出时机（卖出信号）。

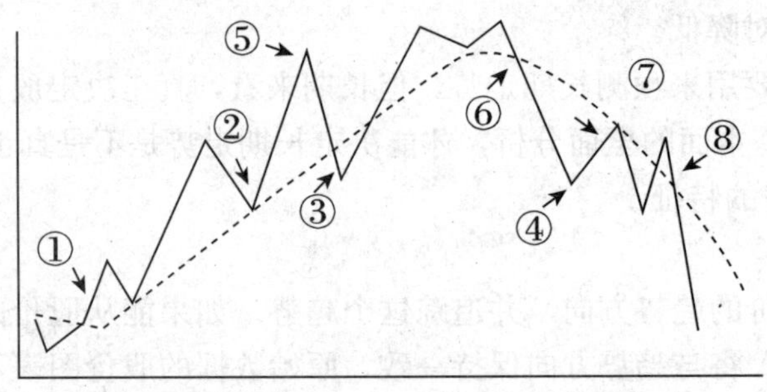

图 8－1　葛兰威法则

（1）平均线从下降逐渐转为水平，且有往上方抬头迹象，而股价从平均线的下方突破平均线时，是买进信号（见图 8－1 中位置①）。

（2）股价趋势走在平均线之上，股价下跌而没有跌破平均线，又再度上升，也是买进信号（见图 8－1 中位置②）。

（3）股价跌至移动平均线下方，而平均线短期内仍为继续上升趋势，是买进信号（见图 8－1 中位置③）。

（4）股价趋势走在平均线之下时，突然暴跌，距离平均线非常远，极有可能再趋向平均线（这是分久必合道理），也是买进时机（见图 8－1 中位置④）。

（5）股价在上升中，且走在平均线之上，却离平均线越来越远（股价连续数日大涨），表示近期内购买股票的投资者，都已经获利，随时会产生获利回吐的压力，应该卖出（见图 8－1 中位置⑤）。

(6) 平均线波动从上升趋势逐渐转为水平线，而且股价从平均线下方突破平均线时，卖压渐重，应该是卖出时机（见图8-1中位置⑥）。

(7) 股价趋势在平均线之下，回升时未超越平均线，平均线已有从趋于水平（减缓跌势）再度转向下移的趋势，须卖出持有股票（见图8-1中位置⑦）。

(8) 股价在平均线上徘徊。而且平均线继续下跌，则宜卖出（见图8-1中位置⑧）。

经过长期试验后，葛氏对于上述八法则，认为第三项与第八项比较不能与实际配合，应用时风险较大，若不是非常熟悉平均线，投资应该放弃这两条原则。

同时若将第一条与第二条合并使用，第六条与第七条合并使用，会发现：平均线从下降转为水平而有向上波动趋势，股价从平均线下方向上突破平均线，回跌时若不跌破移动平均线，是运用短期移动平均线操作最佳买进时机；平均线从上升转为水平而有向下波动趋势，股价从平均线上方向下突破平均线，回升时无力穿过平均线，是运用短期移动平均线操作最佳卖出时机。

葛氏法则第四条与第五条虽有很高的使用价值，但是没有说明股价距平均线究竟多远才可买进或卖出，这是一大缺憾，幸好可用乖离率补救，这将在后面章节里详细介绍。

2.“黄金交叉”与“死亡交叉”法则

实践证明，非常短期（5天或10天）的移动平均线过于敏感，某些短期的随机价格运动就会产生错误的趋势信号，给投资者带来误导。而长期均线则迟钝些。在某些类型的市场中，采用短期均线效果更好，但有时长期而迟钝的均线更有效，如图8-2所示。

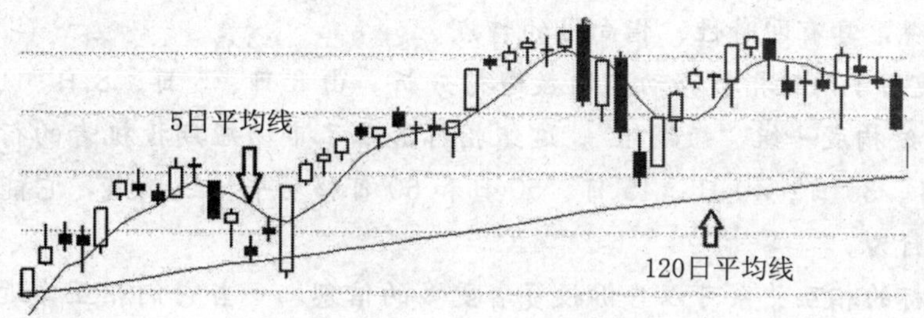

图8-2　单根移动平均线

因此，仅使用一条平均线有多种缺陷，使用两条或三条移动平均线通常有更多的优势。

使用两条移动平均线的技法称为两线交叉法。当现在价位站稳在长期与短期均线之上，短期均线又向上突破长期均线时，为买进信号，此种交叉称为“黄金交叉”。反之，若现在行情价格位于长期与短期均线之下，短期均线又向下突破长期均线时，则为卖出信号，交叉称之为“死亡交叉”。

以5日和30日平均线交叉为例。当5日均线向上穿越30日均线时，就出现了买入信号，而当5日均线向下穿越30日均线时，就出现了卖出信号。与使用一条移动平均线相比，采用两条移动平均线的技法滞后于市场更多一些，但产生的拉锯现象更少，如图8-3所示。

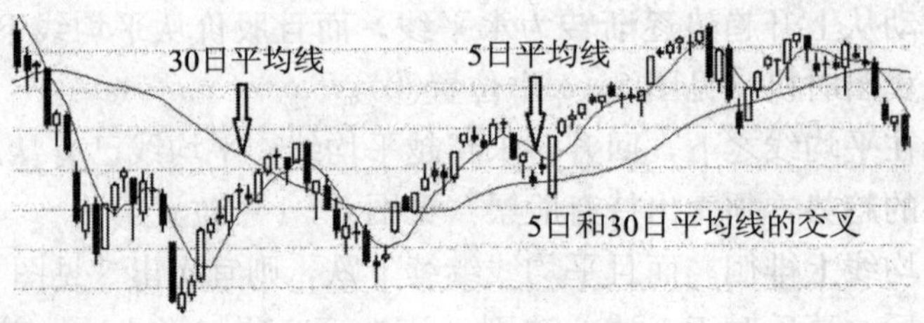

图 8-3 两线交叉法

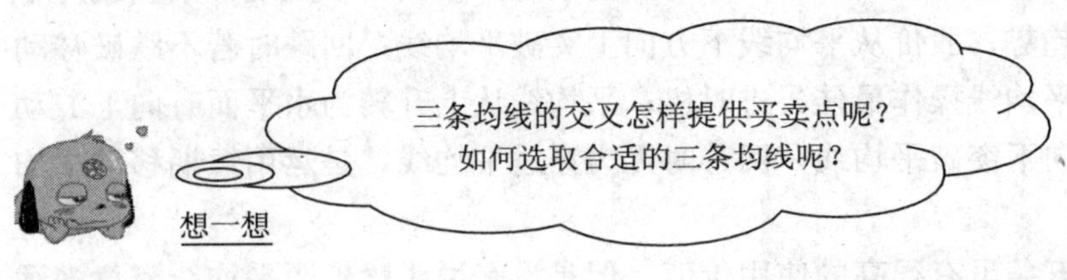

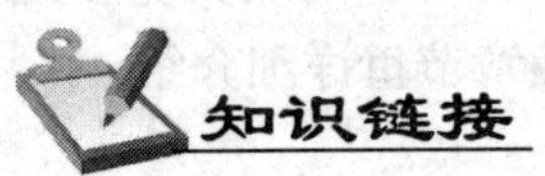

顾比移动复合平均线

顾比均线是由澳大利亚的投资家戴若·顾比自创，正规叫法是顾比移动复合平均线(Guppy Multiple Moving Average，GMMA)。广泛运用于股票、期货和外汇交易中。该方法简单、直观，具有即时性、指向性的特点。

GMMA 使用了两组指数移动平均数进行分析。由 3 日、5 日、8 日、10 日、12 日和 15 日移动平均线构成一组“短期组”，这组指标透露了市场短期投机者的行为；而“长期组”则由 30 日、35 日、40 日、45 日、50 日和 60 日移动平均线构成，它能够反映市场中长期投资者的行为。

这两组指标的相互关系可以告诉投资者更多的信息——当它们相互靠近时，说明投资者和投机者对股票价值达成共识；而当它们相互远离时，则说明对于价值的认识产生分歧。一旦短线指标和长线指标同时出现了价格方向的一致变化，则是交易机会来临的重要信号。

当某一组的 6 条均线趋于黏合的时候，表明这一组的参与者正在交易，趋势将发生变化；当某组的 6 条线平行或渐趋分开的时候，表明这一组的交易活动很少发生，趋势将延续。市场的参与者包括短线的交易者和长线的投资者，其中改变市场趋势的是交易者，而投资者的参与和支持能使趋势得到有效的确认。所以，运用 GMMA——平均线短期组和长期组，能稳定地把握住股票的趋势。

GMMA 的形态定义：平均线短期组持续高于长期组，是对强劲趋势的确认；短期组会出现波动，但是长期组一直很稳定，这表明趋势具有长期的支撑；当趋势弱化的信号是在两组平均线开始收窄并且比近来的正常活动出现更多波动时。如果两组平均线汇聚将形成交叉，则是趋势逆转的信号。

如何在暂时的价格弱势上更好地加入趋势，对于任何的趋势类型指标都是一个考验。GMMA 最大的特点是能区分暂时的价格回档和真正的下降趋势开始的回档。下面我们通过一个例子来理解 GMMA 的应用。

如图 8－4 所示，该股票处于一个良好的快速上涨趋势，经过盘整，然后继续上行。假设我们错过了这个趋势发展的最早部分，当价格跌回到直边趋势线，是否可以加入这个趋势？有三个问题在决定进场需要确认：

（1）现有趋势强劲吗？

（2）目前是暂时的价格下跌，还是新的下降趋势的开始？

（3）如何才能在反弹发生之前以尽可能的低位进入趋势？

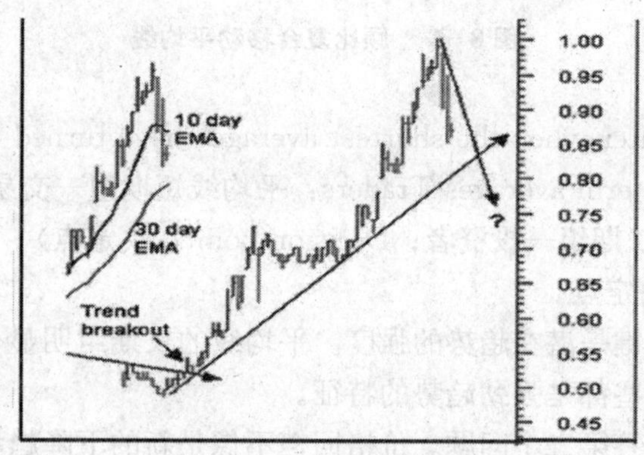

图 8－4　两种趋势线图

（图 8－4 说明：10 day EMA：10 日指数移动平均线；30 day EMA：30 日指数移动平均线；Trend breakout：趋势突破）

对于这个问题，传统线图没有提供有用的答案。尽管有一个重要的价格回弹点，可以用来较确定地画出上涨趋势，它完全相反于暂时画出的下降趋势线。价格快速地从 0.70 美元移动到 1.00 美元，而且经常这种类型的趋势很可能转势非常迅速。

10 日和 30 日移动平均线看来并没有提供更多的有用信息。这些工具的一个经典应用表明任何交易应该保持没有移动平均线交叉。如果趋势以该类冲量活动的速度出现破坏，则移动平均线交叉会牺牲掉大量的持仓利润。对于那些要进入趋势的交易者来说，移动平均线并不能帮助回答上面的三个问题。

如果这个趋势的确反弹，投资者可以得到可观的一笔收益；反过来说，如果在靠近目前价格的位置上入场，价格也可能会继续快速下跌，那么投资者就处于一个凭运气来盈利的风险中。

但是采用 GMMA 分析能给我们提供更多信息。如图 8－5 所示。

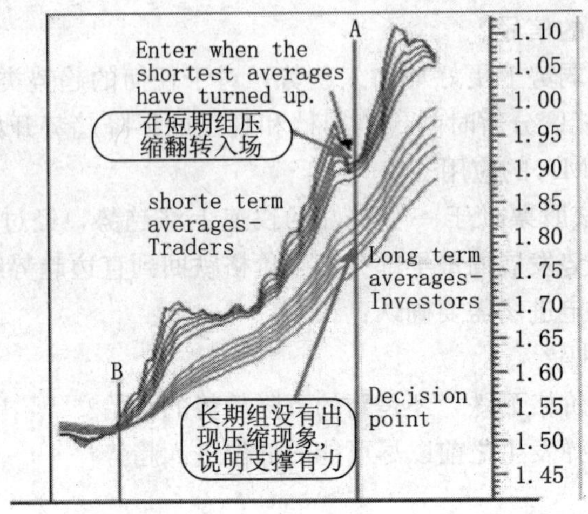

图 8－5　顾比复合移动平均线

（图 8－5 说明：Enter when the shortest averages have turned up：在最短的平均线转而向上时入场；Short term averages-Traders：平均线短期组—交易者；Long term averages-Investors：平均线长期组—投资者；Decision point：决定点）

垂直线 A 显示了决定点。

任何交易决定的关键是潜在趋势的强度。平均线的长期组明显分离、上移，然后以宽度平行的方式移动。这些都是强劲趋势的特征。

这个结论有助于回答第二个问题。价格回档不像是新的下降趋势的开始。

如果这个价格下跌是对趋势的严重威胁，那么应该看到长期组开始压缩。其移动方向，甚至是价格下跌的早期阶段，会开始拉平或者盘整。这种情况并没有发生，从而支持了我们关于长期趋势的合理的结论。

理想上，我们想在暂时的价格下跌出现时的最低价上买入。有时候我们确实能做到这一点，但是这主要归于运气。

仔细观察平均线短期组最短线的行为，可以更肯定地决定采取在价格反弹上的早期入场。我们已经知道现有趋势很强劲，因此我们可以集中关注 3 日、5 日和 8 日组的平均线。一旦这些平均线都开始反转，就必须在反弹持续的期望中以尽可能的低价买入。即使我们错过这个点几天，我们对趋势的本质和特征的理解还是能让我们有信心以稍高的价格加入趋势。

对最后两个问题的回答也同样强调了 GMMA 的同步性。该新趋势开始于 4 月的下降趋势突破。突破点是通过直边趋势线和 10 日与 30 日移动平均线的交叉来识别的。GMMA在图上的垂直线 B 显示了突破点。

记住 GMMA 的构造。最短的平均线是 3 日平均线，最长的则是 60 日平均线。利用其交叉点几乎是难以接受的，这个和传统的均线交叉理论不同。等待交叉会比价格活动滞后很多天。然而，当这些平均线结合在 GMMA 中，可以看到原先所没有预料到的同一性。我们马上就能理解交易者和投资者的行为和意图，并且能够采取适当的行动。

二、指数平滑异同移动平均线 MACD

（一）指数平滑异同移动平均线原理

MACD 指标是根据均线的构造原理，对股票价格的收盘价进行平滑处理，求出算术平均值以后再进行计算，是一种趋向类指标。

MACD 指标是运用快速（短期）和慢速（长期）移动平均线及其聚合与分离的征兆，加以双重平滑运算。而根据移动平均线原理发展出来的 MACD，一则去除了移动平均线频繁发出假信号的缺陷，二则保留了移动平均线的效果，因此，MACD 指标具有均线趋势性、稳重性、安定性等特点，是用来研判买卖股票的时机、预测股票价格涨跌的技术分析指标。

（二）MACD 指标的计算

MACD 在应用上，首先计算出快速移动平均线（即 EMA_1）和慢速移动平均线（即 EMA_2），以此两个数值，来作为测量两者（快慢速线）间的离差值（DIF）的依据，然后再求 DIF 的 N 周期的平滑移动平均线 DEA（也叫 MACD、DEM）线。

以 EMA_1 的参数为 12 日，EMA_2 的参数为 26 日，DIF 的参数为 9 日为例来看看 MACD 的计算过程。

1. 计算移动平均值（EMA）

12 日 EMA 的算式为：

$$EMA_{(12)}=\text{前一日 }EMA_{(12)}\times\frac{11}{13}+\text{今日收盘价}\times\frac{2}{13} \quad (\text{式 }8.4)$$

26 日 EMA 的算式为：

$$EMA_{(26)}=\text{前一日 }EMA_{(26)}\times\frac{25}{27}+\text{今日收盘价}\times\frac{2}{27} \quad (\text{式 }8.5)$$

2. 计算离差值（DIF）

$$DIF=\text{今日 }EMA_{(12)}-\text{今日 }EMA_{(26)} \quad (\text{式 }8.6)$$

3. 计算 DIF 的 9 日 EMA

根据离差值计算其 9 日的 EMA，即离差平均值，是所求的 MACD 值。为了不与指标原名相混淆，此值又名 DEA 或 DEM。

$$\text{今日 }DEA(MACD)=\text{前一日 }DEA\times\frac{8}{10}+\text{今日 }DIF\times\frac{2}{10} \quad (\text{式 }8.7)$$

4. 计算辅助指标——柱状线（BAR）

$$BAR=2\times(DIF-DEA) \quad (\text{式 }8.8)$$

离差值 DIF 和离差平均值 DEA 是研判 MACD 的主要工具。其计算方法比较烦琐，由于目前这些计算值都会在股市分析软件上由计算机自动完成，因此，投资者只要了解其运算过程即可，而更重要的是掌握它的研判功能。另外，和其他指标的计算一样，由于选用的计算周期的不同，MACD 指标也包括日 MACD 指标、周 MACD 指标、月 MACD 指标、年 MACD 指标以及分钟 MACD 指标等各种类型。经常被用于股市研判的是日 MACD 指标和周 MACD 指标。虽然它们在计算时的取值有所不同，但基本的计算方法一样。

在实践中，将各点的 DIF 和 DEA（MACD）连接起来就会形成在零轴上下移动的两条快速（短期）和慢速（长期）线，此即为 MACD 图（见图 8－6）。

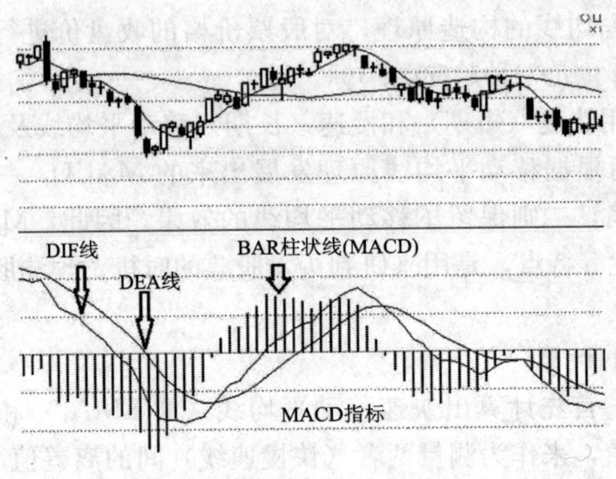

图 8－6 MACD 指标

（三）MACD 的研判原则

MACD 指标的研判原则主要是围绕快速和慢速两条均线及红、绿柱线状况和它们的形态开始。

1. 以 DIF 和 DEA 的取值和这两者之间的相对取值对行情进行预测

（1）DIF 和 DEA 均为正值时，属多头市场。DIF 向上突破 DEA 是买入信号；DIF 向下跌破 DEA 只能认为是回落，应当卖出，落袋为安。

（2）DIF 和 DEA 均为负值时，属空头市场。DIF 向下突破 DEA 是卖出信号；DIF 向上穿破 DEA 只能认为是反弹。

（3）当 DIF 向下跌破 0 轴线时，此为卖出信号，即 12 日 EMA 与 26 日 EMA 发生死亡交叉；当 DIF 上穿 0 轴线时，为买入信号，即 12 日 EMA 与 26 日 EMA 发生黄金交叉。

2. DIF 和 MACD 的交叉原则

（1）当 DIF 与 MACD 都在零线以上，而 DIF 向上突破 MACD 时，表明股市处于一种强势之中，股价将再次上涨，可以加码买进股票或持股待涨，这就是 MACD 指标“黄金交叉”的一种形式。

（2）当 DIF 和 MACD 都在零线以下，而 DIF 向上突破 MACD 时，表明股市即将转强，股价跌势已尽将止跌向上，可以开始买进股票或持股，这是 MACD 指标“黄金交叉”的另一种形式。

（3）当 DIF 与 MACD 都在零线以上，而 DIF 却向下突破 MACD 时，表明股市即将由强势转为弱势，股价将大跌，这时应卖出，这就是 MACD 指标的“死亡交叉”的一种形式。

（4）当 DIF 和 MACD 都在零线以上，而 DIF 向下突破 MACD 时，表明股市将再次进入极度弱市中，股价还将下跌，可以再卖出或观望，这是 MACD 指标“死亡交叉”的另一种形式。

3. 指标背离原则

如果DIF的走向与股价走向相背离，则此时是采取行动的信号。

（1）当股价走势出现2个或3个近期低点时，而DIF（DEA）并不配合出现新低点，可做买入。

（2）当股价走势出现2个或3个近期高点时，而DIF（DEA）并不配合出现新高点，可做卖出。

4. 指标形态原则

M头W底等形态。MACD指标的研判还可以从MACD图形的形态来帮助研判行情。当MACD的红柱或绿柱构成的图形双重顶底（即M头和W底）、三重顶底等形态时，也可以按照形态理论的研判方法来加以分析研判。

5. 柱状图状态分析原则

（1）当红柱状持续放大时，表明股市处于牛市行情中，股价将继续上涨，这时应持股待涨或短线买入股票，直到红柱无法再放大时才考虑卖出。

（2）当绿柱状持续放大时，表明股市处于熊市行情之中，股价将继续下跌，这时应持币观望或卖出股票，直到绿柱开始缩小时才可以考虑少量买入股票。

（3）当红柱状开始缩小时，表明股市牛市即将结束（或要进入调整期），股价将大幅下跌，这时应卖出大部分股票而不能买入股票。

（4）当绿柱状开始收缩时，表明股市的大跌行情即将结束，股价将止跌向上（或进入盘整），这时可以少量进行长期战略建仓而不要轻易卖出股票。

（5）当红柱开始消失、绿柱开始放出时，这是股市转市信号之一，表明股市的上涨行情（或高位盘整行情）即将结束，股价将开始加速下跌，这时应开始卖出大部分股票而不能买入股票。

（6）当绿柱开始消失、红柱开始放出时，这也是股市转市信号之一，表明股市的下跌行情（或低位盘整）已经结束，股价将开始加速上升，这时应开始加码买入股票或持股待涨。

MACD指标

图8-7是上证指数2001—2002年的日K线图，股价从最低512点起步，此时MACD指标发出弱势买入信号。随着股价的持续稳步上升，MACD指标提前发出了强势买入信号，此时投资者要坚决买入。随着股价的继续上升，MACD指标在市场最为乐观的时候发出了强势卖出信号，股价随之从2245点的最高点开始下降，展开了一波长达五年的下跌行情。MACD指标在股价下跌过程发出了一个弱势卖出信号，此时投资者要坚决卖出。

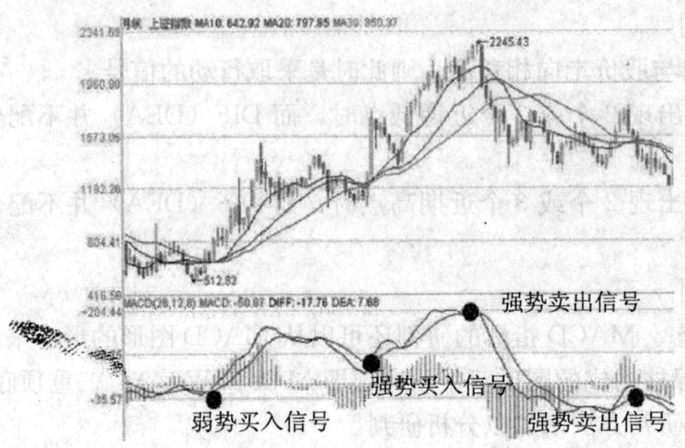

图 8－7　MACD 应用

任务二　超买、超卖型指标

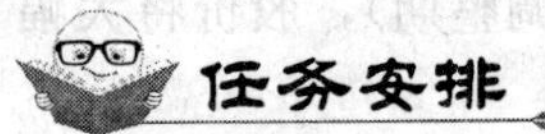

※　了解超买、超卖型技术指标的含义及计算方法；

※　掌握超买、超卖型指标对于市场（个股）走势的研判原则。

李先生已经学习了趋势型指标移动平均线以及 MACD，觉得这两个指标对于分析股价的趋势确实有很大的帮助。但是，这两个指标不能反映股价目前所处位置的高低，有没有能够反映股价位置高低的指标呢？

一、威廉指标 WMR

威廉指标 WMR 又叫威廉超买超卖指标，简称威廉指标，是由拉瑞·威廉（Larry William）在 1973 年发明的，是目前股市技术分析中比较常用的短期研判指标。

（一）威廉指标的原理及计算

威廉指标主要是通过分析一段时间内股价最高价、最低价和收盘价之间的关系，来判断股市的超买超卖现象，预测股价中短期的走势。它主要是利用振荡点来反映市场的超买超卖行为，分析多空双方力量的对比，从而提出有效的信号来研判市场中短期行为的走势。

威廉指标是属于研究股价波幅的技术分析指标，从研究股价波幅出发，通过分析一段时间的股票的最高价、最低价和收盘价这三者关系，来反映市场的买卖气势的强弱，借以考察阶段性市场气氛、判断价格和理性投资价值标准相背离的程度。

WMR 指标的计算主要是利用分析周期内的最高价、最低价及周期结束的收盘价等三者之间的关系展开的。以日威廉指标为例，其计算公式为：

$$WMS_{(n)}=\frac{(H_n-C)}{(H_n-L_n)}\times 100 \quad \text{（式 8.9）}$$

式中，C 为计算日的收盘价，L_n 为 n 周期内的最低价，H_n 为 n 周期内的最高价，公式中的 n 为选定的计算时间参数，一般为 4 或 14。

以计算周期为 14 日为例，其计算过程如下：

$$WMS_{(14)}=\frac{(H_{14}-C)}{(H_{14}-L_{14})}\times 100 \quad \text{（式 8.10）}$$

式中，C 为第 14 天的收盘价，H_{14} 为 14 日内的最高价，L_{14} 为 14 日内的最低价。

威廉指标是表示当天的收盘价在过去一段时间里的全部价格范围内所处的相对位置，因此，WMS 取值范围在 0～100。越接近 0 值，表明目前的价位越接近过去 14 日内的最低价；越接近 100 值，表明目前的价位越接近过去 14 日内的最高价，从这点出发，对于威廉指标的研判可能比较更容易理解。

（二）威廉指标的研判原则

1. WMS 数值的超买、超卖原则

（1）当 WMS 在 0～20 区间时，是 WMS 指标的超买区，表明市场处于超买状态，股票价格已进入顶部，可考虑卖出。WMS＝20 这一横线，一般视为卖出线。

（2）当 WMS 在 80～100 区间时，是 WMS 指标的超卖区，表明市场处于超卖状态，股票价格已接近底部，可考虑买入。WMS＝80 这一横线，一般视为买入线。

（3）当 WMS 在 20～80 区间时，表明市场上多空暂时取得平衡，股票价格处于横盘整理之中，可考虑持股或持币观望。

但是在具体应用中，每一个指标又都不是绝对的，还要配合其他的技术标准。只不过当威廉曲线向上突破 20 超买线而进入超买区运行时，表明股价进入强势拉升行情，给投资者一个提醒，投资者要密切关注行情的未来走势，只有当 WMS 曲线再次向下突破 20 线时，才为投资者提出预警，为投资者买卖决策提供参考。同样，当威廉曲线向下突破 80 超卖线而进入超卖区运行时，表明股价的强势下跌已经缓和，这也是提醒投资者可以为建仓作准备，而只有当 WMS 曲线再次向上突破 80 线时，投资者才真正短线买入。

2. 股价与指标的背离原则

（1）顶背离。当股价 K 线图上的股票走势一峰比一峰高，股价在一直向上涨，而 WMS 指标图上的 WMS 曲线的走势是在高位一峰比一峰低，这叫顶背离现象。顶背离现象一般是股价将高位反转的信号，表明股价短期内即将下跌，是比较强烈的卖出信号。

（2）底背离。当股价 K 线图上的股票走势一峰比一峰低，股价在向下跌，而 WMS 指标图上的 WMS 曲线的走势是在低位一底比一底高，这叫底背离现象。底背离现象一般是

股价将低位反转的信号，表明股价短期内即将上涨，是比较强烈的买入信号。

指标背离一般出现在强势行情中比较可靠。即股价在高位时，通常只需出现一次顶背离的形态即可确认行情的顶部反转，而股价在低位时，一般要反复出现多次底背离后才可确认行情的底部反转。

(3) WMS 连续几次撞顶（底），局部形成双重或多重顶（底），则是卖出（买进）信号。威廉指标撞顶的分析原则是指威廉曲线从低位上升到指标的超买区（0～20）后，经过一段时间的运行，曲线连续几次撞及指标的顶部（0 线）时，会局部形成多重顶的形态，从而构成一个相当好的中短线卖点。这时投资者应密切注意指标的走势，当曲线完成几次撞顶后开始下跌，并向下突破威廉指标的重要买卖线之一的超买线（20 线）时，预示着股价可能短线下跌，投资者应短线及时卖出股票。

威廉指标撞底的分析原则是指威廉曲线从高位回落到指标的超卖区（80～100）后，经过一段时间的运行，曲线连续几次撞及指标的底部（100 线）时，会形成局部的多重底形态，从而构成一个比较好的中短线买点。这时投资者也应及时注意指标的走势，当曲线完成几次撞底后开始上升，并向上突破威廉指标的重要买卖线之一的超卖线（80 线）时，预示着股价短线可能上涨，投资者应及时地买入股票。

二、随机指标 KDJ

KDJ 指标又叫随机指标，是由乔治·蓝恩（George Lane）最早提出的，是一种相当新颖、实用的技术分析指标，它起先用于期货市场的分析，后被广泛用于股市的中短期趋势分析，是期货和股票市场上最常用的技术分析工具。

(一) KDJ 指标的原理

随机指标 KDJ 是以最高价、最低价及收盘价为基本数据进行计算，得出的 K 值、D 值和 J 值分别在指标的坐标上形成的一个点，连接无数个这样的点位，就形成一个完整的、能反映价格波动趋势的 KDJ 指标。它主要是利用价格波动的真实波幅来反映价格走势的强弱和超买超卖现象，在价格尚未上升或下降之前发出买卖信号的一种技术工具。它在设计过程中主要是研究最高价、最低价和收盘价之间的关系，同时也融合了动量观念、强弱指标和移动平均线的一些优点，因此，能够比较迅速、快捷、直观地研判行情。

(二) KDJ 指标的计算

指标 KDJ 的计算比较复杂，首先要计算周期（n 日、n 周等）的 RSV 值，即未成熟随机指标值，然后再计算 K 值、D 值、J 值等。以日 KDJ 数值的计算为例，其计算公式为：

$$n\text{日 RSV}=\frac{(C_n-L_n)}{(H_n-L_n)}\times 100 \qquad \text{(式 8.11)}$$

式中，C_n 为第 n 日收盘价；L_n 为 n 日内的最低价；H_n 为 n 日内的最高价。RSV 值始终在 1～100 波动。

其次，计算 K 值与 D 值：

$$\text{当日 }K\text{ 值}=\frac{2}{3}\times(\text{前一日 }K\text{ 值})+\frac{1}{3}\times\text{当日 RSV} \qquad \text{(式 8.12)}$$

$$当日D值=\frac{2}{3}\times（前一日D值）+\frac{1}{3}\times当日K值 \quad （式 8.13）$$

若无前一日 K 值与 D 值，则可分别用 50 来代替。

以 9 日为周期的 KD 线为例。首先须计算出最近 9 日的 RSV 值，即未成熟随机值，依据计算公式（8.10）可得 9 日 RSV，依据公式（8.11）得出 K 值，依据公式（8.12）得出 D 值，若无前一日 K 值与 D 值，则可以分别用 50 代替。

需要说明的是，式中的平滑因子 1/3 和 2/3 是可以人为选定的，不过目前已经约定俗成，固定为 1/3 和 2/3。在大多数股市分析软件中，平滑因子已经被设定为 1/3 和 2/3，不需要作改动。另外，一般在介绍 KD 时，往往还附带一个 J 指标。

J 指标的计算公式为：

$$J=3D-2K \quad （式 8.14）$$

（三）KDJ 指标的取值范围

KDJ 指标中，K 值和 D 值的取值范围都是 0～100，而 J 值的取值范围可以超过 100 和低于 0，但在分析软件上 KDJ 的研判范围都是 0～100。通常就敏感性而言，J 值最强，K 值次之，D 值最慢，而就安全性而言，J 值最差，K 值次之，D 值最稳。

（四）KDJ 指标的研判原则

KDJ 指标可以从 KDJ 曲线的形态、金叉和死叉、超买超卖、指标背离来入手进行市场及个股的研判。

1. 曲线的形态判断

当 KDJ 曲线在 50 上方的高位时，如果 KDJ 曲线的走势形成 M 头或三重顶等顶部反转形态，可能预示着股价由强势转为弱势，股价即将大跌，应及时卖出股票。如果股价的曲线也出现同样形态则更可确认，其跌幅可以用 M 头或三重顶等形态理论来研判。

当 KDJ 曲线在 50 下方的低位时，如果 KDJ 曲线的走势出现 W 底或三重底等底部反转形态，可能预示着股价由弱势转为强势，股价即将反弹向上，可以逢低少量吸纳股票。如果股价曲线也出现同样形态更可确认，其涨幅可以用 W 底或三重底形态理论来研判。

KDJ 曲线的形态中 M 头和三重顶形态的准确性要大于 W 底和三重底。

2. 黄金交叉和死亡交叉

KDJ 曲线的交叉分为黄金交叉和死亡交叉两种形式。一般而言，在一个股票的完整的升势和跌势过程中，KDJ 指标中的 K、D、J 线会出现两次或两次以上的“黄金交叉”和“死亡交叉”情况。

（1）当股价经过一段很长时间的低位盘整行情，并且 K、D、J 三线都处于 50 线以下时，一旦 J 线和 K 线几乎同时向上突破 D 线时，表明股市即将转强，股价跌势已经结束，将止跌朝上，可以开始买进股票，进行中长线建仓。这是 KDJ 指标“黄金交叉”的一种形式。

（2）当股价经过一段时间的上升过程中的盘整行情，并且 K、D、J 线都处于 50 线附近徘徊时，一旦 J 线和 K 线几乎同时再次向上突破 D 线，成交量再度放出时，表明股市处于一种强势之中，股价将再次上涨，可以加码买进股票或持股待涨，这就是 KDJ 指标“黄金交叉”的一种形式。

（3）当股价经过前期一段很长时间的上升行情后，在股价涨幅已经很大的情况下，一旦J线和K线在高位（80以上）几乎同时向下突破D线时，表明股市即将由强势转为弱势，股价将大跌。这时应卖出大部分股票而不能买入股票，这就是KDJ指标的“死亡交叉”的一种形式。

（4）当股价经过一段时间的下跌后，而股价向上反弹的动力缺乏，各种均线对股价形成较强的压力时，KDJ曲线在经过短暂的反弹到80线附近，但未能重返80线以上时，一旦J线和K线再次向下突破D线时，表明股市将再次进入极度弱市中，股价还将下跌，可以再卖出股票或观望。这是KDJ指标“死亡交叉”的另一种形式。

3. 超买、超卖

根据KDJ的取值，可将其划分为几个区域，即超买区、超卖区和徘徊区。按一般划分标准，K、D、J这三值在20以下为超卖区，是买入信号；K、D、J这三值在80以上为超买区，是卖出信号；K、D、J这三值在20～80为徘徊区，宜观望。

4. 背离

KDJ曲线的背离就是指当KDJ指标的曲线图的走势方向正好和K线图的走势方向相反。KDJ指标的背离有顶背离和底背离两种。

（1）当股价K线图上的股票走势一峰比一峰高，股价在一直向上涨，而KDJ曲线图上的KDJ指标的走势是在高位一峰比一峰低，这叫顶背离现象。顶背离现象一般是股价将高位反转的信号，表明股价中短期内即将下跌，是卖出的信号。

（2）当股价K线图上的股票走势一峰比一峰低，股价在向下跌，而KDJ曲线图上的KDJ指标的走势是在低位一底比一底高，这叫底背离现象。底背离现象一般是股价将低位反转的信号，表明股价中短期内即将上涨，是买入的信号。

（3）与其他技术指标的背离现象研判一样，KDJ的背离中，顶背离的研判准确性要高于底背离。当股价在高位，KDJ在80以上出现顶背离时，可以认为股价即将反转向下，投资者可以及时卖出股票；而股价在低位，KDJ也在低位（50以下）出现底背离时，一般要反复出现几次底背离才能确认，并且投资者只能做战略建仓或做短期投资。

MACD金叉和KDJ配合

1. 在0轴线下方金叉买入法

MACD两条曲线在0线下方金叉时一般先看做反弹，但有时也会演变成一波强劲的上升行情。

究竟在什么情况下MACD在0线下方金叉只是小反弹？在什么情况下MACD在0线下方金叉会走出一波强劲的上升行情呢？这要结合成交量及其他技术指标进行综合分析，尤其要结合周线KDJ进行分析。

如果前面几次MACD在0线下方的金叉是在周线KDJ死叉形成了中期下跌趋势的情

况下发生的，只能是下跌行情中的反弹，只有在0线下方金叉是与周线KDJ共同金叉发出的买入信号才是明确的信号。尤其MACD在0线下方金叉时，周线KDJ已在超卖区域背驰后发生了两次金叉，因而后市能走出一波劲升行情。

周线KDJ是日线MACD在0线下方金叉后升势是否强劲的“过滤器”。

2. 在0轴线上方金叉买入法

MACD两曲线在0线上方金叉时，以买入为主，在0线上方附近金叉时更是如此。MACD在0线上方金叉一般是在上升了一波行情后经回档调整再出现的居多。MACD在0线上方金叉后的走势有两种情况要注意：前一波上升行情升幅不大、力度不强时，MACD在0线上方金叉后，后面的上升行情会比前一波上升行情升幅大，力度强。此方法能捕捉到一波快速强劲上升的大行情。

3. 周线KDJ死叉后再快速金叉买入法

此方法要满足的条件是：

(1) 周线KDJ金叉后，股价收周阴线，周线KDJ出现死叉，第二周快速再次形成金叉。即K线开始连续收周阴线，然而新的一周重新金叉（周线KDJ死叉仅一周），日线KDJ在这一天发生金叉。这天买入是个获利的较好买点。从此，会走出长达2～4周的上升行情。

(2) 周线KDJ金叉后至死叉前，日线KDJ每次死叉后再金叉均是买入时机。前一波金叉后上升行情升幅大、力度强时，MACD在0线上方金叉后的上升行情升幅比前一波小，力度弱，红柱峰会出现顶背驰，往往会形成中期顶部，那就快买快卖注意止损吧。

KDJ分析

KDJ分析如图8-8所示。

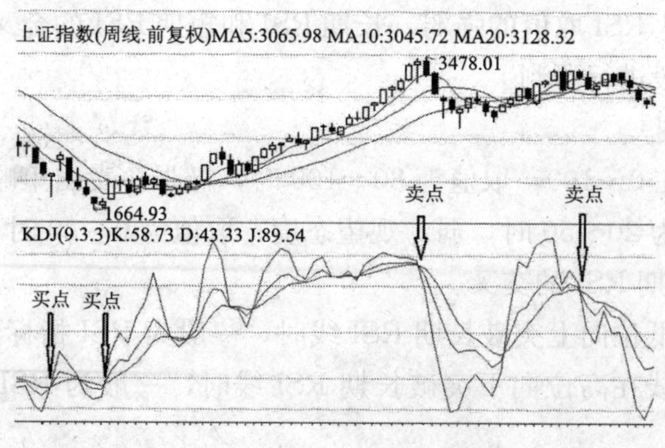

图8-8　KDJ分析

三、相对强弱指标 RSI

RSI 指标是与 KDJ 指标齐名的常用技术指标。RSI 以一特定时期内股价的变动情况来推测价格未来的变动方向，并根据股价涨跌幅度来显示市场的强弱。尽管其历史不长，但由于该指标具有客观实用的特点，目前已为广大投资者接受，从而成为广泛使用的普及性指标之一。

（一）相对强弱指标的原理

相对强弱指标 RSI 是根据股票市场上供求关系平衡的原理，通过比较一段时期内单个股票价格的涨跌幅度或整个市场指数的涨跌幅度来分析判断市场上多空双方买卖力量的强弱程度，从而判断未来市场走势的一种技术指标。它是买卖力量在数量上和图形上的体现，投资者可根据其所反映的行情变动情况及轨迹来预测未来股价走势。在实践中，人们通常将其与移动平均线相配合使用，借以提高行情预测的准确性。

（二）相对强弱指标的计算

假设 A 为 n 日内收盘价的正数之和，B 为 n 日内收盘价的负数之和乘以（-1），这样，A 和 B 均为正，将 A、B 代入 RSI 计算公式，则：

$$RSI_{(n)}=\frac{A}{(A+B)}\times 100 \quad （式 8.15）$$

以 14 日 RSI 指标为例，从当日起算，倒推包括当日在内的 15 个收盘价，以每一日的收盘价减去上一日的收盘价，得到 14 个数值，这些数值有正有负。这样，RSI 指标的计算如下：

A＝14 个数字中正数之和

B＝14 个数字中负数之和乘以（-1）

$$RSI_{14}=\frac{A}{(A+B)}\times 100 \quad （式 8.16）$$

式中：A 为 14 日中股价向上波动的大小，B 为 14 日中股价向下波动的大小，$A+B$ 为股价总的波动大小，RSI 的取值介于 0～100。

（三）相对强弱指标的研判原则

RSI 指标主要是从 RSI 取值的强弱、长期 RSI 和短期 RSI 的金叉死叉及 RSI 的曲线形状等入手对市场及个股进行研判。

1. RSI 取值的强弱

RSI 的变动范围在 0～100，取值为 80～100 时，极强，卖出策略；取值为 50～80 时，强，买入策略；取值为 20～50 时，弱，观望态度；取值为 0～20 时，极弱，买入策略。

2. 长期 RSI 和短期 RSI 的交叉

当短期 RSI 线在低位向上突破长期 RSI 线时，一般为 RSI 指标的“黄金交叉”，为买入信号；当短期 RSI 线在高位向下突破长期 RSI 线时，一般为 RSI 指标的“死亡交叉”，为卖出信号。

3. RSI 指标在高位盘整或低位横盘时所出现的各种形态

当 RSI 曲线在高位（50 以上）形成 M 头或三重顶等高位反转形态时，意味着股价的上升动能已经衰竭，股价有可能出现长期反转行情，投资者应及时卖出股票。如果股价走势曲线也先后出现同样形态则更可确认，股价下跌的幅度和过程可参照 M 头或三重顶等顶部反转形态的研判。

当 RSI 曲线在低位（50 以下）形成 W 底或三重底等底部反转形态时，意味着股价的下跌动能已经减弱，股价有可能构筑中长期底部，投资者可逢低分批建仓。如果股价走势曲线也先后出现同样形态则更可确认，股价的上涨幅度及过程可参照 W 底或三重底等底部反转形态的研判。

4. 背离

（1）顶背离。当 RSI 处于高位，但在创出 RSI 近期新高后，反而形成一峰比一峰低的走势，而此时 K 线图上的股价却再次创出新高，形成一峰比一峰高的走势，这就是顶背离。顶背离现象一般是股价在高位即将反转的信号，表明股价短期内即将下跌，是卖出信号。

（2）底背离。当 RSI 出现在 20 以下的低位区时，如果 K 线图上的股价一路下跌，形成一波比一波低的走势，而 RSI 线在低位却率先止跌企稳，并形成一底比一底高的走势，这就是底背离。底背离现象一般预示着股价短期内可能将反弹，是短期买入的信号。

与 MACD、RSI 等指标的背离现象研判一样，RSI 的背离中，顶背离的研判准确性要高于底背离。当股价在高位，RSI 在 80 以上出现顶背离时，可以认为股价即将反转向下，投资者可以及时卖出股票；而股价在低位，RSI 也在低位出现底背离时，一般要反复出现几次底背离才能确认，并且投资者只能做战略建仓或做短期投资。

四、乖离率 BIAS

（一）乖离率原理与计算

乖离率 BIAS 指标又叫 Y 值，是由移动平均原理派生出来的一种技术分析指标，是目前股市技术分析中一种短、中、长期皆可的技术分析工具。葛兰威法则第四条与第五条曾提到股价距平均线太远，便会向平均线靠近。它并没有明示距离多远时股价才会向平均线靠近，这与股市强弱有关，强势多头市场里，人潮汹涌，买气旺盛，涨势与涨幅往往出人意料，因此股价距平均线之上较远。同样地，在非常弱势的空头市场里，人气稀少，买意缺乏，跌势与跌幅亦往往出人意料，股价距平均线之下也远。

乖离率就是表示当前股价偏离移动平均线程度的指标，是指当日收盘价减移动平均线之差与移动平均线的比值。

以日乖离率为例，其计算公式为：

$$N\text{ 日 BIAS}=\frac{(\text{当日收盘价}-N\text{ 日移动平均价})}{N\text{ 日移动平均价}}\times 100 \qquad (\text{式 } 8.17)$$

N 的采用数值有很多种，常见的有两大种。一种是以 5 日、10 日、30 日和 60 日等以 5 的倍数为数值的；一种是以 6 日、12 日、18 日、24 日和 72 日等以 6 的倍数为数值的。不过尽管它们数值不同，但分析方法和研判功能是相差不大。

（二）乖离率指标的研判原则

1. 从 BIAS 的取值大小和正负考虑

一般来说，正的乖离率越大，表示短期持股者的获利越大，获利回吐的可能性越高；负的乖离率越大，则空仓资金买入的可能性也越高。在实际应用中，一般预设一个正数或负数，只要 BIAS 超过这个正数，我们就应该感到危险而考虑抛出；只要 BIAS 低于这个负数，我们就感到机会可能来了而考虑买入。问题的关键是找到这个正数或负数，它是采取行动与观望分界线。这条分界线与三个因素有关，即 BIAS 参数、所选择股票的性质以及分析时所处的时期。一般情况下：

如果在弱势市场上，股价的 5 日乖离率达到－5 以上，表示股价超卖现象出现，可以考虑开始买入股票；而当股价的 5 日乖离率达到 5 以上，表示股价超买现象出现，可以考虑卖出股票。如果在强势市场上，股价的 5 日乖离率达到－10 以上，表示股价超卖现象出现，为短线买入机会；当股价的 5 日乖离率达到 10 以上，表示股价超买现象出现，为短线卖出股票的机会。

2. 从 BIAS 的曲线形状方面考虑

形态理论在 BIAS 上也可以适用，主要是顶背离和底背离的原理。

3. 从两条 BIAS 线结合方面考虑

当短期 BIAS 在高位下穿长期 BIAS 时，是卖出信号；在低位，短期 BIAS 上穿长期 BIAS 时是买入信号。

举例应用

BIAS 分析

BIAS 分析如图 8－9 所示。

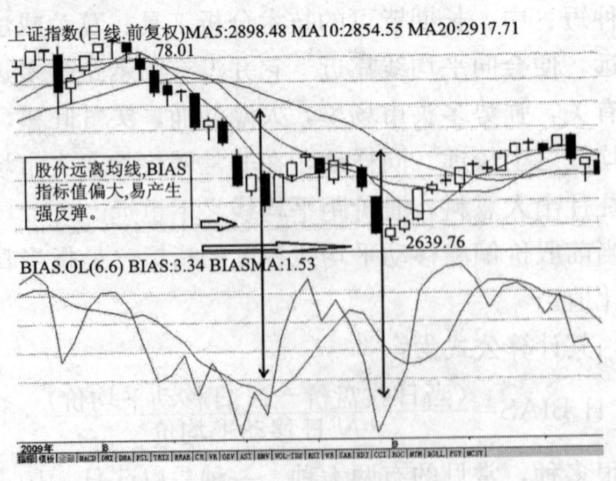

图 8－9　BIAS 分析

任务三　人气型指标

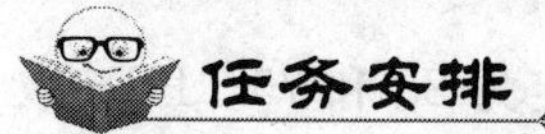

※　了解人气型技术指标的含义及计算方法；

※　掌握人气型指标对于市场（个股）走势的研判原则。

通过一段时间的学习，李先生对于股市有了很深刻的理解。他知道，对于市场的分析一刻都离不开“人的因素”，因为证券市场是由众多投资者组成的市场。正是因为参与交易者众多，而且良莠不齐，所以，不同人的观点就会有分歧，对于市场的多（向上）还是空（向下）就会有截然相反的判断，那么有没有反映市场多空力量的指标呢？

一、心理线 PSY

(一) 心理线的原理与计算

心理线简称 PSY，主要是从股票投资者买卖趋向的心理方面，对多空双方的力量对比进行探索。心理线作为情绪指标的一种，主要由一段时间内收盘价涨跌天数的多少来探究市场交易者的内心趋向，以此作为买卖股票的参数。它能精确地显示股价的高峰和谷底。

我们简单地认为，一段时间内，上涨是多方的力量，下跌是空方的力量，PSY 是上涨天数占该段总天数内的比率，则多空力量的对比就这样简单地描述出来了。

从心理线反映市场人气来看，当一段行情开始前，通常超卖的最低点会出现两次。因此，投资者观察心理线时，若发现某一大的超卖现象格外严重，短期内低于此点的机会较小，当心理线向上变动而又再度回落到起点时，就是买进的机会。反之亦然。所以，无论上升行情还是下降行情前，都会出现两次以上的买点或卖点；若把握好这两个时机，便可稳获收入。

心理线的计算公式：

$$\text{PSY}\ (N)=\frac{A}{N}\times 100 \qquad \text{(式 8.18)}$$

式中：N 为天数，是 PSY 的参数，A 为 N 天之中股价上涨的天数。在实际应用中，N 一般定为 12 日。

例如，$N=12$，12 日之中有 3 日上涨，9 日下跌，则 $A=3$，PSY (12) $=25$。

这里的上涨和下跌的判断以收盘价为准。

PSY 的取值范围是 0～100，以 50 为中心，50 以上是多方市场，50 以下是空方市场。

PSY 参数的选择是人为的，参数选得越大，PSY 的取值范围越集中、越平稳。

（二）心理线的研判原则

1. 超买、超卖

在盘整局面，PSY 的取值应该在以 50 为中心的附近，上下限定为 25 和 75。PSY 取值在 25～75，说明多空双方基本平衡状况。如果 PSY 的取值超出了这个平衡状态，就是超卖或超买。

PSY 的取值如果高得过头或低得过头，都是行动的信号。一般来说，如果 PSY＜10 或 PSY＞90 这两种极端低和极端高的局面出现，就可以不考虑别的因素而单独采取买入或卖出的行动。

当 PSY 的取值第一次进入采取行动的区域时，往往容易出错，要等待。第二次出现行动信号时才保险。这一条本来是对全部技术分析方法都应该说明的，但对 PSY 来说，尤为重要。几乎每次行动都要求 PSY 进入高位或低位两次，才能真正称得上是安全的。第一次低于 25 或高于 75，就采取买入或卖出行动，一般都会出错。

2. 曲线形态

PSY 的曲线如果在低位或高位出现大的 W 底或 M 头，也是买入或卖出的行动信号。

PSY 线一般最好同股价曲线配合使用，这样更能从股价的变动中了解超买或超卖的情形。我们常碰到的背离现象在 PSY 中也是适用的。

二、能量潮 OBV

（一）能量潮的原理

技术分析的三大要素：量、价、时间。能量潮指标 OBV，就是将“量”这个要素作为突破口来发现热门股票，分析股票价格运动趋势的一种技术指标。OBV 指标的内在本质“量比价先行”，揭示出 OBV 指标的基本理论基于股价变动与成交量之间的相关系数极高，且成交量值为股价变动的先行指标，短期股价的波动与公司业绩兴衰并不完全吻合，而是受人气的影响。因此从成交量的变化可以预测股价的波动方向。关于成交量方面的分析，能量潮指标为相当重要的分析指标之一。

OBV 线方法就是将股市人气指标——成交量值与价位关系数字化，表现在 K 线图上。根据量价关系判断价格的走势；成交量是价格上升的能量，如果能量不足，价格就将下跌。该指标利用股价和股票成交量的指标来反映人气的兴衰，故称人气指标。

（二）能量潮的计算

假设已经知道了上一个交易日的 OBV，则计算公式如下：

$$\text{今日 } OBV = \text{昨日 } OBV + \text{sgn} \times \text{今天的成交量} \quad \text{（式 8.19）}$$

式中，sgn 是符号函数，其数值由下式决定。

sgn＝＋1　今日收盘价＞昨日收盘价

sgn＝－1　今日收盘价＜昨日收盘价

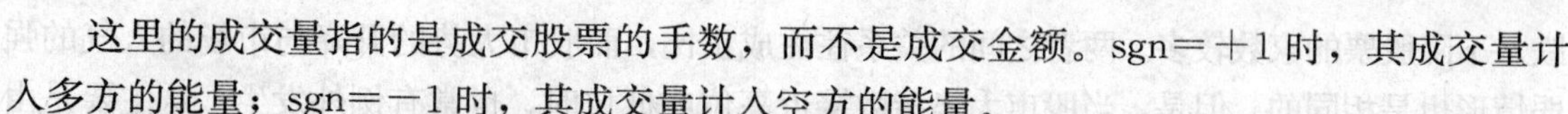

这里的成交量指的是成交股票的手数，而不是成交金额。sgn＝＋1时，其成交量计入多方的能量；sgn＝－1时，其成交量计入空方的能量。

计算OBV时的初始值可自行确定，一般用第一日的成交量代替。

(三) 能量潮指标的研判原则

OBV线下降，股价上升，表示买盘无力，为卖出信号；OBV线上升，股价下降时，表示有买盘逢低介入，为买进信号；当OBV横向走平超过三个月时，需注意随时有大行情出现；形态学和切线理论的内容也同样适用于OBV曲线；在股价进入盘整区后，OBV曲线会率先显露出脱离盘整的信号，向上或向下突破，且成功率较大。

任务四 大势型指标

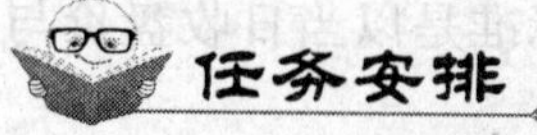

※ 了解大势型技术指标的含义及计算方法；

※ 掌握大势型指标对于市场（个股）走势的研判原则。

李先生在上证指数的分时图上又发现了一种指标——ADL，这种指标在个股的分时图上没有。这是什么指标呢？有人说是大势型指标。大势型指标只能研判大盘指数而不能用于个股吗？

一、腾落指数ADL

(一) ADL指标的原理

ADL指标是以股票每天上涨和下跌的家数作为计算和观察的对象，借此了解股市的人气的兴衰，探测大势内在的动量是强势还是弱势，从而研判股市未来方向的技术指标。它是将在该市场上上市交易的所有股票家数中，每日上涨的股票家数减去下跌股票家数所得到的余额的累计。即将第一天上涨股票的家数减去第一天股票下跌的家数所得到的差数为第一天的ADL，第二天也是将上涨股票的家数减去下跌股票的家数，然后将所得到的差数与第一天的ADL值相加，所得到的累计额即为第二天的ADL值，依次类推。因此，我们可以知道，ADL指标是利用简单的加减法计算每天股票上涨家数和下跌家数的累计结果，与股市大势综合指数相互对比，对股票大势未来进行预测。

在正常情况下，股市大势指数上升，上涨股票的家数必然较多；相反，股市大势指数下跌，下降股票的家数较多。两者之间的关系往往成正比，而股市大势的升降与市场的人气的强弱情形也是相同的。但是，当股市大势指数接近高位或低位时，也常有例外发生。这主要是由于股市大势指数的计算一般都是以股市大势高低和股本总额的大小来选样加权计算的，这就使得市场上的高价股和股本流通盘大的股票（指标股或成分股），其上升或下跌在指数运算中所占的比例较重，对指数的涨跌影响较大。而市场上的主力为了吸引买盘的兴趣，或诱逼卖方抛售，达到有效控制市场的目的，经常利用股本大或者股市大势高的个股占股市大势指数的特性，刻意拉抬或者打压指标股，从而间接地影响大盘走势的涨跌。

（二）ADL 指标的计算

ADL 指标的计算比较简单。日 ADL 是每日上涨股票总数与下跌股票总数的差值的累计。一般为了准确反映大势走向，都采用一段时间内 ADL 的累计值为当天的 ADL 值。具体过程如下：

先假设知道了上一交易日的 ADL 值，然后，计算当日的 ADL 值。如果当日所有股票中上涨的共有 A 家，下降的共有 F 家，持平的为 B 家，这里涨跌标准是以当日收盘价与上一日收盘价相比较。这样当日的 ADL 值的计算公式为：

$$\text{当日 ADL}=\text{上一日 ADL}+A-F \quad \text{（式 8.20）}$$

由上式推出：

$$\text{当日 ADL}=\sum(A-F) \quad \text{（式 8.21）}$$

式中：$\sum(A-F)$ 表示从开始交易的第一天算起，每一个交易日的上涨家数减去下跌家数的总和。

这里需要强调的是，和其他指标完全不同的是，ADL 指标既没有周 ADL 指标、月 ADL 指标、年 ADL 指标，也没有分钟 ADL 指标等各种类型指标，它只有日 ADL 这一种指标。在实际运用中，由于股市技术分析软件的日益普及，因此，日 ADL 值的计算都会由计算机快速完成，投资者无须自己动手计算 ADL 值，投资者主要是要了解日 ADL 的计算原理和方法，从而熟悉掌握 ADL 指标的各种分析方法和技巧。

（三）ADL 指标的研判原则

1. ADL 的应用重在相对走势，而不看重取值的大小，这与 OBV 相似

2. ADL 不能单独使用，要同股价曲线联合使用才能显示出作用

（1）ADL 与股价同步上升（下降），创新高（低），则可以验证大势的上升（下降）趋势，短期内反转的可能性不大。这是一致的现象。

（2）ADL 连续上涨（下跌）了很长时间（一般是 3 天），而指数却向相反方向下跌（上升）了很长时间，这是买进（卖出）信号，至少有反弹存在。这是背离的一种现象。

（3）在指数进入高位（低位）时，ADL 并没有同步行动，而是开始走平或下降（上升），这是趋势进入尾声的信号，也是背离现象。

（4）ADL 保持上升（下降）趋势，指数却在中途发生转折，但很快又恢复原有的趋势，并创新高（低），这是买进（卖出）信号，是后市多方（空方）力量强盛的标志。

3. 形态学和切线理论的内容也可以用于 ADL 曲线

4. 经验证明，ADL 对多头市场的应用比对空头市场的应用效果好

二、涨跌比率 ADR

(一) 涨跌比率 ADR 指标的原理

涨跌比率 ADR 指标是将一定时期内上市交易的全部股票中的上涨家数和下跌家数进行比较，得出上涨和下跌之间的比值并推断市场上多空力量之间的变化，进而判断市场上的实际情况。由于和 ADL 指标存在一定的联系，ADR 指标又称为回归式腾落指数。该指标集中了股票市场中个股的涨跌信息，可反映股市大盘的强弱趋向，但没有表现个股的具体的强弱态势，因此，它和 ADL 一样，同属于专门大势指标，是专门研究股票指数的指标，而不能用于选股与研究个股的走势。

(二) 涨跌比率 ADR 指标的计算

由于选用的计算周期不同，涨跌比率 ADR 指标包括 N 日 ADR 指标、N 周 ADR 指标、N 月 ADR 指标和 N 年 ADR 指标以及 N 分钟 ADR 指标等很多种类型。经常被用于股市研判的是日 ADR 指标和周 ADR 指标。虽然它们计算时取值有所不同，但基本的计算方法一样。

以日 ADR 为例，其计算公式为：

$$\text{ADR}\ (N) = \frac{P_1}{P_2} \qquad \text{(式 8.22)}$$

式中：P_1 为 N 日内股票上涨家数之和，P_2 为 N 日内股票下跌家数之和，N 为选择的天数，是日 ADR 的参数。

(三) 涨跌比率 ADR 指标的研判原则

1. 从 ADR 的取值看大势

ADR 在 0.5～1.5 是常态情况。此时，多空双方处于均衡状态。在极端特殊的情况下，如出现突发的利多、利空消息引起股市暴涨暴跌时，ADR 常态的上限可修正为 1.9，下限修正为 0.4。超过了 ADR 常态状况的上下限，就是采取行动的信号，表示上涨或下跌的势头过于强烈，股价将有回头的可能。ADR 处于常态时，买进或卖出股票都没有太大的把握。

2. ADR 可与综合指数配合使用，其应用法则与 ADL 相同，也有一致与背离两种情况

3. 形态理论和切线理论的结论也可用于 ADR 曲线

三、超买超卖指标 OBOS

(一) 超买超卖指标的原理

OBOS 指标和 ADR 指标一样，是用一段时间内上涨和下跌股票家数的差来反映当前股市多空力量的对比和强弱，以作为研判股市呈现超买或超卖区的参考指标。它的主要用途在于衡量大势涨跌气势，在某种程度上是一种加大 ADL 线振幅的分析方法。

OBOS 指标的原理主要是对投资者心理面的变化作为假定，认为当股市大势持续上涨时，必然会使部分敏感的主力机构获利了结，从而诱发大势反转向下，而当大势持续下跌时，又会吸引部分先知先觉的机构进场吸纳，触发向上反弹行情。因此，当 OBOS 指标逐渐向上并进入超越正常水平时，即代表市场的买气逐渐升温并最终导致大盘超买现象。同样，当 OBOS 指标持续下跌时，则导致超卖现象。对整个股票市场而言，由于 OBOS 指标

在某种程度上反映了部分市场主力的行为模式。因此在预测上，当大盘处于由牛市向熊市转变时，OBOS 指标理论上具有领先大盘指数的能力；而当大盘处于由熊市向牛市反转时，OBOS 指标理论上稍微落后于大盘指数的缺陷，但从另一种角度看，它可以真正确认大盘的牛转熊是否有效。

（二）超买超卖指标的计算

由于选用的计算周期不同，超买超卖 OBOS 指标包括日线、周线、月线 OBOS 指标等很多种类型。虽然它们计算时取值有所不同，但基本计算方法是一样的。

以日 OBOS 指标为例，其计算公式为：

$$\text{OBOS}（n\text{ 日}）=\sum A_n-\sum B_n \qquad （式 8.23）$$

式中，$\sum A_n$ 为 n 日内股票上涨家数之和；$\sum B_n$ 为 n 日内股票下跌家数之和；n 为选择的天数，是日 OBOS 指标的参数。

（三）超买超卖指标的研判原则

1. 根据 OBOS 的数值判断行情

当 OBOS 的取值在 0 附近变化时，市场处于盘整时期；当 OBOS 为正数时，市场处于上涨行情；当 OBOS 为负数时，市场处于下跌行情。

当 OBOS 达到一定正数值时，大势处于超买阶段，可择机卖出；反之，当 OBOS 达到一定负数时，大势超卖，可择机买进。至于 OBOS 超买超卖的区域划分，受上市股票总的家数、参数的选择的直接影响。其中，参数选择可以确定，参数选择得越大，OBOS 一般越平稳，但上市股票的总家数则是不能确定的因素。这是 OBOS 的不足之处。

2. 当 OBOS 的走势与指数背离时，是采取行动的信号，大势可能反转。

3. 形态理论和切线理论的结论也可用于 OBOS 曲线。

4. 当 OBOS 曲线第一次进入发出信号的区域时，应该特别注意是否出现错误。

5. OBOS 比 ADR 的计算简单，意义直观易懂，所以使用 *OBOS* 的时候较多，使用 ADR 的时候较少，但放弃 ADR 是不对的。

四、其他技术指标

世界上各种各样的技术指标成百上千，它们都有各自的拥护者，常用指标或非常用指标仅仅相对于不同分析者的不同需要、不同喜好而言。技术指标可以在使用中不断变化、不断创新。下面简略介绍一些目前各类投资分析软件上常见的指标。

（一）布林线 BOLL（路径型指标）的应用法则

（1）布林线的上、中、下轨线均对价格产生支撑或压力作用。

（2）当价格处于中线以上运行时，是强势趋势；处于中线以下运行时，是弱势趋势。

（3）当价格突破上线或者下线时，会受到压力或者支撑而改变当前的运行方向，价格逐步向中线靠拢。

（4）当波带开口逐渐收窄时，预示价格将在今后一段时间内进入盘整期；当波带开口放大时，预示着价格将在今后一段时间中出现比较剧烈的波动，此时可以根据波带开口的上下方向，确定未来价格波动的主要趋势。

（二）抛物线指标 SAR（停损型指标）的应用原则

（1）当股价线从下向上穿过 SAR 线时，是买入时机。

（2）当股价线从上向下穿过 SAR 线时，是卖出时机，应卖出股票以减少损失。

（三）宝塔线 TOWER（图表型指标）的应用原则

（1）宝塔线翻红之后，股价后市总要延伸一段上升行情。

（2）宝塔线翻黑之后，股价后市总要延伸一段下降行情。

（3）盘局时宝塔线的小翻白、小翻黑，可依设定损失点或利润点的大小而决定是否进出。

（4）盘局或高档时宝塔线长黑而下，应即时获利了结，将手中持股卖出；反之，翻白而上，则是介入时机。

（5）宝塔线翻黑下跌一段后，突然翻白，须防范为假突破现象，不可马上抢进，须观察数天。最好配合 K 线与成交量观察再作决定。

（四）指数平均数 EXPMA（均线型指标）的应用原则

（1）当黄色的 EXPMA1 曲线由下向上穿越绿色的 EXPMA2 曲线时，为买进时机。

（2）当黄色的 EXPMA1 曲线由上向下穿越绿色的 EXPMA2 曲线时，为卖出时机。

（3）股价由下向上接触 EXPMA 曲线时，很容易遭受很大的阻力而回档。

（4）股价由上向下接触 EXPMA 曲线时，很容易受到支撑而反弹。

（5）EXPMA 配合 MOM（动量线）指标使用，效果更佳。

项目检测

一、单项选择题

1. 下面指标中，根据其计算方法，理论上所给出买、卖信号最可靠的是（　）。

A. MA　　B. MACD　　C. WMS　　D. KDJ

2. MACD 指标出现顶背离时应（　）。

A. 买入　　B. 观望　　C. 卖出　　D. 无参考价值

3. 描述股价与移动平均线相距远近程度的指标是（　）。

A. RSI　　B. PSY　　C. WMS　　D. BIAS

4. 在应用移动平均线时，下列操作或说法错误的是（　）。

A. 当股价突破了 MA 时，无论是向上突破还是向下突破，股价将逐渐回归

B. MA 在股价走势中起支撑线和压力线的作用

C. MA 的行动往往过于迟缓，调头速度落后于大趋势

D. 在盘整阶段或趋势形成后中途休整阶段，MA 极易发出错误的信号

5. 下列关于 MACD 的使用，正确的是（　）。

A. 在股市进入盘整时，MACD 指标发出的信号相对比较可靠

B. MACD 也具有一定高度测算功能

C. MACD 比 MA 发出的信号更少，所以可能更加有效

D. 单独的 DIF 不能进行行情预测，所以引入了另一个指标 DEA，共同构成 MACD 指标

二、多项选择题

1. 下列哪些指标应用是正确的（ ）。

A. 利用 MACD 预测时，如果 DIF 和 DEA 均为正值。当 DEA 向上突破 DIF 时，买入

B. 当 WMS 高于 80，即处于超买状态，行情即将见底，买入

C. 当 KDJ 在较高位置形成了多重顶，则考虑卖出

D. 当短期 RSI＜长期 RSI 时，属于多头市场

2. 下列（ ）走势发出了买入信号。

A. 平均线 MA 从下降开始走平，股价从下上穿平均线

D. 长期平均线 MA 从下降开始走平，然后上穿短期平均线

C. 股价跌破平均线 MA，并连续暴跌，远离平均线

D. 股价上穿平均线 MA，并连续暴涨，远离平均线

3. K 从下向上与 D 发生交叉，一般还需要以下（ ）条件才能判断可以买入。

A. 金叉的位置最好处于超卖区

B. 在低位，K、D 最好来回交叉 2 次以上

C. 最好是 K 在 D 已经抬头向上时才同 D 相交

D. KD 处在低位，并且与股价走向出现底背离

4. 关于 RSI 指标的运用，下列论述正确的有（ ）。

A. 根据 RSI 上升和下降的轨迹画趋势线，此时，支撑线和压力线作用的切线理论同样适用

B. RSI 处于高位，并形成一峰比一峰低的两个峰，而此时，股价却对应的是一峰比一峰高，这是比较强烈的卖出信号

C. RSI 在低位形成两个底部抬高的谷底，而股价还在下降，是可以买入的信号

D. 当 RSI 在较高或较低的位置形成头肩形和多重顶（底），是采取行动的信号

5. 下列关于指标的论述，正确的有（ ）。

A. OBV 为正数，表明多方占有优势，是多头市场，可以买入

B. ADL 为正数，表明市场向好，上涨股票多，多头市场，可以买入

C. OBV 和 ADL 的正负与是否为多头市场无必然联系，应当观察相对走势

D. OBV 和 ADL 都不能单独使用，要同股价曲线联合使用才能显示出作用

三、判断题

1. 在支撑线区域发生的交易量越大，说明这个支撑区就越重要。（ ）

2. MACD 能够表示股价的波动趋势，并追随这个趋势，不轻易改变。MA 则不具备这个保持追踪趋势的特性。（ ）

3. 股市中常说的死亡交叉，实际上就是指短期移动平均线向上突破长期移动平均线，也即压力线。（ ）

4. 当指标处于高位，并形成一峰比一峰低的两个峰，而此时股价却对应的是一峰比一峰高，则表示该指标怀疑股价的上涨是外强中干，暗示股价很快就会反转下跌，这就是所谓的"顶背离"，是比较强烈的卖出信号。（ ）

5. 大势型指标主要对整个证券市场的多空状况进行描述，一般只用于研判证券市场整体形势，而不能应用于个股。而其他大多数技术指标都是既可以应用到个股，又可以应用到整个市场的。（　　）

实训任务

实训一　指标分析

★ 实训目的与要求

• 能够理解和运用趋势型指标，超买、超卖型指标，人气型指标及大势型指指标的研判原则对大盘及个股的走势作出简单的分析

★ 实训步骤

• 通过行情软件查看上证综指、深证综指以及部分热门股票的不同周期的K线图（最好是日线、周线分别分析）

• 根据书中介绍的技术指标的知识，分别从上海大盘、深圳大盘及部分牛股K线图中找出相应的指标

• 比较实际K线走势与不同指标图表的对应关系（试试不同的周期，比如日线、周线）

• 不同指标的研判原则与真实K线走势相吻合吗？哪些指标的准确性高，还是不同的个股对于不同的指标有不同的特点？根据实际结果，谈谈如何利用指标提高市场走势研判的成功率

实训二　指标组合分析

★ 实训目的与要求

• 能够掌握综合运用不同指标组合的方法和技巧

★ 实训步骤

• 通过行情软件查看上证综指、深证综指以及部分热门股票的不同周期的K线图（最好是日线、周线分别分析）

• 根据前面找出的不同指标对于不同个股、不同行情的不同的特点，尝试综合运用多种不同指标的组合来提高市场研判的准确性

• 找出几种你认为较为有效的方法

参考文献

[1] 张启富，谢贯忠．证券交易［M］．北京：机械工业出版社，2010.

[2] 张丽华．证券投资［M］．大连：大连出版社，2007.

[3] 张蓉，薛彤．证券投资实务［M］．北京：清华大学出版社，北京交通大学出版社，2004.

[4] 张效梅，王海峰．证券投资原理与实务［M］．北京：中国财政经济出版社，2007.

[5] 中国证券业协会．证券投资分析［M］．北京：中国财政经济出版社，2011.

[6] 李贤．证券理论与实务［M］．北京：中国经济出版社，2010.

[7] 贺强．证券投资学［M］．北京：首都经济贸易大学出版社，2007.

[8] 高广阔．证券投资理论与实务［M］．上海：上海财经大学出版社，2007.

[9] 杨大楷．证券投资学［M］．2 版．上海：上海财经大学出版社，2007.

[10] 张启富．证券投资实训［M］．北京：经济科学出版社，2008.

[11] 张艳华．证券投资学［M］．沈阳：东北大学出版社，2008.

[12] 涂宇．零起点股票投资［M］．北京：清华大学出版社，2008.

[13] 康凯彬．新股民快速入门必读［M］．北京：中国纺织出版社，2009.

[14] 约翰·墨菲．金融市场技术分析［M］．陈鑫，译．上海：上海人民出版社，2002.

[15] 李向科．证券技术分析［M］．2 版．北京：中国人民大学出版社，2004.

[16] 刘德红．股票投资技术分析［M］．2 版．北京：经济管理出版社，2009.

[17] 张龄松．股票操作学［M］．3 版．北京：中国大百科全书出版社，1997．

[18] 普林格．技术分析［M］．任若恩，等，译．北京：中国财政经济出版社，2003.

[19] 张行瑞．股市技术指标大全［M］．上海：百家出版社，2002.

[20] 周家勋，周勤勇．移动平均线大全［M］．北京：中国财政经济出版社，2001.

[21] 白青山．民间股神［M］．上海：上海人民出版社，2007.

[22] 莫里斯．蜡烛图精解［M］．杜焱，译．北京：中国财政经济出版社，2004.

[23] 许沂光．风险投资实用分析技巧［M］．北京：中华工商联合出版社，1994.